JN050784

マッチングアプリの心理学

メッセージから
相手を見抜く

Speaking in Thumbs

A Psychiatrist Decodes
Your Relationship Texts
So You Don't Have To

ミミ・ワインズバーグ Mimi Winsberg, M.D.
尼丁千津子［訳］

早川書房

マッチングアプリの心理学

――メッセージから相手を見抜く

SPEAKING IN THUMBS

A Psychiatrist Decodes Your Relationship Texts So You Don't Have To

by

Mimi Winsberg, M.D.

Translated by
Chizuko Amacho
First published 2024 in Japan by
Hayakawa Publishing, Inc.
This book is published in Japan by
arrangement with
The Ross Yoon Agency LLC
through The English Agency (Japan) Ltd.

装幀／田村梓（ten-bin）

プライバシー保護の観点から個人名は仮名にしている。また、個人が特定される恐れがある内容については詳細を変更している。

目次

第二部　息を合わせる　203

第三部　スクロールする　325

訳注は小さめの（　）で示した。

はじめに

ボッテガ・ヴェネタの柔らかなバレリーナフラットシューズを履いているとはとても思えないほど大きな足音を響かせながら、アグネスは長い廊下をズカズカと歩いて、奥行きのある広いオフィスへ入ってきた。そこが私の診察室だ。彼女はグレーのユニットソファにどさりと腰を下ろそうとはせずに、身を固くしてオフィスチェアに寄りかかった。携帯電話をあたかも神聖な石板であるかのように、大事に握りしめながら。アグネスのネイルの色は、この診察室のアクセントウォールと絨毯(じゅうたん)、そして彼女の白いカプリパンツの太もものあたりまで長く垂れさがっているバッグからちらりと見える煙草のパッケージと同じ、青磁色だった〔この色は気持ちを落ち着かせようとするときによく使われる〕。

アグネスが訪れることはわかっていた。いまは彼女がどう出るのかを待っているところだ。アグネスは三二歳にして、どんな場でも自分が一番頭が切れる人物であることにすでに慣れてしまっていて、いつもはそれが態度にも表れている。マサチューセッツ工科大学（ＭＩＴ）を出てレベル６エンジニアとしてフェイスブックで働いている彼女の収入は、外科医やトップクラスの顧問弁護士よりも多い。

だが、目の前の彼女は見るからに辛そうに顔を歪め、すねているかのように口をとがらせている。

「もう、わけがわからないんです」と言いながら、アグネスは携帯電話の画面を突き出してきた。画面は異様に暗かった。私は患者の前で眼鏡をかけることはまずないのだが、かけざるをえなかった。そうして目に入ってきたのは、ジェイソンという男性からのメッセージ文だった。「君が出張から戻ったら、話し合おう」

「いったい何があったんですか?」どうやら大変なことになりそうだと思いつつ、私は彼女に先を促した。

二人は最近オンラインで知り合い、すてきな週末を一緒に過ごしたばかりだったという。おしゃべりして、ハイキングや料理をして、触れ合って。そんなわけで、アグネスは彼のメッセージ文に傷ついたし、腹も立てていた。それに、こんなメッセージ文が送られてきた理由もわからなかった。「これはどんな意味なんでしょう? 私はどう返事をすれば?」とアグネスは尋ねてきた。この質問の背後にある「なぜ彼との関係が、自分が思い描くとおりに進まないんだろう?」という苦悩も、はっきりと読み取れた。

「サメは泳ぎつづけなければならない、という話は知っていますか?」私はそう切り出した。

「でなければ、死んでしまうんですよね」アグネスは答えた。

「そのとおり。恋愛関係はサメのようだという人もいます。要は、続けるには常に前に進まなければならないものだと。でも、実はそうではなくて、恋愛という関係は不可解な動きをすることもあれば、まったく動かないことだってあるんです」

アグネスはオフィスチェアにへなへなと座り込むと、そのままキャスターを転がしながら私の横に来て、携帯電話を手渡してきた。そうして、私たちが立ち向かおうとしているものはサメなのか、それとも、関係を存続させるチャンスがまだ見込める何か別の動物なのかを探るために、ジェイソンとのオンラインチャットの内容分析に二人で取りかかった。

読者であるあなたに、伝えたい話（ストーリー）がある。

それは私自身についてのストーリーだが、実は誰にでも当てはまるものだ。精神科医を長く続けているとそのことがよくわかる。二五年以上にわたる診療において、患者たちが座ったり横たわったりして楽に話せるよう診察室に置かれたカウチソファは、彼らのごく私的な恋愛活動や、それにまつわる希望、夢、あるいは不安を覗き見るための〝窓〟の役割を果たしてきた。そうしてわかったのは、私たちはみな恋愛せずにはいられない生き物であり、しかも、数々のとんでもなく悲惨な恋愛の犠牲者でもあるということだ。アグネスの例と同様に、患者たちが詳しく語ってくれたオンラインデートにまつわる興味深いストーリーは、もはや数え切れないほどだ。嬉しくもあり励みにもなる成功談や、聞いていて心臓が止まりそうになる失敗談。マッチングが成立したときのワクワク感や、断られたときの激しい苦痛。

つまり、私がさまざまなストーリーを例として語れるのは、ひとえに患者たちが本当に多くのストーリーを私に語ってきてくれたからだ。

それどころか、彼らが自分自身について語ってきたこうした物語は、過去から現代において常に精神医学の基本的な支えとなってきた。医学の分野では、「人が落ち込んだり、不安になったり、強迫的な行動をとったりするのは、神経化学物質によるもの」といった、精神疾患を解明するための生物学的および遺伝学的な基礎研究が、いまなお進められている。その一方で、私たちそれぞれのストーリーは、自分自身をすばやく理解するための信頼性の高いツールでありつづけている。しかも、それは誰もが手に入れられるツールでもある。

これは精神医学では「ヒューリスティックアプローチ（発見的手法）」と呼ばれている。この手法は、簡略的な方法を用いてすばやく結論を出すという問題解決法だ。ある人物の全体像を捉えるために神経細胞の接合部であるシナプスをすべて分析したり、その人のあらゆる経験をすべて把握したりするのはとうてい無理だ。将来的にも、まず不可能だろう。一方、ヒューリスティックアプローチでは、人を別の側面から捉えられる。ストーリーと、それを意味深いものにするための手法を通じて、私たちは学びと発見という実り多い活動に取り組めるのだ。

ただし科学においては、ストーリーは不当な仕打ちを受けている。数値などの確固たるデータと比べて、事例証拠は科学的には価値の劣る情報や知識とみなされているからだ。精神医学の先人の記述に数多く見られた、感情や印象の記録、根拠に乏しい仮説といったものは、今日においてはほとんど重視されていない。あのフロイトも、「厳密に科学的だと認められるためにはデータに重点を置かなければならないが、自分自身が記してきた事例はそうではないゆえ、それらはあくまで短編小説のようなものとして読んでもらってもかまわない」と主張していた。[1] フロイトがデータの代わりに重きを置いていたのは、人が語るストーリーとその人の症状との関連性だった。つまり、ある人が自身の人生の出来事について語ったストーリーを分析することで、その人物の精神状態を把握できるとフロイトは考えていたのだ。

患者の症状を把握するうえでストーリーが果たせる役割については、私も医学大学院時代に身をもって知った。当時、私はアジアの難民キャンプでの医療支援に携わることに加えて、東南アジア難民患者を受け入れていた現地の診療所でローテーション研修を受けるよう指示されていた。患者の多くは、難民として辛い思いをしていたのみならず、深刻な心理的外傷（トラウマ）に苦しめられていた。通訳を介して伝えられた彼らの話は痛ましいものであると同時に、ストーリーの役割の重要性を証明するものでもあった。あるカンボジア人女性は、自身の心因性視覚障害について語ってくれた。夫が尖った棒で刺されて殺されたのを目撃した直後に、目が見えなくなってしまったのだという。フロイトの説のとおり、この女性の症状の原因は目の検査やCTスキャンでは捉えられず、彼女自身の回想を通じてしか突き止められなかった。このときの経験によって、私は心の健康（メンタルヘルス）によりいっそう深い関心を抱くようになった。当時の私は未熟な医学生だったにもかかわらず、人々のストーリーに耳を傾けることに対する私の熱意が、相手にとっても、それに私自身にとっても、人生を一変させるような強い影響力になりうることを肌で感じた。

つまるところ、人間は語るようにできている。私たちは自分自身や、周りの人々についての話をする。そういったストーリーには本当のものもあれば、歪められたもの、明らかに事実でないものもある。精神科医である私は、患者のストーリーを聞くうえでの具体的な方法を学んで身につけている。それによって、彼らのこれまでの歩み、家庭環境、症状や苦悩を聞き出す。また、そうした点を踏まえて、患者たちが新たなストーリーを語れるように導くのも私の役目のひとつだ。

そして、私が診療で耳にしたストーリーの多くは、愛にまつわるものだ。愛は最も重要なストーリーのひとつだし、人生に意味を与えてくれるものなのだから、それは当然のことだろう。愛とはいつだって、まず自分自身に語り、そして互いに語り合うストーリーなのだ。

私は、人と人とのオンラインコミュニケーションでいまや主流となった手段を編み出したと高く評価された（または批判された）まさにその企業で、三年にわたって数々のストーリーを聞いてきた。そう、私はシリコンバレーのフェイスブックで、開発中のサービスのアルファー版やベータ版をテストする技術者、既存技術の「破壊者」、あるいは新技術の「革新者」たちの話に耳を傾けてきた。当時私が診療していた、同社の「アルゴリズム」（人間同士の結びつきをより深く、強くすることを約束する、一連の難解なプログラム）の「開発者」や「案内人」たちは、いまなお私の患者だ。つまり、人の心の動きを把握している天才たちの心の動きを、私は把握しているのだ。

ストーリーと、それがいかに卓越したものであるかについて、ここまでさんざん語ってはきたが、それでも私はテクノロジーがいかに魅力的なものであるかもわかっているし、その影響も受けている、という点も伝えておかなければならないだろう。何せ、フェイスブックにいた当時も、そしてその後も、データの威力を間近で見てきたのだから。ビッグデータと、数字での結果が重視されるこの時代においては、かたちのない感情に基づいた精神医学さえも、それらの影響を受けている。その結果、この分野でもデジタル技術が大いに利用されるようになった。データサイエンスの活用、各種測定に基づいたケアの導入、さらには人間の行動とそれに関連する疾患の研究への人工知能の応用といった試みに取り組む、多くのデジタルヘルスケア企業の先頭に立って率いるという中心的な役割の一端を、私は幸運にも担うことができた。私が共同創業したブライトサイドヘルスは、テクノロジーとメンタルヘルスを融合するデジタル行動ヘルスケア会社だ。当社はうつ病や不安に対する遠隔医療に携わっていて、患者や医療従事者が治療計画を選んだり、計画に沿って治療を進められたりできるよう、最新テクノロジーを駆使してアドバイスを行なっている。従来、患者の診断や治療法の選択は、研鑽を積んだ臨床医が長年行なってきた。だが今日では、人間が通常見落としがちなパターンを認識するのに役立つ機械に、医師たちはますます頼るようになっている。

　デジタルヘルスケア関連の仕事では、メッセージ文に潜んでいる症候群を機械に認識させるためのトレーニングを、私はここ五年ほど主に行なってきた。これはすなわち、テクノロジーを活用して人々のデジタルコミュニケーションを詳しく調べることで、行動ヘルスケアについてのきわめて重要な新事実を発見しようという試みだ。ブライトサイドヘルスはメンタルヘルス分野のリーダーとして、診断（精神疾患の明確な兆候を把握する）および選別（患者の病気の重症度を判断する）、さらには適切な精神科治療の選択において先駆的な進歩を成し遂げてきた。より具体的には、内面の心理や外的な行動を理解するためのデータを収集し、機械に考え方を教えるのみならず、機械を「精神科医」にするためのトレーニングも行なっている。

　こうした「ビッグデータ」活用の増加とともに、「ビッグデート」の台頭も目の当たりにしてきた。どんなテクノロジーも、本当に役に立つと判明すれば、人間の最も原始的な欲求を満たすためにいち早く取り入れられてきた。つまり、パソコンやモバイル機器が普及するにつれて、オンラインでの出会いを求める人がここ一〇年から二〇年のあいだで少数派から主流となったのは、当然のことなのだろう。アメリカでは五〇〇〇万人以上の成人が、恋愛相手を探すためにマッチングアプリを使ったことがあるか、現在も使いつづけているという。[2] マッチングアプリ「ティンダー」だけを見ても、ユーザーたちによる一日の総「スワイプ」操作数は一六億回だ（同アプリでは、表示された相手を気に入ったら「右へスワイプ」、そうでない場合は「左へスワイプ」する）。ひと世代も経たないうちに、ビッグデータは交際にいたるまでのプロセスを一変させた。

私も実際にその恩恵にあずかってきた。フェイスブックの社内精神科医に就任する直前、一六年間にわたる結婚生活が終わりを迎えた。配偶者との関係は、家庭をうまく回すための単なるビジネスパートナーのようなものと化してしまっていた。精神的なつながりは残っていたものの、恋愛という意味ではもはや互いに遠く離れてしまっていた。そんなわけで、私たちは円満に別れて互いの道を歩むことにしたのだった。

別れたら自分はマッチングアプリを使うだろうと思っていたし、そうすることにまったく抵抗もなかった。私はすぐさま、「特別な誰か」を見つけるため、あるいはただ写真を眺めるために、毎日のようにスワイプしつづけるようになった。すると、思いがけない発見があった。それは、これまでの仕事での積み重ねが大いに役に立つということだった。診療で得た経験によって、アプリの相手とどうやりとりしていけばいいかがわかったし、逆にアプリでの経験をその後の診療に活かすこともできた。さらに、データ分析に精通していることも、じわじわとプラスの効果をもたらした。そうして、次々に送られてくる山のようなメッセージ文を念入りに調べて、それらに隠されているきわめて価値の高い情報を見つけ出そうとするようになるまで、さほど時間はかからなかった。そうしたマッチングアプリの相手と、大抵の場合わずか数回メッセージ文を交わすだけで彼らのことを見抜いてしまう（正直に告白すると、仮の「診断」をしているように思えるときさえある）という優れた才能が、自分にあることがわかった。

心理学、テクノロジー、そして恋愛が交わるこの場所は、人間のありようを間近でつぶさに観察するにはうってつけだった。私は仕事とプライベートの両方での成果を得るために、まさに自腹を切って真剣に取り組んだ。そうして、親密なメッセージ文のやりとりの真の意味をすらすらと告げることができる「メッセージ文解釈の達人」になるための、私独自のヒューリスティックアプローチを会得していった。

メッセージが飛び込んできた。「まだ起きてる？」

起きてたら、どうするつもり？　このメッセージ文が本当に意味するものは、いったい何だろう？　有望なパートナー候補から送られてきた文の一語一句を、執拗なまでに分析しようとする。返信までの時間が早すぎる、または遅すぎることから、何らかの手がかりを見つけようとする。あるいは、文末が「……」で省略されているわけと、そこに隠されている言葉は何なのかを探ろうとする。そういった経験は、誰にだってあるはずだ。ほんのちょっとしたやりとりに意味を込めようとするのは、ロマンチックコメディでもよくある話なのだから。

だが、よくある話の大半は現実を反映したものであり、これもまさにそのひとつだ。つまり、コミュニケーション方法の変化によって、恋愛関係がよりいっそう複雑になったのは明白な事実なのだ。今日では、「自分は誰とつきあうべきか？」のみならず、「一度に何人とつきあうべきか？」「ジェンダーや性的指向において、自分自身をどう位置づけるか？」といったことまで考えなければならない。こうした会話を誰が切り出して、誰が深めるのだろうか。ジェンダー規範の変化や、アイデンティティの進化と複雑化の最中にいる私たちは、過去の考え方に囚われないよう奮闘している。そうしたなかで、私たちは出会いを求めている。誰かとつながっていたいと切に願っている。そこで交わされる会話は、かつて話題には決して上らなかったものだ。

しかも、そうした会話をいまでは文章で交わしている。メッセージ文でのやりとりは、今日のコミュニケーション方法のまさに主流となった。そのため、いまの私たちは自分自身の書き言葉に（そしてもちろん「絵文字」にも）完全に頼らなければならない。つまり、口調、抑揚、声の大きさといった声に関する手がかりがないのはもちろんだが、ボディーランゲージ、アイコンタクト、態度による手がかりもまったく摑めないため、言葉の選択、言い回し、そして文法に、これまで以上に意味を込めたコミュニケーションをせざるをえない。難しい役割を、いまや書き言葉だけが担うこととなったというわけだ。親指だけを使ってメッセージ文を書くという行為では、感情がつくりだすそうした手がかりを小さな吹き出しに「圧縮」しなければならず、受け取る側もそれを「解凍」して読み取るための新たなスキルセットを身につけなければならない。

〝data〟（データ）という言葉は、「与える」を意味するラテン語の動詞 dare に由来する。データを指すフランス語 les données は、「与えられたもの」という意味だ。テクノロジーに支配された今日の暮らしでは、親指でタップやキー入力するたびに自分自身についての情報を少しずつ漏らしていることを忘れてはならない。自分自身が特定されたり自分の欲望や心理状態が露わになったりしかねない情報、さらには自分の性格に関する情報までもがデジタル空間に排出され、飛行機雲のような跡を残してしまう恐れがあるのだ。

では、「オンラインデート」は「オンラインデータ」になりうるのだろうか？　要は、各メッセージ文につけられた足跡ならぬ「親指跡」を、オンラインでの一連の会話の解読や、その後のオンライン上での、そして実際に面と向かっての交際がどうなるかを予想するために活用できるのだろうか？

ある人物を最も先入観なく、はっきりと見ることができるのは、その人と初めて会ったときであることが多い。なぜなら、それは自分自身の脳の「物語る」機能によってその人物についてのストーリーを紡ぎはじめたり、その人に情が湧いたり、新たに芽生えた関係を客観性や広い視野を欠いた状態で見ようとしたりするよりも前の段階だからだ。そういった意味では、初めて送られてきたメッセージ文ほど、知り合ったばかりのその人物をうまく捉えられるものはないのではないだろうか？　正しいツールさえ手に入れていれば、そうしたチャットの吹き出しを、相手の心を窺うためののぞき穴にできる。

私たちがやりとりするメッセージ文は、交際のプロセス全体を通じて健全なコミュニケーションパターンをつくりだすうえでの、重要な要因も反映している。ある人物またはカップルの個々の特徴は、携帯電話に表示された吹き出しのなかに示されていて、研鑽を積んだ専門家にははっきりと読み取れる。あなたを振ったあの男の自己中心的な性格は、「俺のもの」などといった、所有代名詞を多用した彼の文章にはっきりと表れていた。また、子犬並みに移り気で飽きっぽかった別の男は、最初のメッセージ文から汚い言葉ばかり使っていた。ほかにも、「ついに約束したディナーの場に現れた男性の見た目が、プロフィール写真とは似ても似つかなかった」「心が躍るようなつながりが、幽霊みたいにふっと消えてしまった」といった場合も、そうした致命的な事態を予測するための手がかりが、一見普通に思えたメッセージ文に潜んでいたのかもしれない。

本書は、恋愛関係や交際に関する一連のメッセージ文を解読するための手引きだ。ここで手に入れられるツールを使えば、オンラインデートの世界に蔓延(まんえん)している数々のひどい経験に遭わずにすむだろう。しかも、性格、「愛着スタイル」〔第四章参照〕、さらには精神病理学面での大事な要素がどういうものであるのかを理解し、それらを認識できるようになるはずだ。

私は自身の経験を、正直に包み隠さず披露するつもりだ。私の過去のメッセージ文のやりとりを振り返りながら、行間を読む方法をお教えしよう。また、あなたがおそらく過去に行なってきたチャット、今後行なうであろうチャット、そしてあなたが理想としているチャットについても検証していこう。それらは私的な会話ではあるが、「誰かとコミュニケーションしたい」「恋愛関係を築こうとするときにつきものの、失望、痛み、喜びを理解したい」という、私たちみなに共通する切なる思いでもあるのだ。

私の私的な経験と専門知識を活用しながら、チャットの吹き出しをひとつずつ検証して、あなたにぴったりの心理学的特性を有する相手を見つけるための洞察力を身につけていこう。本書の第一部では、メッセージ文によって、相手の性格のどんな特性を知ることができるのかを調べていく。第二部では、カップルになった二人の結びつきには、どんな特徴があるのかを見つけ出すことに重点を置いている。そして第三部では、メッセージ文のやりとりを恋愛関係の一部始終を記録した「カルテ」とみなして、重要な「転換点」と「限界点」を突き止めることに挑戦する。そうして、恋愛におけるメッセージ文に隠された真の意味を読み取ろう。

みなさんと私とで一丸となって、口を使って語り合う世界から、親指を使って語り合う世界へと飛び込もう。

第一部　スワイプする

第一章　入り混じる絵文字

オンラインデートにおける、愛または憎しみに満ちた関係について

シニード　マッチングアプリの相性診断によると、僕たちの相性は九四パーセントだって！

ロザリン　本当ね。私たち本人がこうやってメッセージ文をやりとりしつづけているあいだに、私たちのプロフィール写真同士が早速デートしちゃえばいいのに😜

プロフィール写真はイケている。自己紹介の文章はウィットに富んでいる。携帯電話で開いたアプリの画面で満面の笑みであなたを見上げている写真の主は、望んでいるものがすべてあなたと同じのようだ。だって、どこかの誰かが、というよりもおそらくアルゴリズムが、あなたと相手の相性を「九四パーセント」と判定したのだから。まあ、それが何を意味するにせよ。あなたは相手も右にスワイプするはずだという期待に胸を膨らませながら、指を右にスワイプさせる気満々だ。だって、「相性九四パーセント」なら、相手も当然気づくはずだから。マッチングで出会い、実際に会って、そこから先はごく普通の恋人同士としてうまくいくはずだ。

そんなふうにことが簡単に進むのなら、どんなにいいだろう。

絶え間なく続けてしまうメッセージ文のやりとり、あっという間に思えるほど楽しいデート。オンラインで出会った相手に夢中になり、やがて生涯をともにするパートナーになるだろうと将来に思いを馳せる。それらはみな、オンラインデートで誰もが主に経験することだ。そこにあるワクワク感や期待に胸を膨らませて、熱中する。ただし、倦怠感や疎外感を味わったり、単にオンラインデートにひどく疲れてしまったりすることもある。そんななか、ひとつ確実に言えるのは、オンラインデートは多くの矛盾をはらんでいるということだ。

人間の行動を理解することを仕事にしているにもかかわらず、私自身もオンラインデートでの浮き沈みに翻弄されてきた。この旅を始めるにあたっては、誰もが過剰な期待を抱かずにはいられないのだ。何せ、「選びきれないほど多くの候補者」「次々に群がってくる恋の相手」「背後ではたらいている驚くべきテクノロジーシステムが円滑に進めてくれる交際」が約束されているのだから。だが、一連のプロセスが面倒な長丁場になりそうだとわかると、私たちは期待すると同時に落胆を味わうことも覚悟しなければならなくなる。オンラインデートとは期待どおりにいかない物語であり、パラドックスに満ちた旅なのだ。

次の例は、私がある相手と初めてメッセージ文をやりとりしたときのものだ。

私　はじめまして、マーク

マーク　やあ、ミミ。君とご縁があって嬉しいよ

私　私も。興味をそそられる人と知り合えるのは、いつだって楽しいわ。
マーク　じゃあ、君をがっかりさせないよう頑張るよ。
〔原書のメッセージ文に終止符がある場合に、句点を付している〕

私が「興味をそそられる」「楽しい」という言葉を送ると、マークは「がっかりさせる」という言葉を返してきた。期待している相手をあまりがっかりさせないよう予防線を張るという、誰もが使いがちな技を彼は初っ端から繰り出してきた。しかも、自分に分があることを、いかにもおどけているかのようにあくまで軽い調子で伝えてきたのだ。そう、私の期待を削ぐことで、彼自身にとってリスクの小さい賭けにしようとしたのは明らかだった。それでも、マークのこの行動は、「恋愛の最も危険な側面は、間違いなくその不確かさだ」という恋愛の真実を示すものでもある。なぜ「恋」は「落ちるもの」とされているのかというと、自分にはもうどうすることもできない事態に陥ったような気になるからだ。だから、事前にリスクを低くしておきたい。

ひどく辛い破局を経験したある患者は、彼女の秘めたる願望は「マッチングアプリでの勝者になること」だと私に語ってくれた。これはたしかにすてきな夢物語だが、現実のマッチングアプリはカジノに行くようなものだ。訪れた客たちは人生が一変するような一攫千金（いっかくせんきん）を夢見るが、実際に勝つのはいつだってカジノ側だ。オンラインデートは、ある種の賭けだ。この賭けに参加して、「一歩踏み出して、自分をさらけだそう」というよくあるアドバイスに従えば、必ずリスクがついてまわる。落胆を味わう覚悟をしなければならないのは、こうしたアプリを利用する代償なのかもしれない。

ピザの注文からタクシーを呼ぶのにいたるまで、テクノロジーは私たちの生活の多くの場面で便利さをもたらしてくれた。それゆえ、オンラインデートにおいても、テクノロジーを導入しているマッチングアプリが恋愛のあらゆる不確実さを何らかの方法で減らしてくれるはずだと、私たちは意識的であれ無意識であれそう思い込んでいる。とはいえ、ひとたび期待が際限なく膨らんでしまえば、どんな結果にも満足できなくなるものだ。

マッチングアプリでの経験についての話を聞いていると、「やりとりが何の関係にも発展しない」「二回目のデートに誘われない」「いきなり音信不通になって自然消滅する」「よく知られているとおり、まさに『ひどいアルゴリズム』」といった多くの不満が繰り返し出てくる。また、執拗なまでに完璧さを求めるあまり、次から次へと相手を変える人もいる。「男はバスのようなものです」とある患者は語った。「なぜなら数分おきに、次のがやってくるから」マッチングされた相手は、本物の人間ではなく、不思議なほど簡単に処分できる消耗品に思えてくる。そこで交わされるチャットは、ほかの相手と代替可能な取引のようなものに見えてくる。アプリのユーザーたちは、「誤った思い込み」「認知の歪み」「不可解な結果」といったものを、次々と経験することになる。そう、私たちはパラドックスに囚われてしまっているのだ。

本章では、オンラインデートにまつわる矛盾について取り上げる。そういった矛盾が私たちにどんな影響をもたらすのかを見ていくとともに、その背景にある神経科学についても掘り下げていく。また、私たちを意のままに操っているかのようなマッチングアプリに利用されるのではなく、マッチングアプリをツールとして活用する方法も探っていく。その合間には実際のやりとりを例にして、効果的なメッセージ文を送るための言葉の選び方も示していくつもりだ。そういうメッセージ文を作成できるようになるには、マッチングアプリに対する期待と失望が入り交じった、自分自身の複雑な感情にまず対処しなければならない。

親近性のパラドックス

なじみがあるものと目新しいもの。私たちはどちらによりいっそう魅力を感じるのだろう？

ダンカン　やあ。君のプロフィールをすっかり気に入ってしまったんだ。本物の君がよくわかる感じがしたよ！
ダンカン　ずっとロンドンに住んでるの？
ダンカン　どうか返事をくれないかな！
サラ　どうも……
サラ　いいえ、ずっとロンドンに住んでたわけじゃないわ。私はもともとカリフォルニア出身なの
ダンカン　えっ、僕はカリフォルニアに一〇年住んでいたことがあるんだ。とてもいいところだった。
ダンカン　今夜は何をする予定？
サラ　出かけるわ。友達と飲みに

ダンカン　じゃあ、君にカクテルを一杯ご馳走したいなあ……

ダンカン　今夜は女子会なのかな？

サラ　今夜は女子会なの……

ダンカン　じゃあ、僕はホークスモアですてきなディナーを食べることにするよ

サラ　うーん、ホークスモアで「すてきなひとりディナー」をするのは難しいんじゃないかしら。まあ、少なくともステーキはひとりでも楽しめるけれど😆

ダンカン　真夜中すぎにはソーホーにいるから、もし君も近くにいるなら、一緒にコーヒーでも

サラ　ご親切にありがとう。でも、明日予定があるので。

ダンカン　だったら、僕はこの日曜は自宅でまったりするよ。

サラ「自宅でまったりする日曜日」……。それはまさに理想的な日曜の過ごし方ね。私は、日曜の朝はコーヒーカップを手にして新聞を読むのが好きなタイプなの。一週間ずっと、それを待ちわびているのよ（笑）。

サラ　お待たせ。いまやかんを火にかけてきたの

ダンカン　紅茶を飲もうとしてるの？

サラ　ええっと、そうね。私は三二歳の体に宿っている、九〇歳の女性なの。家で過ごすのが大好き。料理するのが大好きだし、本を読むのも大好き。レコードを聴くのも大好き。それに、温かい飲み物も。

ダンカン　何てすてきなんだ。僕は電気毛布が大好き！　特に目覚めるときに暖かいのが最高…

…それに、寒くなってきたときは……毛布のスイッチを入れる。もう最高の幸せ！

サラ　電気毛布が恋しくてたまらなくなってきたわ。以前はベッドのマットレストッパーの下に、電気毛布を敷いていたの。寝る前にスイッチを入れておけば、暖かいベッドで寝られるから。あれはもう最高に幸せだった。

ダンカン　まさに僕もそうしてるよ！　ほら、僕たちはまったりするのが好きなんだよ。でももちろん、一番暖かく感じるのは抱きしめ合っているときだけど😍

サラ　そうね。でも、日常でそうできないときは……電気毛布と一杯のお茶で十分よ。

ダンカン（爆笑）……やっぱり君はすてきだな。すごくイギリス人っぽくて

ダンカンとサラのやりとりの冒頭は、盛り上がりに欠けていた。いや、それどころか「寒い」といってもいいほどだった。だが、電気毛布や温かいお茶の話をするにつれて、サラは徐々に好意的になっていったようだ。まあおそらく、もしサラが自分はベジタリアンだと口にしていたら、ダンカンはステーキハウスでのディナー計画の話題をすぐさま追いやって、自分がどれほどズッキーニが好きなのかを熱く語ったはずだ。いずれにせよ、ちょっとした物事に喜びを感じるという共通点があったことで、サラは心を開いた。彼女が刺激よりも心地よさを大事にしている人物であることが、本人のメッセージ文から読み取れる。

誰もがみな、この「なじみがあるものが好き」と「目新しいものが好き」のスペクトラムのどこかに位置している。同スペクトラムの一方の端は「新奇性探求」、もう一方は「損害回避」と呼ばれて

いる。この理論を編み出したのは、精神科医ロバート・クロニンジャーだ。[1] クロニンジャーによると、新奇性探求度が高い人は、なじみのないものに常によりいっそう惹きつけられ、さほどリスクを嫌わないという。こちら側の端にいる人たちが一生に一度やってみたいと思っているリストには、たとえば「スカイダイビング」「登山」、あるいは「過激な性行為」までもが含まれているのだろう。また、中程度の「新奇性探求者」は、「新しい料理レシピを試す」「ショッピングモールに新たにできた店に行く」といったことで満足するようだ。一方、損害回避度が高い人は安心と親近性を求めるため、自分が心地よく過ごせる場所から出てうろつくようなことはめったにしない。あなたがメッセージ文を交わしている相手がこれらのどのカテゴリーに属しているかを、送られてくるメッセージ文だけを手がかりにして特定する方法については次章で探っていく。

だが、その前にまず、好奇心がより旺盛なカップルの例を見てみよう。ともに二〇代のブリタニーとケビンは、最初のメッセージ文のやりとりでリスクを厭(いと)わずに、いきなり性的な空想の世界に入り込んでいる。二人ともに、ありふれた日常よりも、見知らぬものへのワクワク感を好んでいるのは明らかだ。

ブリタニー　あなたの性的空想は「何も知らない女性にクロロホルムを嗅がせて、彼女が気づいたときには、僕のセックス部屋で手錠をかけられている」だと思えてしかたがないの
ブリタニー　だとしたら、それに参加させてもらうわ。セーフワードは「パンペルムース」で
ケビン　「僕は知らない間に麻酔薬ケタミンを注射されて、部屋に入ると意識を失い、気づいたら

四柱式ベッドに大の字に縛りつけられていた」という大事な箇所が抜けているよ

ケビン　予想外の展開だよね！

ケビン　これでもまだ僕の性的空想に参加してもらえるかな。セーフワードは「パンペルムースで

〔「セーフワード」とは過激な性行為を行なう際、途中でストップをかけるときの合図として、あらかじめ決めておく言葉〕

まあ、親近性にはいろいろな種類があるものだ。

つまり、どんな目新しいものにどんなふうに惹きつけられるかは、人によってさまざまだというわけだ。とはいえ、次のステップに踏み出すかどうかを決めるにあたり、見知らぬ相手についてそもそもどれくらい知りたいと思うのだろう？　相手について知れば知るほど、自分が右にスワイプする可能性が高くなるのだろうか？　要は、相手についての情報は、第一印象をよくするのか、それとも損ねるのだろうか？　某研究結果によると、ある人物について前もって知れば知るほど、その人を好きになる可能性が低くなるという。だが、別の研究によると、親近性によって相手を好きになったり惹きつけられたりするそうだ。この二つの結果の矛盾を、どう解消すればいいのだろう？

ハーバード大学経営大学院の行動インサイトグループで教授を務めているマイケル・ノートンは、「愛、お金、幸せにまつわる人間の行動」に関する疑問への答えを見つけるために、研究生活の大半を費やしてきた。ノートンは、ある人物（またはその人のオンラインデート用プロフィール）についい

てもっと詳しく知れば、その人物によりいっそう魅力を感じられるようになるかどうかを明らかにしたいと考えた。そこで、共同研究者のジーナ・フロスト、ダン・アリエリーとともに調べたところ、マッチングアプリユーザーたちのオンラインデートの相手に対する満足度と熱意は、全般的には最初の盛り上がり以降急速に落ち込むことがわかった。[2] ノートンたちは、その理由を知りたいと思った。そこで彼らは、好奇心旺盛な研究者たちの例に違わず、実験をひとつ計画した。

ノートンと共同研究者たちは、オンラインデートの経験がある数百名それぞれに対して、マッチング候補者数名のプロフィールを見せた。各プロフィールには、候補者のプロフィールによく出てくる二〇〇種類の個人情報（年齢、収入、運動能力、宗教など）のリストから無作為に選ばれた情報が、少ないものは一項目、多いものは一〇項目掲載されていた。その後、被験者たちは見せられた各プロフィールを評価した。興味深いのは、提示されたプロフィールに載っている個人情報が多ければ多いほど、被験者たちによる評価が下がっていくという点だった。つまり、自分のマッチング候補者について知れば知るほど、相手の魅力がどんどん薄れていくように感じられるというわけだ。

ノートンに話を聞いたところ、研究チームはこの結果に特に驚かなかったが、マッチングアプリユーザーたちの多くは意外に思うそうだ。「たしかに、『誰かについてより多く知れば、その人をもっと好きになる』と思いがちです」とノートンは語った。「なぜなら、私たちが日々の生活で愛しく思う相手は、よく知っている人たちばかりだからです[3]」

「とはいえ」とノートンはつけくわえる。「それは、そもそも限られたごく一部の人についてしか、知ろうとする気がないからです。つまり、日常の生活においては、私たちはまず自分の好みの人を念入りに選んでから、その人をもっとよく知ろうとするのです」

ノートンたちはこの研究において、「相手について曖昧または不確かな情報しかない場合、その人への興味が湧く。一方、相手を知りすぎると『慣れすぎは侮りのもと』という古いことわざどおりになってしまう」と結論づけた。そして、「一般的に、ランダムに紹介されたどんなマッチング候補に対しても、相手について知れば知るほど、その人に対するワクワク感は薄れていく」ことを論文で示した。

「知り合ったときに、多少なりとも謎めいた雰囲気を醸し出せない男って最悪」とマーガレットは嘆いた。彼女は私の友人であり、本書の共著者になってもらいたいほど「初めてのデート」を何度も経験してきた人物だ。私も彼女にまったく同感だ。次の例は、私とダグとの初のメッセージ文のやりとりなのだが、その最中に私の彼への興味は急速に薄れてしまった。

私　ウィスコンシン州のどのあたりの出身なの？

ダグ　スティーブンスポイントだよ（州の真ん中）

私　真ん中なのに、なぜ「ポイント（突端）」って呼ぶの？

ダグ　いい質問だね。ウィスコンシン川がちょうど曲がるところなんだ。

私　そうなのね。医学大学院時代、私はすぐ隣のミネソタ州に住んでたわ。大学時代の彼氏について いったの。

ダグ　それは偶然だね。ところで、オンラインデートの調子はどう？　こんなこと聞くのは失礼かもしれないけれど、もう長いことシングルなのかな？　それとも最近シングルになったの？

私　ええっと、ずいぶん長いあいだ結婚していたわ。そして、いまはシングルの生活を楽しんでる。でも、なぜそんなこと聞くの？

ダグ　もしかしたら、僕は知りたがりなのかもね。でも、オンラインデートでのこういったプロセスは、すごく骨が折れるよ。

ダグの最後のメッセージ文は、仕事の採用面接の場で「見栄えをよくするために、朝わざわざひげを剃らなければならなかった」と愚痴るようなことを、恋愛でやっているに等しい。たとえ間違ったことは言っていなくても、その言葉が採用につながるとは思えない。「スプレッツァトゥーラ」は、「計算されつくした無造作さ」や「優雅で平然とした態度」を意味するイタリア語だ。要は、どんなことも易々とこなしているかのように見せることだ。私は自分が相手に求める条件リストに「スプレッツァトゥーラ」を入れることは思いつかなかったが、正直に言えば、知り合ったときに「スプレッツァトゥーラ」が少しも感じられない人には、まったく心が惹かれない。事実、あのときの私は、ダグについてよく知ろうとすることを、面倒な作業だと感じるようになっていったのだった。

なぜ相手をよく知るにつれて、その人に嫌悪感を抱くようになるのだろう？　ノートンと共同研究者たちによると、人は相手のプロフィールで自分に合わない点や魅力的に思えない点を重く見る傾向が強く、そういった情報の積み重ねが期待を徐々に押しつぶしてしまい、その結果相手への興味が急速に薄れていくという。[4]一方、曖昧な情報しかなければ、相手に対する理想を描きつづけられるため、高い期待を保っていられる。結局のところ、多すぎる情報は、胸いっぱいに膨らんだ期待をはじけさせてしまうだけに終わるというわけだ。

ノートンたちは、研究をさらに進めた。[5] 続いての実験では、オンラインデート経験者を二つのグループに分けて調査を行なった。片方のグループには、思い描いている今後のデート計画に関する質問に回答してもらった。そしてもう片方には、すでに経験したデートに関する質問を行なった。すると、期待の高さが現実を大きく上回ってしまった。要は、デートに対してつけられた点数は、「デート後」のグループよりも「デート前」のグループのほうがはるかに高かったのだ。将来のデートを想像するほうが、デート自体よりも満足度が高かったとは！

さらにノートンは、残念な結果がほかにも判明したと語った。「オンラインでのマッチング相手たちとデートした人は、直近のデートに最も失望しています」[6] つまり、比較できる点（思い返せる経験）がたくさんあればあるほど、人はよりいっそう批判的になるという。選択肢が多ければ多いほど、えり好みがより激しくなるのだ。ただしノートンによると、逆説的ではあるが、そうした人々はそれでも次のマッチング相手とのデートについては、初のマッチング相手とのデートのときと同じくらい前向きだそうだ。たとえ過去のデートに幻滅しても、その経験から学んで将来への期待を抑えようとする気はないのだ。

では結局のところ、「慣れすぎは侮りのもと」は真実なのだろうか？　「現実世界」においては、おそらくそうではない。「私たちは、自分自身が行なう『一次審査』を通過した人物に対して、実際に交流してもっとよく知りたいと判断すれば、その後のやりとりが多くなればなるほど、その人への親近感や愛情はよりいっそう強くなります」とノートンは指摘している。

ロチェスター大学心理学教授のハリー・レイスは、恋愛関係を別の面から観察している。[7] より具体的には、人々の社会的なつながりの頻度と強さに影響をもたらす要因について研究していて、とりわけ、それらを親密さ、愛着の強さ、感情制御の度合いの予測にいかにして役立てられるかを調べている。「『相手は自分に応えてくれる』という自信は、その人とのやりとりでの心地よさを高める」ことや「相手についての知識が増えている気がする感覚（相手のことをいままさにどんどん知っているという感覚）は、その人に好意を抱いたり惹きつけられたりすることにつながる」ことは、レイスと共同研究者によって明らかになった事実の一例だ。

これらの要因は、直感的によくわかる気がする。一方、別のパラドックスに陥っている人もいる。多くの人は、チャットしている相手の欠点を見つけることで安心するのだ。おそらく、完璧な相手と思ってその後がっかりさせられるよりも、「単語のつづりをよく間違えるという、思わず親近感を抱いてしまう癖」「プロフィール写真の顔つきで、歪んだ箇所がある」といったさまざまな欠点を、最初に知っておくほうがいいのだろう。

ベネットは私との初めてのやりとりのなかで、不完全さにまつわるこうした考え方について触れている。

ベネット　かっこいい自転車だね。ただ、実は僕は完璧なものよりも、ちょっとだけ劣るものに惹かれてしまうんだ。一六世紀の日本の偉大な茶人である千利休の、「茶室では、どんな道具も

わずかに至らない点がなければならない」という言葉のように。どうりで僕は、アイアンマンレースを目指さないわけだ

私　不完全さをよしとする、日本の美意識に関する映画を見たことがあるわ。自分の顔のしわについては、この考えに大賛成。これこそ、「完全なる不完全さ」でしょ？

ベネット「不完全さの美と、年齢を重ねることの美」は、まさに「わびさび」の考え方の本質なんだ。でも、顔のしわって？　そんなもの全然ないじゃないか

私　ええっと、目の検査をしたほうがいいかもしれないわ。老眼鏡がいるんじゃないかしら？

ベネット　たしかに必要さ。だからいまかけているよ

私　私は最近、生まれて初めて老眼鏡をつくったんだけど、いざかけたら自分の顔のしわに驚いたわ。こんなにあるとは思ってもみなかったの！

ベネット　老眼鏡をかけていないときは、世の中がいい感じにぼんやりしてるよ。

ベネット　まるで一九七〇年の『ヴォーグ』のグラビア写真のようにね。そういうふうに見えるのは、なかなか悪くないもんさ。

欠点がある人には、より近づきやすいものなのだろうか？　大抵の場合、現実世界のデートは、オンラインで探し当てた貴重な「逸材」の欠点が徐々に見えてくるという、幻滅の時間になり果てる。もしかしたら、相手の欠点をわかっているほうが、より現実的なつきあいを始めることができて、そこから徐々に相手に魅了されていく成り行きを楽しみながら、恋に落ちることができるのかもしれな

い。

理由はどうあれ、オンラインデートにおいて、「知っていることによる安心」と「知らないことによるワクワク感やその後の落胆」のどちらか一方しか選べないジレンマは、この先もずっと存在しつづけるだろう。新たな経験を追い求めるにはリスクを取ることが必須であり、手に入れるためには安心感をある程度犠牲にしなければならない。この恋人探しには、なじみあるものと異質なものとのあいだでの迷いがもたらす、そうした特有の葛藤がつきものだ。

同じだけど違うもの

長年患者を診てきて気づいたことだが、なじみがあるものと目新しいものについてのこうした一連の議論には、ある興味深い点がある。いつもとは違うタイプの人物に惹かれたときの彼らは、どうやら何かなじみのあるもの、それどころか家族的な何かを、その相手から無意識に嗅ぎ出しているようなのだ。「惹きつけられるもの」の最も的を射た説明は、「なじみのあるものに似た、何か目新しいもの」なのかもしれない。人は自分とまったく同じような人に惹かれる可能性は低い。なぜなら、相手の欠点をすべて知ってしまっている気がするからだ。だが、自分を相手に重ね合わせられるという点で、親近性は恋愛関係においていまなお重要だ。相手のオンラインプロフィールが、自分が以前から理想としてきたパートナーの条件と一致すればするほど、恋人に発展する可能性は高くなる。要は、私たちが最も惹かれやすいのは、ちょっとだけ目新しいものなのだ。いわば、「少しひねりが加えられた親近性」というような。

私がパウロとメッセージ文のやりとりを始めたとき、「興味のあること」「政治的見解」「好み」などで共通点がたくさんあることがわかった。ところが、続いての彼からのメッセージ文にぎょっとさせられた。

パウロ　聞きたいことがある。僕にとってはある意味、試金石的な質問なんだけど……ピストルを撃つのに興味があったりする？

私　ピストルで誰を撃つつもりなの？

パウロ　うーん、「誰を撃つか」を決めるよりも先に、まず練習するほうがいいけどね……

私　あなたは銃を持っているの？

パウロ　最近所有するようになったんだ。

パウロ　特に絶対に必要なわけではないんだけど。

私　迫りくるゾンビの大発生に備えて、とか

パウロ　たしかに、それに役立つかもしれないね。

私　銃の種類は？

パウロ　9ミリ拳銃

私　弾は？

パウロ　射撃場でしか撃ったことがない

パウロ　一〇〇発分くらいしか持ってないんだ……カリフォルニア州はかなり厳しいからね。

私　知ってるわ

私　ネバダ州に行けばいいんじゃない

パウロ　でも二人で五〇発ずつ撃てるよ。

私　どっちみち、フォアグラを食べにネバダに行かないといけないし

パウロ　そう来なくっちゃ！

パウロ『テルマ&ルイーズ』の二人のように銃を撃って逃げて、それに『食べて、祈って、恋をして』のジュリア・ロバーツのように食べる……いわば『ナチュラル・ボーン・キラーズ』ならぬ「ナチュラル・ボーン・グルメ」だね！

私　銃を所持しているよく知らない人と二人っきり、へんぴな場所で週末を過ごそうとしている私を、止めようとする人もいるでしょうね。

パウロ　たしかに。

パウロ　君に鍵をあげるよ。

私（にっこり）何の？

パウロ　拳銃ケースの

私　ちぇっ、あなたのハートの鍵かと思ったわ

パウロ　まあまあ、ちょっと落ち着いて……ねえ、どうかお手柔らかに。

〔カリフォルニア州では一時期レストランでのフォアグラ提供が禁止されていた〕

　私自身は、あのとき全米ライフル協会（ＮＲＡ）の会員になる気はまったくなかった。それでも、パウロには惹かれていた。彼は博識だったし、さまざまな国で暮らした経験があったし、しかも感情が細やかだった。しかも銃を持っていて、私のために斧でまきを割ってくれるというのだから。私にとってパウロはまさに、「少しひねりが加えられた親近性」を感じられる人物だったのだ。

　この「少しひねりが加えられた親近性」については、『選択の科学』（文藝春秋、二〇一〇年）の著者である心理学者シーナ・アイエンガーも、自分の研究グループが「人はいかにして新しいものを受け入れるか」に関する実験を行なった際に、同様の見解を示している。[8] 同実験では、靴やサングラスといった品を数種類見せられた被験者たちが、「自分の好みにどれくらい合っているか」「どれくらい奇抜か」という二つの基準に沿って、各品を評価するよう求められた。そこでまずわかったのは、「大半の人は、『自分が好きなものは、ほかのみんなが好きなものよりも奇抜だ』と思っている」ということだった。さらに「だが実際には、『大半の人はみなほぼ同じ品を好む』『少しだけ変わっていると自分自身が思う品を好む』」ことも明らかになった。ほとんどの被験者は、ごく普通の靴やサングラスを選ぶことはなかったが、かといってきわめて型破りなものを選ぶこともなかった。彼らが欲しかったのは、ほかの人とほんのちょっと違うものだったのだ。いわば、「同じだけど違う」というくらいの。

　次の例は、ソランジュとジェイムズが初めてやりとりしたメッセージ文だ。ソランジュは知識も経験も豊富な三〇代の心理学者で、オンラインデートにも熱心だ。考え方やライフスタイルで似ている点が多そうだと互いに感じた彼女とジェイムズは、メッセージ文のやりとりを通じて急速に親しくなっていった。それに加えて、二人は未知なものに対するワクワク感を抱いていることも、一連の会話から読み取れる。

ソランジュ はじめまして、ジェイムズ。あなたの写真からにじみ出ている、人柄がとてもすてきよ。あなたと同様に、私も遊び心にあふれた愉快なことが大好き。それにもちろん、ブリオッシュタイプのバンズのハンバーガーが好きなのも、ポリアモリーの経験があることも一緒で嬉しいわ（ちなみに、必ずしもこの順に好きというわけではないわよ）。しかも、お互いカラオケ好きなんて！ どんな曲を歌うの？

ジェイムズ はじめまして、ソランジュ。君のメッセージ文は、伝えたいことが余すところなく簡潔にまとめられていて、実にすごいね。マッチングアプリでは、とても珍しいよ！ 僕が一番よく歌うのは、ジャーニーとシカゴの曲かな。ちなみに、前に行ったあるカラオケバーでは、「バラード禁止」というルールがあったんだ！ ひどすぎるよ。いや、本当に。ところで、君もポリアモリストだと聞いて、ワクワクしてるよ。これまでどんな経験をしてきたのかな？

ソランジュ 返事をありがとう、ジェイムズ。バラードを禁止しているカラオケバーって、いったいどういうこと⁉ バラードは、カラオケのためにつくられるようなものなのに。あるいは、カラオケはバラードのためにつくられたか。いずれにせよ、そのどっちかよ。私とポリアモリーについては、話せば長くなるわ。私は一対一の関係も、ポリアモリーな関係も経験があるけど、後者のほうがずっと多かった。そういった自らの経験でわかったのは、ポリアモリーとは単なる「ルールの異なる交際」ではなく、ある種のマインドセットや哲学でもあるということ。私がポリアモリーを気に入っているのは、各パートナーが自身の嫉妬心や不安を愛情や献身の証（あかし）と称して相手にぶつけるのではなく、そうした感情を自分でコントロールしなければならない点ね。「愛とは限られたものではなく、むしろあふれていて、すべての人に十分行き渡るもの」という、ポリアモリーの考え方に賛成なの。あなたはどう？

ジェイムズ　僕も、だいぶ前からポリアモリーを経験している。きっかけは、自分を見つめ直そうと思ったときで、新たなことに積極的に挑戦したくていろいろ探っていたんだ。でも、いろいろ探す時期はもう終わった気がする。いまの僕は、自分が何を求めているかがわかっていて、それを手に入れようとしているんだ。周りの人にもよく言っているんだけど、「自分が何を求めているかはっきりわからないときは、手に入るものがたくさんある。けれど、自分が手に入れたいと思っているものを探しているとき、しかも特にそれがきわめて特殊なものである場合、見つけるのがとても難しい」のさ。僕にとってポリアモリーとは、愛に対して自分がつくりだした壁を打ち破ったり、いくつもの考えを自分で混ぜ合わせてひとつにしていたものをふたたび切り離したりするための、人生の歩みなんだ。できれば近々会えないかな？　少なくとも、二人の結びつきがとても強まるような、互いをさらけだせるような会話を楽しめると思うよ。

〔「ポリアモリー」とは、パートナーそれぞれの同意のもとでほかの相手とも同時につきあう恋愛のかたちのひとつで、特に、パートナー以外の相手とも愛情や関係が長く続くことを重視している〕

ソランジュとジェイムズは、共通の経験を引き合いに出すことで親近感を生み出した。二人は最初からメッセージ文の調子を合わせて、相手の言葉にうまく反応していた。さらに、ポリアモリーの話題と、自分以外のパートナーが交際に関わってくる可能性によって、二人のチャットが好奇心に満ちたものとなった。二人のスタート地点は共通点についてだったが、それは何か新たなものへのワクワク感にもあふれていたのだ。

私たちが惹かれるなじみあるものは、何も人柄だけではない。自分と見た目がちょっと似ている人にも魅力を感じることさえあるのだ。ある研究によると、ノルウェー人カップルの被験者たちは、パートナーの写真をデジタル加工で被験者本人にほんのわずか似せるほうが、その写真をより魅力的だと評価したという[9]（ここで重要なのは、「ほんのわずか」という点だ。類似度二二パーセントを超えたパートナーの写真は、「不快」とみなされた）。同様に、話し方や文体がよく似ているカップルは、そうでないカップルよりも長続きする可能性が高い[10]。ソランジュとジェイムズのメッセージ文のやりとりを見ると、同一人物かと思えるほど文章の感じがよく似ている。

二人のメッセージ文には、彼らについて教えてくれる特徴がほかにもある。読み進めていくと、両者の文章の一部が、まるでポリアモリーに関する論文のように思えるのではないだろうか。何のジョークもはさまず、堅苦しい感じがする。たしかに、カラオケに関する短いやりとりはあったが、それ以外はすべて自分自身についての告白だ。しかも、二人はセックスについて話してはいるが、会話の内容自体は性的な高ぶりをもたらすものではない。要は、時間をかけて二人独自の「性的な親密さ」

をつくりだそうとする代わりに、性的関係を連想させるものについて話すことで、手っ取り早く親密になろうとしているかのようなのだ。二人とも明らかに、「相手からセックスの対象とみなされたい」「性的な相性がいいかどうかを見極めたい」と思っている。そうしたプロセスは、楽しく有意義なものだ。ただ、この二人のチャットにはときめきというか、あえて言えば「ケミストリー」が感じられないのだ。結びつきを強める会話というものは、それについての話をしても実現できるわけではないのだから！

この二人に対する私の予感は、現実世界で見事に当たってしまった。ソランジュはジェイムズの誘いに応じ、数日後二人で飲みに行った。ところが、ソランジュの期待に反して、バーのスツールにぎこちなく座るジェイムズの様子は、彼女と一緒にいるのがいかにも窮屈そうに見えた。そして、一瞬たりともソランジュに触れてこようとはしなかった。一連のメッセージ文であふれる愛について語り合った二人は、実際に会った場では盛り上がらない退屈な会話しかできなかったのだ。その後、二人が会うことはなかった。

ただし、これはあまりにもよくある結末でもある。マッチングアプリや関連ウェブサイトがこれほど広く利用されているにもかかわらず、ピュー研究所の最近の調査で「マッチングアプリで知り合った相手と真剣につきあったことがある」と答えたアメリカ人は、わずか一〇人にひとりだった。[11]また、マッチングアプリの現行ユーザーの四五パーセントは、アプリでの経験に失望したことがあるという。

四二歳のダナとデールの、初めてのメッセージ文のやりとりを見てみよう。看護師で二人の子どもを育てているダナは出会いを求めているが、ここしばらくはずっとひとり身のままだった。そして、どうにも次の段階に発展しないオンラインデートのチャットの渦に、自分自身が巻き込まれて囚われてしまっているように感じていた。ここまでの二人は楽しくいちゃつきながら会話していたが、ダナは突如として身を引くことにしたようだ。

ダナ　たぶん私は、あなたの運命の人じゃないわ。私は不安を抱えた、ごく平凡な中年女なんだから。つきあえばワクワクするときもあるだろうし、ものすごくいいセックスができるときもあるかもしれない。でも、それ以外のほとんどの場合、あなたはシングルマザーの家庭事情と、それについてまわるあれこれを目の当たりにすることになるわ。そんなの絶対に嫌。

デール　いや、僕のほうがもっと平凡な中年男で、しかも君よりもずっと長くひとり親をやってきたんだよ。別に張り合ってるわけじゃないけどさ。それに、僕は君とチャットするのがすごく楽しいんだ。

ダナ　でも、私は一日一七時間も働いてるし、ほかにもいろいろ理由があるの。双子を出産したあと体重がものすごく落ちてしまって、同年代の女性と比べて体形がひどく崩れてるの。お腹のたるんだしわを取る美容整形が真剣に必要なデート相手に、あなたが性的な魅力を感じてくれるとは思えない。

ダナの自身を卑下するこうした言葉は、彼女の性格の大きな特徴や、心の奥底に潜む自己破壊性を映し出しているのかもしれない。メッセージ文からいかに書き手本人の性格が読み取れるかについては、次章で探っていく。ここでは、落胆や拒絶に対して予防線を張ることを、ダナがどれほど切実に必要としているかという点に注目したい。彼女にとって、メッセージ文のやりとりでいちゃつくことと、現実で恋愛関係を育むことのギャップはあまりに大きすぎて、とうてい越えられるものではなかった。こうした思いを会ったこともない相手に打ち明けるかどうかは別として、オンラインデートの経験者の大半は、ダナの気持ちが痛いほどよくわかるのではないだろうか。それはまさに希望、不安、失望に満ちた経験なのだ。

だがそれにもかかわらず、「オンラインデートでの経験に不満を持つ人は多いが、それでも携帯電話を手放せない」という矛盾が、繰り返し絶えず起きている。あのダナでさえまた新たな相手を探そうとするほど、オンラインデートには人を引き寄せて離さない何かがあるのだ。

シーラのニールとのチャットは、まさにこうした事態を端的に表している。三一歳のシーラは、オンラインデートで何度もひどい目に遭っている。それでも彼女は、相手探しを止めようとはしない。シーラは今回ニールとのマッチングが成立し、二人はそれぞれの過去の恋愛について長々と語り合った。そのなかでニールは、「助けを必要としていそうな女性をつい救おうとしてしまうが、その一方で自分の逃げ道がなくなるのではないかと不安になってしまうことが多い」と打ち明けた。

シーラ　それが、お先真っ暗な恋愛にはまりつづけてしまう原因なの？

ニール　たぶんね。これはいままで誰にも打ち明けたことはなかったんだ。君とこういうふうに話せて、とても嬉しいよ。すごく親密になれた気がする。

シーラ　えっと、つい最近のことなんだけど、私はある男性と二週間かけて親密になれたと思っていたら、そこでようやく、「実は本命の彼女と近々同棲する予定で、しかも別の女ともつきあいはじめたばかりだ」って打ち明けられたの。

ニール　それはひどすぎる！　僕は彼女と同棲しなくてよかったよ

シーラ　彼女って？

ニール　いや、元カノのことさ。

ニールがうっかり真実を漏らしてしまったのか、あるいはすでに過去のものとなった恋愛関係について語っていたのかは定かではない。ただいずれにせよ、シーラはニールとであろうとなかろうと、オンラインデートをこの先もずっと続けていくはずだ。

マッチングアプリは、ドーパミンを放出させるのか

「マッチングアプリを、携帯電話からすべて削除せざるをえなくなりました」と、二八歳のプライベートエクイティ投資家のクリスは言った。「すぐにのめりこんでしまうんです。ふと気づいたら、ベリーズのベリーダンサーと何時間もチャットしつづけていました」

マッチングアプリとは、新たな類（たぐい）のスロットマシンなのだろうか？

脳内化学物質の大量放出をもたらすあらゆる常習性の高い行為と同様に、マッチングアプリは小さ

く震えるような快感を何度も得ることに、ユーザーがのめりこむようつくられている。人が快感や意欲といった何らかの報酬を得る直前に、化学物質「ドーパミン」が脳内に放出される。ただし、ドーパミン自体によっていい気分になるわけではなく、実際に快感や強い高揚感をもたらすのはエンドルフィンといった、脳でつくりだされる「脳内麻薬」オピオイドだ。一方ドーパミンは、目前に迫った快感をはじめとする報酬を、脳が認識しやすいようにする。脳はドーパミンを出すことによって、「はい、注目。あなたはいまから報酬を手に入れます。今後ふたたび手に入れられるよう、このことをよく覚えておきなさい」という合図を送っているのだ。そうした報酬を得られるものとは、「食べ物」「キス」「ドラッグ」「ギャンブル」と多岐にわたっている。スポーツをしたり、観戦したりすることでさえ報酬を得られる場合もある。神経科学者たちがＤＡと呼ぶドーパミンは、快感をもたらすのが何なのかを学んで、快感をよりいっそう強めるためのものだ。

ドーパミンは、「欲望」「意欲」「多大な努力」「情熱」「根気」「新奇性」「報酬」にまつわる行動を促す。こうした行動は、報酬が何なのかはっきりとわからない場合のほうが、よりいっそう重要性が高まる。レバーを押せばご褒美の餌がもらえる装置をラットに与えると、ご褒美がもらえる直前にラットの脳内でドーパミンが大量に放出されることがわかる。[12] それを繰り返すなかで、レバーを押すたびにご褒美がもらえるとラットがわかるようになると、脳内でのドーパミン反応は弱まっていく。ご褒美の餌は変わらず美味しいが、必ずもらえる既知の報酬になったことで、ドーパミンはラットの脳回路での推進的な役割から退いて、もはや目立たない存在になってしまったのだ。一方、こうしたご褒美の与えられ方が断続的で、レバーを押しても必ずしもご褒美が出てこなかったりする場合は、ご褒美を手に入れたときのラットのドーパミン神経系は、クリスマスツリーのライトのようにパッと反応するはずだ。スロットマシン依存症患者と同様に、ラットはほかの欲求を満たすことをすべて放り出し、レバーを押してはご褒美が出てくるかどうかを確認することに、ほとんどの時間を費やすようになるだろう。脳にとっては、確実なものよりもギャンブル性が高いものに対するほうが、興味がずっと長く続くのだ。

ソーシャルメディアやマッチングアプリの依存性がこれほど高い理由は、読めない相手の行動に当然つきものの、予測不能な要素が含まれているからだ。あなたの投稿はとても受けるかもしれないし、そうでないかもしれない。あなたのスワイプでマッチングが成立するかもしれないし、そうならないかもしれない。新たに届いたメッセージにワクワクするかもしれないし、落胆するかもしれない。まるでカジノにいるかのように、あなたはチカチカするライトや鳴り響くベルの音に囲まれている。そこでは誰もがみな勝てるが、勝利はあくまで断続的かつ予測不能なかたちでしかやってこない。

ほとんどの人は、携帯電話を手を伸ばせばすぐに取れるところにいつも置いている。寝ているときだって、ベッドの脇に置いている。寝入る直前まで、そして目覚めてすぐにマッチングアプリに夢中になっている人もいるだろう。いまや、携帯電話がないと禁断症状をおぼえる事態を指すギリシャ語風の言葉「ノモフォビア」（携帯電話が手元にないことへの恐怖。携帯電話依存症）さえつくられているのだ。二〇一一年のある調査では、対象となったアメリカ人の三分の一が、「セックスか携帯電話のどちらかを選ばなければならない場合、携帯電話を選ぶ」と答えた。ましてや、携帯電話は調査当時よりもさらに機能が向上しつづけているのだ！（それに比べて、セックスはどうだろう？）　ポケットのなかの画面に夢中になることを選んで、ほかに追い求めていたものを諦めたり顧みなくなったりする場合がいかに多いかは、想像に難くない。

習慣と依存は紙一重だ。習慣とは単にほぼ自動的にとる行動のことで、意識的および無意識に反復することで強化されて身についていく。習慣には「デンタルフロスを使う」「運動する」といった健全なものもあれば、「煙草を吸う」「間食する」といった不健全なものもある。ところが、そうした行動をまるで取りつかれたかのようにあまりに延々と続けることで心身の機能が低下し、それによって本人が苦痛を感じたり、生活での大事なことがこなせなくなったりした場合は依存とみなされる。

マッチングアプリでスワイプすることは、依存になりうるだろうか？　その可能性は十分ある。それは、そのスワイプがあなたの人生や人間関係に、どれほど打撃を与えるのかにかかっている。マッチングアプリは、テクノロジー業界の進歩によってまたしても生み出された依存性の高い副産物であり、ユーザーたちが「でも待てよ。もうちょっと続ければ、いい結果が出るかもしれない」という気になるよう計算されている。そのアプリ内での一連の選択とつながりの代償は、あなたのすぐ目の前にあるかもしれない大事なものに関心が持てなくなったり、それとの結びつきを絶ってしまったりするようになることだ。

選択のパラドックス

「誰かとつきあってしばらくすると、二人の携帯電話がしょっちゅう同じ場所にあることを、マッチングアプリが察知している気がするんです」と話しているグラハムは、四〇歳のクリエイティブディレクターで、私の患者でもある。彼は相手を取っ替え引っ替えしながら、ごく短い情熱的な関係を数週間ごとに繰り返していた。「というのも、なぜかアプリが新たな候補を知らせてくるようになるんです。だから僕は、もっといい相手がいるんじゃないかと、ふたたびスワイプせずにはいられなくなってしまうんです」

そういう監視機能がマッチングアプリに本当に組み込まれているかどうかは定かではないが、はっきりとわかるのは、「グラハムは選択に悩まされている」ということだ。

親指の先で簡単に左右にスワイプできる相手候補を山ほど紹介してくるマッチングアプリでは、ユーザーの決断力がますます低下していく恐れがある。こうしたアプリは、日々の生活ではとうてい出会えないほど多くの相手候補のなかから選ばせてくれる。ただし、人間の脳はどうやら、これほど多くの選択肢からうまく選ぶようにはできていないようだ。人は二桁以上の選択の幅から選ぶよう迫られると、とたんに認知的過負荷状態に陥ってしまう。

テンプル大学神経意思決定センターの研究によると、複雑な情報を与えられた人の脳内では背外側前頭前野の活動が活発化するが、それでも一定のレベルを超えることはない。[13] 脳の主要領域であるこの部位は、提示される情報があまりに多いと、負荷がかかりすぎたブレーカーが落ちて電気を遮断するのと同じように、スイッチを切ってしまう。それと同時に、不安を司る脳の領域がより活発になる。ドーパミン神経系も過活動のあまり機能が低下し、ついに麻痺してしまう恐れがある。こうした状態になると、人は選択しようとしないし、実際選択することもできなくなっている。

スワスモア大学のバリー・シュワルツ教授は、「多すぎる選択肢は残念な結果を招く恐れが高くなり、ゆえに選んだ人の不満も高まる」という「選択のパラドックス」に関する議論を、何年もかけて展開してきた。[14]「ジャム実験」（「ジャムの法則」ともいう）として知られる有名な実験では、並べられた高級ジャムの種類があまりに多い場合、ほとんどの買い物客は、そのなかから選んで購入することができなかった。また、実際に買えた人も、もっと少ない選択肢しか与えられなかった買い物客と比べて、自分が購入したジャムへの不満が大きかった。

シュワルツは、選択肢を絞って与えるのは重要なことであり、さらに、幸福になる秘訣のひとつは自分自身の期待値を下げることだと主張している。選択肢が増えれば増えるほど、選択することがよりいっそう苦痛になり、選択に対する責任がよりいっそう重くなり、選択について後悔する可能性がよりいっそう高くなる。シュワルツの講義や講演では、一コマ漫画がたびたび使われる。上述の主張を説明するためにシュワルツが好んで紹介するのは、「ブラウン大学の学生ですけど、第一志望はイェール大学でした」とプリントされているトレーナーを着た大学生を描いた漫画だ。ほかにも、結婚式の祭壇で誓いを立てている花嫁が、「あなたを一生愛します」の代わりに「あなたで妥協します」と言っている漫画もよく使われている。

ジョーがアリーに送ったメッセージ文には、こうした気持ちが端的に表れている。

ジョー　君はめちゃくちゃイケてるね。
アリー　嬉しいわ……あなたもとってもすてきよ。

ジョー　もし、あの赤毛の子を口説きはじめたところじゃなかったら、たぶん君を口説いていたと思うよ。

アリー　ああ、そういうことね。それは私への褒め言葉と思っていいのかしら？

　オンラインデートでの私たちは、選択肢に溺れてしまっているのだろうか？　シュワルツはまさにそうだと主張していて、しかも恋愛における選択はどんなジャムを選ぶよりも高リスクだという。共同研究者のシーナ・アイエンガーも、同意している。[15]「オンラインデートで選択肢に溺れてしまうのは、たしかにとても大きな問題です。そう思いませんか？　いわゆる『見逃すことや取り残されることへの不安（ＦＯＭＯ）』と呼ばれているものです。バリー・シュワルツと私は、この現象をインターネットでの仕事探しの分野でまず発見しました。いまや同じことが、オンラインデートの分野でも起きています。しかも、もっと大規模に」とアイエンガーは語った。「そこでは選択肢がきわめて多く、それにいろいろな意味で、選ぶのは不可能と言ってもいいほどきわめて難しい選択肢でもあります。なぜなら、比較の対象になっているのが人だからです」

　マンディーもマッチングアプリに初めて登録して、数名の女性とメッセージ文をやりとりするなかで、こうした選ぶことの難しさを身をもって知った。現在彼女のパートナーとなった女性とつきあいはじめたあと、マンディーはちょっと惹かれていた別の女性ハリーと次のようなやりとりをしている。

ハリー　会う日時をいま決めない？　あなたの都合はどう？　（追伸）あなたの犬、とってもかわいいわ（あなたの子どもたちもね！）。私、犬が飼いたくてたまらないの。もう食べちゃいたいくらいかわいい！

マンディー　はじめまして、ハリー。「束縛されたくない女」を演じるつもりはないけれど、私はまだオンラインデートに慣れようとするのに精一杯なの！　どこかでちょっとだけ会うのでもいいかしら？

ハリー　もちろんいいわよ。じゃあ、どうする？

マンディー　こんにちは、ハリー。返事が遅くなってごめんなさい。えっと、予定がいろいろ立て込んでしまって、新たに知り合ったどの人とも直接会うのはしばらく止めようと思ってるの。もしあなたさえよければ、数週間後くらいにまた連絡を取り合えるかもしれないけど、いまはちょっと……。それではお元気で。マンディーより

難しいのは、候補者のなかから選ぶことだけではない。ユーザーはマッチングアプリを眺めてはスワイプするのを繰り返すことで、「ひとりだけとのつきあいや関係に、時間や労力を費やさない」という選択をしていることにもなる。「選択肢が非常に多くあると、人は本来すべきことをやらなくなりがちです」とシュワルツは指摘している。当然ながら、恋愛における「本来すべきこと」とは、関係を前進させるための努力を、自分の弱さまでをもさらけだしながら必死に重ねることだ。しかもこれまで見てきたとおり、通常は相手について真剣に学ぶことが、その人を好きになって、やがて愛情が芽生えることにつながっていくものなのだ。そういった努力をしなければやがて行き詰まってしま

い、私の患者グラハムのように、あまり意味のない、つかの間の関係をひたすら繰り返すことになりかねない。

シュワルツは著書『なぜ選ぶたびに後悔するのか』（ランダムハウス講談社、二〇一二年）で、「自らの命を絶とうか、それともコーヒーを一杯飲もうか」という言葉を引用している[16]（なお、シュワルツ本人に確認したところ、「同書ではカミュの言葉として引用したが、どうやらそうではないと思われる」とのこと）。私にとってこの言葉は、自殺願望のある患者を多く抱えている医師として、とりわけ深く共感できた。心理療法では、日々のちょっとした振る舞いや楽しみを思い出してもらうことが、治療に役立つことが多いのだ。ただしシュワルツは、彼が引用したこの言葉は「自殺が関係していようがいまいが、そして意識していようがいまいが、私たちは常に選択している」という、単純な事実を示しているのだと指摘している。要は、コーヒーを一杯飲んでいるときの私たちは、自殺しないことを（そして紅茶を飲まないことも）無意識に選んでいるというわけだ。

あまりに多くの選択肢を与えられた場合、自分に合ったものを選ぶという楽しみは、誤った選択をしてしまうのではないかという不安に打ち消されてしまう。それゆえ、パートナー候補をひたすらスワイプしつづけたくなる衝動が勝ってしまうのは、当然のことかもしれない。

将来のパートナーについて非現実的な理想を掲げるのは、自分のためにはならない。心理療法士のロリ・ゴットリーブは、著書 *Marry Him: The Case for Settling for Mr. Good Enough*（彼と結婚しなさい――「ミスターまあまあ」で手を打つ件について）で、将来の配偶者についての長い条件リストをつくった話に触れている[17]。そのリストを手に、従来の仲人型の結婚相談所を訪ねたところ、

「この条件を満たす人はおそらく世界じゅうで三人くらいしかいないし、しかも『彼ら』が『あなた』に夢中になるかどうかは保証しかねます」と、仲人カウンセラーに笑いながら忠告されたという。しかも、こうした条件リストからは、「とてもささいなことだが、自分にとっては相手を好きになるための大事な要因」といったものは読み取れない。割と最近のことだが、ある患者が私に、知り合った男性について語ってきた。彼はまさに完璧だった。背が高くてイケメンで、運動神経は抜群。頭もよく、仕事で成功していて、それにお金持ちだった。「でも、ひとつだけ問題があって」と彼女は言う。「いったい何？『協奏曲を作曲していないから』とか？」と、私はジョークを飛ばした。もちろんそんなことではなく、彼女は相手の声が嫌だったそうだ。

こうして見ると、たとえ条件リストをマッチングアプリに入力し、アプリのアルゴリズムによって理想の相手とのマッチングが成立したとしても、その相手を本当に好きになる可能性は、いったいどれくらいなのだろうか？　そしてさらに、相手がこちらを本当に好きになってくれる可能性は、いったいどれくらいなのだろう？　こうした疑問は、オンラインデートについてのさらなるパラドックスへとつながっていく。

学習可能性のパラドックス

一九三一年、オーストリアの数学者で哲学者でもあったクルト・ゲーデルは、「不完全性定理」を発表した。[18]簡単に言えば、この定理によって証明されているのは、「正しく提示された数学の命題のなかには、公理によって証明できないものが存在している」という点だ。ゆえに、そうした命題は決定不能とみなされる。言い換えれば、「それ自体が偽であると証明できない公理を用いても、真も偽も証明できない命題が存在する」ということだ。そして、そこにはパラドックスが存在している。「この世には、数学では十分に解明できない側面がある」という発想は、数学に関心がない人にはさほど驚くことではないが、ゲーデルの時代の数学界においてはまさしく衝撃的だった。この定理が正しくないことの証明に挑んだ数学者たちもいたが、誰も成功しなかった。

不完全性定理は今日においてもなお妥当性を保っていて、特に機械学習や人工知能の分野で応用されている。機械学習では、「十分大きなデータセットと十分高度なアルゴリズムがあれば、機械は正確な予測ができる」ことが前提とされている。これはたとえば、コンピューターに鳥の画像データを十分に与え、鳥の特徴（くちばし、翼、離れた位置にある目）をコンピューターが特定できるような一連の規則を定めれば、やがてコンピューターは鳥とほかの動物を正確に見分けられるようになるはずだということだ。こうした機械学習は、ビデオ監視、顔認識、医療診断といった分野で、きわめて有効性が高いことが示されている。

だがパートナー探しは、理想の相手を正確に思い描いて特徴を抽出し、それを機械にかければいいというものではない。ゲーデルの定理を拡張することで示されたのは、「たとえコンピューターや人工知能がどんなに進歩を遂げても、ある予測を正確に行なうには常に不十分とみなされるデータセットが存在する」という点だ。これは「学習可能性のパラドックス」と呼ばれている。要は機械学習自体も、根幹に解決不可能な問題を抱えているというわけなのだ。

この抽象的な原則は恋愛の世界、より正確に言えば、いまの時代に出会いを求める人々が集まるマッチングサイトやアプリ（さらに具体的には、それらのアプリを内部で動かしている、まことにご自慢のアルゴリズム）と交わっている。これらのサイトやアプリが登場する前の時代の、縁結びサービスといった旧式のオンラインデート関連サイトは、紹介にいたるまでの細かいプロセスを通じて会員たちの信頼を得ようとしてきた。会員は数えきれないほど多くの質問に答えるよう求められ、各会員のプロフィールは何ページにも及ぶこともあった。紹介前に自分自身についてのこれほどたくさんの情報を入力していると、会員はみな「自分はこんなにも手をかけてもらっている。だから、このプロセスの結果として紹介される相手が運命の人なのだ」と思うようになる。ただし、入力されたこれらのデータが実際に多少なりとも使われたかどうかは疑問だ。こうした縁結びサービスやサイトはおそらく、ちょうど手元にあるプロフィールから適当に選んで会員たちに送りつけていたのだろう。それでも、会員にこういった一連のプロセスを踏ませることは、パートナー仲介業は科学的でしごく真面目なものだという重々しい雰囲気をつくりだすのに効果的だった。そして、それらはすべて、「思い込みでもそれを信じて行動すると、現実になる」という自己成就予言的な状況を生み出していたのかもしれない。つまり、会員たちは紹介された相手が自分の運命の人だと思えば、その人とうまくやっていくためによりいっそう努力するというわけだ。

やがて、こうした外見を繕うようなやり方は廃れていった。その後、マッチングの手法は発展しつづけ、今日の戦略は「選択肢の最大化と最適化」になっている。「右へスワイプ」された数が多いユーザーはほかよりもランクが高いとみなされ、そのご褒美として、より条件のいい選択肢を与えてもらえる。つまり、ある種の人気投票のようなものだ。

こうした単純な順位づけ以外の手法も使われている。マッチングのアルゴリズムは、ユーザーの「スワイプ履歴」からも学習している。[19] フェイスブック、グーグル、ネットフリックス、アマゾンの「おすすめ機能」を可能にしている協調フィルタリングの原理が、マッチングアプリにも取り入れられている。要は、ユーザー自身の過去の判断に基づいて、ユーザーの好みが推測されている。たとえば、白人に対して右スワイプをしたことがないユーザーに対しては、白人の写真を提示しなくなるかもしれない。つまり、マッチングアプリのアルゴリズムは、あなたとうまくいく相手は誰なのかを実際に予測しているのではなく、あなたが右スワイプする可能性を計算しているのだ。そのため、写真の見た目に基づいた選択肢しか与えなくなる恐れも出てくる。とはいえ、あるユーザーがタトゥー入りの相手候補写真を次々に左スワイプしたからといって、今後タトゥー入りの人物を絶対に候補として示さないでほしいと思っているわけではないかもしれないし、そのユーザーがどんなタトゥー入りの相手とも絶対に相性が悪いということでもないはずだ。

「ぴったりの組み合わせ」という発想は、「『あるユーザーが右スワイプした相手候補のプロフィール』という、人の行動に基づいたデータセットを、プロフィール数を増やしつづけてどんなに大きくしても、そのユーザーが実際に恋に落ちる相手をアルゴリズムが予測するには不十分だ」という、学習可能性におけるゲーデルの不完全性の世界に陥ってしまっているのだろうか？　「有名大学卒」「好みの音楽」「日常的に行なっている運動」といった理想の条件リストばかりが重視されると、重要な危険信号が見落とされてしまうのではないだろうか？　たとえば、顕著な性格特性や、精神医学的な診断、さらには「この人を心から好きになれるのだろうか?」という、もっと重大で答えが見つけづらい問いかけを覆い隠すことになっているのではないだろうか?

テクノロジーと人工知能の分野は、こうした見落とされてしまいがちなもの、隠されてしまいがちなものを知ることができるという「可知性」が実現できるよう動き出している。ただし、たとえ本当に実現できたとしても、いまの時代よりもずっと先のことになるだろう。一方、今日までのテクノロジーと人工知能は、人間が心の奥底に抱いてきた激しい恐怖を現実のものとしてきた。「殺人ロボット」「オンラインのプロパガンダ活動員」「現実の世界を凌(しの)ぐ仮想現実(バーチャルリアリティー)」は、いまやハリウッドのSF映画に出てくるものだけではなくなり、日常的に存在している。マッチングアプリユーザーの誰もが、「もしかして、自分はチャットボットとやりとりしているんだろうか」と一度ならずとも思ったはずだ。

次の例は、私が以前マッチングアプリで実際にやりとりしたチャットだ。まあ、正確には「やりとり」とは呼べないかもしれないが……。

ブライアン　やあ、ミミ。よろしくね。ブライアンより。
ブライアン　ミミ?
私　はじめまして、ブライアン。以前いただいたメッセージを見落としていたみたいです。楽しい週末を過ごされたことと思います。
ブライアン　やあ、ミミ。仕切りなおそう。

ブライアン　やあ

ブライアン　ミミ？

ブライアン　また行き違いになってしまったのか😎

ブライアン　ミミ、僕もハーバード出身だよ。調子はどう？

ブライアン　ミミ？

ブライアン　やあ、ミミ

ブライアン　やあ、ミミ。調子はどう？

ブライアン　😉

ブライアン　ミミ？😘

ブライアン　ミミ、ここをまだ見てる？

ブライアン　ミミ？

ブライアン　？　？

ブライアン　ええっと……

ブライアン　こんにちは……

この一連のチャットを見れば、ブライアンはチャットボット（しかも、すごく適当につくられたプログラムによる）ではないかと思わないほうが不思議だ。とはいうものの、本物のチャットボットなら、もっと気の利いた言い回しができるようプログラムされているはずだ。これはおそらく、単に恋愛下手な人から送られてきたメッセージ文なのだろう。

マッチングアプリがユーザーの選択肢の幅を広げ、ユーザー同士のコミュニケーションをより円滑にしたのは間違いない。ただし、そのアルゴリズムが提供する機能は、必ずしもユーザーに役立つものではないようだ。ノースウェスタン大学のイーライ・フィンケルと研究チームは、「二人の相性を予測するという点では、アルゴリズムの能力はきわめて限られており、関係が長続きするかどうかの最も正確な予測因子は、『かつて経験したこともない、どうにもできない不測の事態』に対する両者の反応である」という画期的な研究結果を明らかにした。[20]

ハーバード大学経営大学院のマイケル・ノートンは、マッチングで使われているアルゴリズムは不当に叩かれていると指摘する。「たしかに、そうしたアプリのうたい文句は大げさすぎる節はありません。ただ、彼らがユーザーに与えている選択肢は、ほかではとうてい手に入らないものです。マッチングアプリが大量に提供するのは、『まあ許容範囲』な選択肢です。いきなり『運命の相手』を紹介することはありません」

これはたとえば、プラスチック製のおもちゃを与えられた子どもが、それをどうするかというようなものだ。このおもちゃが楽しく有意義な遊びのきっかけとなって、子どもの小さな手のなかで魔法の世界が生まれるかもしれない。あるいは、ただの退屈なプラスチックの塊のままで終わるかもしれない。同様に、マッチングアプリもきっかけを提供しているにすぎない。魔法や神秘をつくりだすのは、ユーザーであるあなたの役目なのだ。

フィンケルの研究では「恋愛関係がどのように発展するかを最も正確に予測した因子が何だったの

かは、関係が始まって初めて判明する」と結論づけられている。とすると、恋愛関係の始まりとは、どの段階を指すのだろう？　それは、初めてメッセージ文を交わしたときであることは、言うまでもないではないか！

ただし、それはあくまで、相手のメッセージをきちんと読み取れることが前提だ。コメディアンのクリス・ロックは、「誰かと初めて会うときは、本人と会っているわけではない。その人の代理人と会っているんだ」と語っている。次章では、エージェントやマネージャーたちをすべて突破して、その人自身に会う方法を探っていこう。

第二章　あなたのことをたくさん知りたい
データサイエンスから「デートのサイエンス」へ

イアン　じゃあ、コーヒーでも飲みにいこうよ……僕は今週ずっとダウンタウンにいるから。近くまで来られるかな？
リンジー　まさにそこで働いてるわ。
イアン　イリーカフェで待ち合わせる？
リンジー　いいわね。
イアン　火曜日はどうかな？
リンジー　大丈夫よ。お昼に行けるわ。あなたは？
イアン　それって、コーヒーを飲むにはちょっと変な時間だな。
イアン　普段僕は午前中に一杯、そして三時頃にもう一杯飲んでるんだ
リンジー　わかったわ。あなたのカフェイン注入スケジュールに合わせて、午後三時に都合をつける。その代わりに、私がクラックコカインを吸うスケジュールに、柔軟に合わせてくれるのな

ら。私はカフェイン摂取の時間には柔軟に対応できるけど、クラックコカインのほうは厳密なスケジュールを守りたいの。

コーヒーを飲みながらの初のデート。まさに、ノーマン・ロックウェルのイラストのような情景ではないか。

リンジーはコーヒーを飲むのが好きで、同じくコーヒー好きな人とひとときを過ごす自分を思い描きながら相手を探していたのかもしれないが（おそらく、プロフィールの「好きなもの」に「カプチーノ」を入れていたはずだ）、イアンについては「コーヒーを日常的に飲んでいる」よりも「融通の利かなさ」のほうが、彼自身をよく表しているといえるだろう。マッチングアプリのプロフィールは、「コーヒーを飲むかどうか」などの検索可能な項目でしかその人物を表すことができないため、「柔軟性」や「ユーモアのセンス」といった、言葉ではうまく言い表せない性格を、ユーザーたちが相手のプロフィールから読み取るのは難しい。それに、アメリカの成人の六四パーセントが「コーヒーが好き」という現状において、それはプロフィールの項目として果たして大きな意味があるのだろうか？　たとえば、これも「イエス」と答える人が大半と思われる、「夕暮れどきに浜辺をゆっくり散歩するのが好き」と同じくらい、意味がないのではないだろうか？　さらに、マッチングアプリの自身のプロフィールにわざわざ「人を退屈させる」「神経質」「不誠実」と書いている人を見つけるほうが難しいのだから、あちこちで見かける「面白い」「おおらか」「誠実」といった自己アピールにも大した意味があるとは思えない。こういった例はみな、情報が何も書かれていない状況と大差ないと言っていいだろう。

「面白い」や「誠実」の場合、ただそう記すよりも、やりとりのなかで実際に示すほうが説得力がある。親愛なる友人アンディと私はオンラインで知り合ったのだが、そのときの彼のプロフィールには「君を笑わせます」と書かれていた。実際、すぐそのとおりになった。

アンディ　やあ、ミミ。君はあのトランプが大嫌いなんだって？　信じられないよ。彼のあの髪型最高じゃないか！　そうそう、君は何科の医者なの？

私　精神科医よ。でも最近はデジタルヘルスケア関連の仕事のほうが多いけど。

アンディ　まさに「シュリンク」包装された、安心なアプリってとこかな？

〔「シュリンク」は精神科医を意味する俗語でもあり、「シュリンク包装」とかけている〕

前章では、オンラインデートで生じているパラドックスを主に取り上げた。そうして、マッチングアプリには「より多くの選択肢を与えてくれる」といった便利な点と、「ユーザーの真の理想を必ずしも反映していないリストや情報に基づいた選択肢を示してくる」などの問題点があることが明らかになった。マッチングアプリは、ある種の「市場」としてつくられたものだ。経済学の観点から言えば、市場の役目は欲しいものを探している人々の時間を省くことだ。だが恋愛に関しては、ここまで見てきたとおり、自分が好きなものや望むものを描こうとすると、プログラミング可能な特徴のリストに簡単には収まらない経験を探し求めてしまうものだ。

ただ、マッチングアプリ自体にがっかりさせられることが多いからといって、絵本『かいじゅうたちのいるところ』のかいじゅうばりに歯ぎしりする必要もない。マッチングアプリが提示してくれた選択肢を活用して、そこから欲しい情報を手に入れる方法はほかにもある。その情報を見つけるために必要なのは、工夫を凝らした手段を取ることただひとつだ。

この章の冒頭で紹介したメッセージ文のやりとりでは、コーヒーを飲む時間へのイアンのこだわりは、彼の「融通の利かなさ」や「寛容性のなさ」の表れかもしれないことに、リンジーは気づいている。そこで彼女は、架空の「厳密なドラッグ摂取スケジュール」というジョークでイアンをからかったのだ。そもそも、イアンは肝心な点をわかっていない。この約束の目的はデートであって、一緒にコーヒー休憩をとることではないのだ。コーヒーを飲む時間を譲れない彼の態度は、恋愛関係を築いていくうえでの柔軟性のなさや、一般的な日常生活でもこだわりが強すぎることを予想させる。一方、リンジーが送ったからかいの言葉からは、遠慮がなく、神経が若干図太くて、しかもリスクを厭わないという彼女の性格が読み取れる。もしかしたら、それはイアンの好みではないかもしれない。

メッセージ文のやりとりのほんの一部でさえ、その人の気質や人柄といった、恋愛中にずっと表に現れたまま関係を左右しそうな要因を予測するのに役立つ。大抵の場合、そうした要因はごく初期に交わしたメッセージ文から特定できるので、見つけ方を知っておくと役に立つはずだ。本章では、きわめて短い会話のやりとりから意味あるデータを抽出すること、すなわち「シンスライス」の理論と実践がどういうものなのかを探っていく。

「シンスライスする」とは心理学で使われている用語で、きわめて限られた経験や、データのごく一部から、何らかのパターンを認識するという意味だ〔直訳すると「薄く切る」〕。マルコム・グラッドウェルによる著書『第1感「最初の2秒」の「なんとなく」が正しい』（光文社、二〇〇六年）でのよく知られた論述のとおり、通常こうした認識は無意識に行なわれる。[1] 人間の脳が驚異的だと思われる理由のひとつは、きわめて短い反応時間できわめて難しい判断を下せる点だ。この顕著な例は、元アイスホッケー選手ウェイン・グレツキーの、瞬時に氷を「読み」、すべての選手の位置を把握し、ショットをあらゆる角度から思い描ける能力だ。チェスの世界チャンピオンだったガルリ・カスパロフも、順を追って計算しなくとも盤面の展開を予見できた。同様に、経験豊かな精神科医は患者の一瞬の顔つきを読んで、過去の心的外傷（トラウマ）、絶望、あるいは自殺願望を推測できる。

傍目には本人が意図せず先天的に授かったように見えるこれらの超人的な能力はどれも、実際には厳しい訓練や稽古抜きには身につけられなかったものだ。子どもの頃のグレツキーが、試合中継番組『ホッケー・ナイト・イン・カナダ』を、紙とペンを握りしめながら何時間も見ていたのは有名な話だ。彼は試合中のパックの動きを追いながら、ほかの人には読めないパターンを直感的に認識する術（すべ）を会得していた。達人たちについて学ぶことは、私たち自身のシンスライス能力を高めるのにも役立つ。

カスパロフとグレツキーはそれぞれの分野での達人だが、行動科学にはシンスライス研究の達人たちがいる。そのひとりはカリフォルニア大学サンフランシスコ校医学大学院教授のポール・エクマンで、彼は「微表情」と呼ばれる瞬間的に表れる表情の認識によって、感情をシンスライスすることに成功した。[2] エクマンはわずか〇・二秒にも満たない動きである、一瞬の表情に関連するすべての筋肉を細かく分類することで、「恐れ」「怒り」「嫌悪」を暗示する表情を読み取れるようになった。それらの表情は、素人目にはわからないほど細かいものだ。

シンスライスがより一般的に行なわれている例は、相手の行動をほんの数秒観察して「第一印象」を抱くときだ。相手の握手やアイコンタクトのやり方、あるいは話し方や身振りの癖で、その人を判断したことが誰だってあるはずだ。オレゴン州立大学の心理学教授で、社会的知覚と判断を専門とするフランク・ベルニエリは、第一印象を抱く際に行なわれるシンスライス研究の大家だ。[3] ベルニエリによると、第一印象は「理性以前」、つまり本能的なレベルで生じるものだそうだ。すなわち、状況や振る舞いのパターンをきわめて薄い経験の断片に基づいて見つけ出すという、人間が無意識に発揮する能力を活用して、私たちは第一印象を抱いているということだ。

ただし、そこには先入観や不公平な判断が入り込む余地がある。それを防ぐ秘訣は、第一印象をできるだけ正確に抱けるようにすることだ。そこで重要なのは、訓練を受けることである。正しい準備を積み重ねておけば、シンスライスに基づいた結論はより多くの情報に基づく結論と同じくらいか、もっと正確なものにもなりうる。そうした訓練を受けていない人の大半は、相手が嘘をついているかどうか判断しなければならないとき、コイン投げ程度の確率でしか正解できない。ところが、ＦＢＩアカデミーなどで開催されている嘘発見講座で学べば、正解する確率が飛躍的に高まるはずだ。[4]

当然ながら、メッセージ文をシンスライスする場合は、顔の表情といった視覚的な手がかりには頼れない。だがそれでも、訓練で身につけた技は同じくらい効果的に活用できる。瞬時に目にしたものであろうと、一瞬浮かんで消えた表情であろうと、ほんの数行のメッセージ文であろうと、そこから重要な情報を読み取る場合、データのごく一部から一般的な結論を導き出すことに変わりはない。初めてやりとりしたメッセージ文を使ってシンスライスすれば、マッチング候補について多くのことがわかるだろう。

初めて交わしたメッセージ文を読み取るうえでの重要点を探る前に、行動科学におけるシンスライスの例をもう二つ見てみよう。どちらの例も言葉に深く関係しているので、この先の探索に向けての手がかりとして役に立つはずだ。

恋愛関係をシンスライスしてみると

恋愛の舞台をシンスライスした著名な例は、ジョン・ゴットマン博士による「恋愛関係がうまくいくかどうかを予測する」研究だ。[5] ゴットマンは「ラブラボ（恋愛研究所）」で、カップル間の自然な会話や口論を記録している。被験者であるカップルには心拍数、汗、動きを記録するセンサーが取りつけられていて、部屋には二人のボディーランゲージ、顔の表情、話の内容を記録・観察するためのカメラが設置されている。そうした状況でのやりとりのデータが、何十年分も蓄積されている。そうして集められたデータをプログラムに入力してパターンをモデル化した結果、ゴットマンは「どのカップルがいつ頃離婚するか」を、九三・六パーセントの精度で予測できるようになった。[6] しかも、ある会話をほんの三分間切り取った内容に基づいて。それはつきあいはじめてすぐに、不吉な前兆を見させられるかもしれないということだ。そんなことは知りたくないと思うカップルもいるだろう。

それでも、先行きを知ることはお互いにとってためになるし、しかも何らかの対処にすぐに取りかかれる。ゴットマンは、「恋愛が絶対にうまくいくための魔法の公式は存在しないが、集めてきたデータには役立つアドバイスが隠れている」と指摘している。そして、幸せな恋愛関係をつくりあげる秘訣は、「固い友情で結ばれている」「信頼関係が築けている」「パートナーにうまく感化される」「互いに思いやる」に集約されると論じている。さらに、うまくいっているカップルは身体面でもよい影響を及ぼし合っていて、たとえば会話中の二人の血圧は決して上がらず、むしろ下がっていくという。

驚くべきことに、そうした大局的な秘訣は、ほんのささいなやりとりにおいてさえ効力を発揮する。たとえば次の例のように、初めてのメッセージ文のやりとりをこのうえなく楽しいものにできるのだ。

私　はじめまして、ダミアン。調子はいかが？

ダミアン　おーい、ミミ！　僕は元気さ。アプリの距離検索ツールによると、君はいまレイクタホにいるとみた。あるいはフレズノかな。それともレゲットかな。でもやっぱりレイクタホ一択だな。休暇から戻ってきたら、ぜひご一報を。

私　お見事！　いまレイクタホよ。この週末もスキーを楽しんでいるの。今日の遅くに自宅に戻る予定。レゲットには行ったことがないわ。あなたは？

ダミアン　レゲットには行ったことがあるよ。数カ国語に通じた国際人としては、行っておくべき場所だからね。あと残念ながら、フレズノにも行ったことがある。

私　そうね、フレズノはあまり行きたい場所ではないわね。数カ国語に通じた人は、イール川で何をするの？　沈黙の行をするとか？　私はノースコーストを自転車で走るのが大好き。メンドシーノ郊外には、ものすごく大変な登り道があるの。

ダミアン　僕は木と話すんだ。メンドシーノから郊外へと延びている道沿いのピグミーパインの木々は、とりわけお茶目なユーモアの持ち主なのさ。ところで、今週の予定はどう？　パーラーに行って、一緒にソーダでも飲まない？

ダミアンと初めてメッセージ文を交わしたとき、ほかの人が簡単には入ってこられないような、自分たちだけにしかわからない言葉で話している気がすでにしていた。もし、このやりとりがラブラボで行なわれていたとすれば、ゴットマンは私たちの会話を「遊び心に満ちた同調」とみなしたはずだ。二人のやりとりのなかには、「はい」「いいえ」で答えるのではなく、自分の思いを自由に伝えられる質問も出たし、関係を深められそうな会話も当然あった。ダミアンのメッセージ文には思わずくすりとさせられたし、心身ともに癒されたと断言できる。言うならば、まさに馬が合うといったところだろうか。

メンタルヘルスにおけるシンスライス

ゴットマンは目の前で実際に行なわれているやりとりを対象とした研究を行なったが、メッセージ文のみで信頼性の高い予測をすることも可能だ。その適例のひとつは、恋愛関係の研究ではなくメンタルヘルス分野でのものだ。「クライシス・テキスト・ライン（CTL、命のメール）」は、粘り強さと闘志で名の知れた連続起業家のナンシー・ルブリンが設立した非営利団体だ。[7] クライシス・テキスト・ラインではこの分野を専門とするカウンセラーたちが、助けを必要としている人々から送られてくる無数のメッセージ文への対応を、ボランティアで行なっている。同団体はそもそも、意義あるボランティア活動をティーンエイジャーに促すためにルブリンが設立した別団体「ドゥ・サムシング（行動を起こそう）」から派生したものだ。当然ながら、一〇代の若者たちにはたらきかけるための最も効果的な手段は、メッセージ文を送ることだ。そうして、ドゥ・サムシングが何百万人ものティーンエイジャーとメッセージ文を通じてつながっていくなかで、若者たちからの返事も増えていった。その大半は活動に前向きなメッセージ文だったが、なかには「私はいじめられている」「友達が覚せい剤（クリスタルメス）中毒になっている」といった、ひどく心配させられるものもちらほらあった。

　そんななか、ある一通のメッセージ文がルブリンに行動を起こさせた。「あの男にずっとレイプされつづけているの。パパなんだけど。誰にも言うなって命令されていて」というメッセージ文が、カウンセラーチームに送られてきたのだ。それに続いて「ねえ、誰か聞いてくれてる？」というメッセージも。

　そうして、ルブリンはクライシス・テキスト・ラインを立ち上げた。その日から、同団体のカウンセラーたちは、うつ病や不安を抱えている人々、虐待されている人々、自殺願望に苦しめられている人々に対して、命を救うための介入を日々行なってきた。なかには、これらすべてに悩んでいる人もいる。同団体は、送られてくる数え切れないほど多くのメッセージ文に、緊急性の高いものから優先順位をつけて対応していけるよう、緊急度の指標となるキーワードや言葉の組み合わせを利用したアルゴリズムを開発した。つまり、「死ぬ」「自殺」「過剰摂取（オーバードーズ）」といった言葉を含むメッセージ文は、優先度が高くなる。ところが、得られたデータを分析していくと、メッセージ文の内容とそれが抱えているリスクの高さについて、予想外の相関関係があることも判明した。読者のみなさんは、メッセージ文に出てくるなかで、一刻をも争う救助が必要だと判断される、死につながる恐れが最も高いとされる言葉は何だと思われるだろうか？　おそらく大半の人が「自殺」と「死ぬ」を挙げると思うが、実際に上位を占めているのは「エキセドリン」「イブプロフェン」「８００㎎」だ。「自殺」が入ったメッセージ文よりも、「イブプロフェン」という言葉を含んだメッセージ文のほうが、送信者への緊急対応の必要性をより的確に予言していた例が一六倍も多かった。

　ここで用いられている、データサイエンスとメッセージ文の構文解析に基づいたシンスライスは、ほかのものとは手法が異なっている。だが、この手法だからこそ、同団体のカウンセラーたちは緊急度が高い送信者に対して、遅くとも五分以内に返事を送って対応できるのだ。ちなみに、平均応答時間は一分以内だという。これほどの対応の速さは、高度なデータサイエンスが背後で駆使されていなければ不可能だろう。

　クライシス・テキスト・ラインが社会の多様な母集団からこうして集めたデータは、世界最大のヘルスケア関連データセットのひとつだ。そこから得られる知見は、同団体の介入活動に役立つのは当然ながら、アメリカのメンタルヘルス分野全体の現状を反映するものでもある。医師の場合は個々の患者の症状を把握するが、クライシス・テキスト・ラインは全体の傾向を把握できる。

ここまで見てきたように、エクマンは一瞬浮かんで消える表情からその意味を読み取れ、ゴットマンは恋愛関係がうまくいくかどうかを会話のごく短い一部から予測でき、クライシス・テキスト・ラインはメッセージ文からリスク評価予測を行なえる。では、オンラインデートについてのメッセージ文から、送信者の人柄や性格を予想できるのだろうか？　相手が「連続殺人犯」であることを、密かに示している言葉はあるのだろうか？　あるいは相手が「激しく嫉妬して執拗につきまとう人物」であることを教えてくれようとしている、言葉の組み合わせはあるのだろうか？

性格について掘り下げていくには、性格についての話を通じやすくするための「共通言語」を定めなければならない。まずは、科学者がいかにして性格を測定して特徴づけているかを見てみよう。この共通言語は、このあとの章でさまざまな性格を取り上げる際にも使うことになる。

性格を測定する

読者のみなさんも、さまざまな種類の性格テストを受ける機会があったのではないだろうか。企業での採用やチームづくりのプロセスでは「マイヤーズ・ブリッグスタイプ指標（ＭＢＴＩ）」[8]がよく使われているし、ビジネスコーチは「エニアグラム」[9]を使うこともある。あるいは、フェイスブックのフィードにポップアップ広告としてよく表示される、一風変わったクリックベイトクイズも性格テストの一種かもしれない。たとえば、「あなたが好きなテイラー・スウィフトの曲」という問いに答えると「あなたはどのディズニープリンセスタイプなのか」や「あなたはハリー・ポッターの魔法魔術学校のどの寮が向いているか」がわかるというような。このように、性格テストには面白いものもあるが、なかには「今日の占い」程度にしか当てにならないものもありそうだ。

そんななか、「ビッグファイブ性格テスト」は、科学的妥当性（測定するとうたっているものを実際に測定している）と信頼性（一貫した結果が出る）との両面で、ほかを凌いでいる。[10]「五因子モデル（ＦＦＭ）」とも呼ばれるこのビッグファイブは、「開放性（openness）」「誠実性（conscientiousness）」「外向性（extroversion）」「協調性（agreeableness）」「神経症傾向（neuroticism）」（この頭字語は「五大洋」を意味するＯＣＥＡＮになる）の五つの特性で性格を表すものだ。研究者たちがビッグファイブの生物学的根拠や普遍性について長年議論を行なってきた結果、このテストは言語や文化の違いを超えた普遍性があるものとみなされている。ただし公正を期すために言えば、こうした検証は主に識字能力のある都市部の人々を対象に行なわれてきた。

ビッグファイブのこれらの性格特性は、人が自分自身の性格をどんな言葉で表現するかについての研究から生まれたものであり、「学業成績」から「恋愛における行動」にいたるさまざまな予測に使われてきた。このテストは、受検者をいくつかの性格タイプのなかのどれかひとつに厳格に分類したり当てはめたりするのではなく、受検者がスペクトラムのどの部分に位置しているのかを判断する。たとえば私の場合、ビッグファイブは私の性格を「ＥＮＦＰタイプ」（マイヤーズ・ブリッグスでの結果）という型にはめずに、「外向性と開放性のスコアはきわめて高く、誠実性は高い。一方、神経症傾向は弱く、協調性は平均的」と表現した。

「経験に対する開放性」が高い人は、まさに好奇心旺盛で想像力に富んでいる。この特性でのスコアが高い人は芸術性にあふれ、多様な観点、発想、経験を大事にする傾向が強い。反対に、このスペクトラムの低いほうに位置する人は、伝統をより重んじて変化を嫌う。また、抽象的な思考を苦手とする場合もある。

「誠実性」は、責任感や生産性と関連している。この特性のスコアが高い人は、物事を粘り強く計画的に行なう傾向が強い。また、きわめて信頼できる性格で、高い目標を成し遂げる人物、努力家、優れた企画立案者であることも多い。一方、このスペクトラムの反対側にいる人、つまり「誠実性」の低い人物は、計画することを嫌い、やるべきことを先送りにしたり達成できなかったりする場合が多い。

「外向性」のスコアが高い人は、友情に厚く、周囲と支え合おうとする気持ちが強い。社交的、友好的であり、自分の意見をはっきりと言える人が多い。外向的な人物は、気さくでエネルギーに満ちあふれていて、自分自身と社会とのつながりからひらめきを得る。それに対して、内向的な人はひとりでの経験を好み、世間話を嫌う。内向的な人は外向的な人と比べて、人の顔を見たときに分泌されるドーパミン量が少ない。

「協調性」には、思いやり、敬意、他人への信頼感といった特性も含まれる。「協調性」のスコアが高い人の多くは、協力的で頼りになり、面倒見もいい。周囲との和を保ち、総じて楽観的で他人を信頼している。「協調性」のスコアが低い人は、他人への関心が薄く、無礼だったり冷淡だったり身勝手だったりする。とはいえ、「協調性」が多少低くても、それが利点となることもある。たとえば、たりする。

単独で仕事することや、難しい判断をすること、あるいは相手と一定の距離を取ることを楽にこなせたりする。

五つ目の特性「神経症傾向」のスコアが高い人は、うつ病、不安、薬物乱用を患う可能性が高い。すぐにイライラするし、恐怖、怒り、罪悪感も抱きやすい。嫉妬さえも。不安定、神経質、不機嫌な状態に陥ることが多く、すぐにピリピリして、否定的な感情を抱きやすい。「神経症傾向」のスコアが低い人は、総じて感情が安定していて、ストレスにうまく対処できる。最もスコアが低いグループに属する人は、周囲に癒しを与えることから、「背の高いコップになみなみと注がれた冷たい水」にたとえられることもある。

ビッグファイブ性格テストの斬新な点は、受検者をたとえば「外向型」や「内向型」とどちらか一方に完全に分類してしまうのではなく、五つの特性をそれぞれどれくらい満たしているのかを、ゼロから一〇〇のスコアで評価することだ。大半の人は、どの特性についても、ほぼ中間あたりに位置するとみられている。

では、ビッグファイブのスコアから、恋愛関係についてどんなことが読み取れるのだろう？「神経症傾向」スコアが高い場合は、恋愛関係を築くのがとりわけ難しいようだ。[11]「神経症傾向」が強い人は、不安や苛立ちを感じやすく、気分の変動が激しくなりやすいため、長く円満な恋愛関係を育めないことが多い。ただし、「頻繁にセックスしているカップルの場合、『神経症傾向』の強さがもたらすマイナスの影響は、セックスの回数の多さと相殺されるようだ」という興味深い例外もある。[12]つまり、「神経症傾向」が強い相手候補のなかから選ぶのなら、性欲の強い人のほうがお薦めだということだ。ところが残念なことに、強い「神経症傾向」は、健全な性行動を妨げる恐れもある。『神経症傾向』が強いと、恋愛での円満度、性的な満足度のどちらも低くなると予想できる」ことが、複数の研究で明らかになっているからだ。[13]

「誠実性」や「協調性」の高さは、信頼に満ちた恋愛関係を育むために役立つ。[14] この二つの特性のスコアが高い人は、長く円満な恋愛関係を築ける可能性が高い。一方、これらのスコアが低いと、新奇性探求度が高いと予想される。それは性的な面でリスクの高い行動をとることとも関係している。五二カ国にわたって一万六〇〇〇人を調査したある研究では、これらのスコアが低い人は浮気をする可能性が高いことが示された。また、ケンタッキー大学の研究者たちが行なったメタ分析でも、「協調性」が低い場合、「ゆきずりでセックスする」「コンドームを使わない」「大勢の相手とつきあう」といった行動をとる恐れがあると予想できることが明らかになった。[15]

少なくとも女性の場合、「経験に対する開放性」が高いと、変化に富んだセックスを頻繁に経験していると予想される。[16] また、先ほど取り上げたとおり、「神経症傾向」が強い人の場合、セックスは恋愛関係を長く維持するためだけのもののようだ。「外向性」が高い人は、総じて明るくてカリスマ性が高く、恋愛関係を育むスキルを身につけていて、セックスがうまくいくよう相手に合わせられる。外向的な人と一緒にいるのは楽しい。ただし、「外向性」が高い人というのは、好奇心が旺盛だったり、ひとりだけとつきあうのが苦手だったりする場合が多いことも、念頭に入れておくべきだ。

ビッグファイブの結果は、さまざまな文章に対する受検者の主観的な回答を集計して出される。つまり、受検者本人が自身について抱いているイメージに基づいているのだ。だが、もし私が自分自身に対して抱いているイメージが、ほかの人が私に対して抱いているものとは異なっている場合はどうなるのだろう？　自己理解、自己認識、洞察力については、次章で掘り下げることにしよう。

SNSでの「打ち言葉」から読み取れるビッグファイブ性格特性

ここでは、自分が書いたメッセージ文がいかに自分自身を表しているか、そして送られてきたメッセージ文からいかに相手自身について読み取れるかを見ていこう。言葉づかいと性格の相関を調べる研究にはもともと長い歴史があるが、データサイエンスの新たな発展のおかげで、この研究での分析は新段階に入った。以前は、研究室の机に向かって何千語もの文章を書いてくれる被験者を探すのは大変だった。今日では、ＳＮＳへの投稿文、やりとりするメッセージ文など、コミュニケーションにより特化された書き言葉がある。それらを大量に分析することで、少数の被験者が研究用に書いた文章ではわかりづらかった傾向が明らかになる可能性が突如として高くなった。クライシス・テキスト・ラインは、保有する大規模なデータセットを利用して、メッセージ文の優先度の高さの傾向を摑んだ。同様に、コンピューター技術を活用することでメッセージ文やポストのシンスライスが可能になり、性格特性の傾向を読み取れるようになった。

とりわけ、メッセージ文には、「話し言葉と改まった書き言葉のあいだに位置している」という固有の価値がある。メッセージ文やＳＮＳの投稿文を書くときは、文法や句読点、構文の規則にあまり囚われずにすむ。こうした制約から自由になると、自分自身について自分なりの言葉で独自に語れるようになるため、その文章には本人の性格や生き方がにじみ出る。ビンガムトン大学の言語心理学教授セリア・クリンをはじめとする専門家たちにとって、メッセージ文は書き言葉よりも話し言葉に近いそうだ。[17] 言葉自体も重要だが、言葉が伝えている、空気を読むための情報も重要だという。「空気を読むための、目に見えるかたちの手がかり（アイコンタクト、話し方、顔の表情など）は多々ありますが、メッセージ文では使えません。そこで、メッセージ文で空気を伝えるために、利用者たちは言葉の見事な使い方を新たに編み出したのです」と、クリンは私とのインタビューで語った。「それは決して驚くべきことではありません。というのも、私たち人間が生きていくうえで最も得意としているのは、言語を操ることですから」ただし、それでもメッセージ文には、相手に誤解を与える余地があるという。「たとえ自分が書いた文章を読み直してチェックしても、そのときに頭のなかで聞こえている自分の声の調子やニュアンスが、メッセージ文を送る相手にもまったく同じように伝わるはずだと思ってしまうのです」

とはいうものの、言葉の選び方からも多くのことがわかる。単語の分析でさえ興味深い。「外向性」が高い人は「口」という言葉を頻繁に使っていて、ほかにも「お酒」「ほかの」「レストラン」「ダンスする」がよく出てくる。[18] 一方、「神経症傾向」が強い人は、「ひどい」「でも」「だらけた」「うんざり」といった言葉を使いたくなるようだ。

長く続く恋愛関係の達人である、「協調性」特性のスコアが高い人々は、「すてき」「一緒」「朝」「春」という言葉をかなり頻繁に使っている。「誠実性」がきわめて高い人は、「完了」「ばかげている」「退屈」「冒険」といった言葉をメッセージ文のあちこちにちりばめる。実際に冒険に積極的な、「開放性」のスコアが高い人は、「我々」「人間」「詩」「宇宙」「芸術」「いつまでも」という言葉を使うのを好む。

たとえば、私との初めてのやりとりでのチャーリーの言葉づかいには、「開放性」の高さがいち早く表れていた。

私　はじめまして、チャーリー

チャーリー　ミミ！

私　プロフィール写真が、バスルームで歯を磨きながらの自撮りなんて初めてよ。とっても斬新。

チャーリー　僕は人生の可能性を広げることに挑戦したいのさ :)

チャーリー　それに、バスルームでの自撮り写真を見せびらかせる、うってつけの機会でもあるしね

私　いいアイデアね。もしそれがバズったら、考案者はあなただと私が保証してあげる。ところで、今週はどうだった？　私にとっては過酷な週だったわ。今日はまだ木曜だと気づいたときの、あの絶望感ったら。

チャーリー　君は「時間の感覚を失う」という大勝利を収めたじゃないか。僕にとって、今週は感動的で貴重な毎日だったよ。

「可能性を広げる」「人生」「感動的で貴重な」「時間の感覚を失う」という、開放性の高さを示す

言葉が、チャーリーの四つのメッセージ文のなかですべて出ていた。このやりとりでの私はちょっと愚痴っぽかったが（「過酷」「絶望感」などと言ってしまった。でも、誰だってそんなときもある）、私自身も「経験に対する開放性」がきわめて高い。そんなわけで、同じくらい開放性が高そうなことが言葉選びにはっきりと表れているチャーリーについて、もっと知りたくなった。

そうして、チャーリーとやりとりを続けていると、彼の「協調性」の高さが次第に表れてきた。チャーリーが心理学者だと知った私が、「うちのオーストラリアン・シェパード犬のお抱えセラピストになるのはどう？」というジョークを放ってからのことだ。

私　うちの犬はちょっと変わっていて、あなたの助けが必要かも。この子はメスなんだけど、髭の男性や、野球帽をかぶった男性を怖がるの。あとスケートボーダーのことも。でも最後のは、この子の気持ちがわからないわけでもないわよね？

チャーリー　僕も、その三つは全部怖いよ。

私　じゃあ、うちの犬とあなたはうり二つね。この子は、走るのも泳ぐのも大得意なの。海や川や湖で泳ぐオープンウォータースイミングでは、私のあとをついて三キロ以上も泳ぐわ。それに、未舗装路を走るトレイルランニングでは、胸が張り裂けて血が流れそうな勢いで私のことを心配しながら一緒に走ってくれるのよ。

チャーリー　ああ、僕だって君のあとをついて三キロ泳ぐし、トレイルランニングでは胸が張り裂けて血が流れそうな勢いで君のことを心配しながら一緒に走るさ。

私　えっ！　知り合ったばかりで、いきなりそんなハードな約束をしちゃうのね

チャーリー　全然大丈夫。でも、血が流れるのはちょっと困るけど

私　だったら、絆創膏（ばんそうこう）を持っていくわ。それに、私を心配してくれるお礼に、あなたの自我を精神分析するし。

チャーリー　ああ、ありがとう。たぶん、僕の自我は優柔不断で感傷的で、それにとってても曲げやすいと思うよ。

チャーリーは面白くて親しみやすいうえに、私への思いやりにあふれた言葉を使う。私のみならず、飼っている犬のことまで気づかってくれる。それに、「胸が張り裂けて血が流れそうな勢いで君のことを心配する」という冗談めいた申し出をすることで、私と信頼関係を築きたいという気持ちを示してくれた。しかも、メッセージ文を初めてやりとりしている最中の男性なら、自分について語るうえでまず使わない「優柔不断で感傷的」（実際の写真の彼は精悍で男らしく見えるが）という言葉を何のためらいもなく使えるほど、チャーリーは自分に自信を抱いていた。

単語からだけでもこれほど多くのことがわかるが、それでも、言葉を組み合わせた文章から得られる情報量とはまったく比べ物にならない。自社のスーパーコンピューター「ワトソン」用の性格分析ツールを開発したＩＢＭは、大胆にも、「このツールを使えばわずか一〇〇語の文章から、書いた本人の性格を正確に判断できる」とうたった。[19]だが、ＩＢＭが公開した、文章と性格の相関関係は、完璧というにはまだほど遠かった。それでも、マッチングアプリなどに応用するための出発点としては

まずまずだったし、「人工知能」と呼ぶには当時はまだ早すぎたワトソンが秘めている可能性を垣間見せるものとしては優れていた。

病気の痕跡を辿る

デジタル行動ヘルスケア企業は、こうしたデータ分析結果や、「拡張知能」と呼ばれているテクノロジーを活用して「暫定診断」を行なっている。暫定診断とは、患者を直接診断する前に下される仮の診断のことだ。利用しているこのテクノロジーを「『人工』知能」ではなく「『拡張』知能」と呼んでいるのは、暫定診断を下すプロセスから人間を完全に除外するのは不可能だということを、常に念頭に入れておかなければならないからだ。さらに、同様に重要なのは、メッセージ文に基づく診断は必然的にすべて暫定診断になることを、きちんと示さなければならない点だ。デジタル行動ヘルスケア企業におけるメッセージ文分析の基本的な考え方は、精神医学的な診断を予知するよりも、性格や心理傾向を示している特徴を文章から見つけるほうを重視することだ。

とはいうものの、人が話したり書いたりする内容は、本人のメンタルヘルスを測る指標になりうる。とりわけ、書かれた文章を高度な認知システムで分析することで、本人の性格に関する洞察のみならず、精神疾患を早期発見するための手がかりが得られる可能性がある。たとえば、MIT研究者たちのある事例では、まずコンピューターにうつ病を認識するよう学習させ、次に、文脈に依存しない自然なやりとりでのメッセージ文の内容から、うつ病の可能性をコンピューターが正確に読み取れるような訓練を行なった。[20] すると、このモデルは、メッセージ文での質問と答えの一連のやりとりから、うつ病の可能性を正確に検知した。その際必要だった質問の数は平均七個で、しかも、「君は落ち込んでるの?」といった、参考にしやすい質問が一切なくても検知できたのだ。

　また、別の研究では、「ひとりぼっち」や「孤独」といった言葉を一定期間中に五回以上ポストした、六二〇二名のX(旧ツイッター)ユーザーをさらに詳しく調べている。[21] 研究者たちは、このユーザーグループの投稿と、これらの言葉を使っていなかった対照群の投稿をすべて比較した。すると、こうした言葉を使っていたユーザーたちは、「対人関係の難しさ」「薬物の使用」「体の不調」「変わらなければという思い」「不眠症」といった内容についても投稿していた。予想どおり、「ひとりぼっち」や「孤独」という言葉は、うつ病や不安と非常に密接に結びついていることが認められた。

　チェコのある研究では、心理学のセミナーを受講している女子大学生一二四名に、大学に対する自分自身の深い考えや思いをレポートにするよう求めた。[22] さらに、この学生たちは、臨床的に実証されている、自己評価式の抑うつ性尺度という検査も受けていて、その結果に基づいて「現在うつ状態」「過去にうつ状態にあった」「一度もうつ状態に陥ったことがない」の三つにグループ分けされていた。「現在うつ状態」のグループが、怒り、不安、否定的な感情を意味する言葉をほかのグループよりも多用していたのは予想どおりだった。さらに、研究者たちは「私」といった一人称単数の代名詞の多用がうつ病と関係していることや、「現在うつ状態」のグループが二人称や三人称の代名詞を使う場合がきわめて少ないという新たな事実も突き止めた。

　メッセージ文とポストの両方の内容を分析するために行なわれた、より規模の大きな研究では、いくつかのパターンが確認された。自分自身の仕事を語る内容は、「誠実性」や「開放性」を表している。お金についての話は、「協調性」が欠けていることを示している可能性が高い。[23]同じく、話のなかに「勝つ」「稼ぐ」といった言葉が出てくる場合もそうだ。また、「クリニック」「インフルエンザ」「錠剤」といった病気にまつわる言葉は、「内向性」と相関関係がある。さらに、主に身体の感覚や機能を中心とする話は、「開放性」の欠如や「神経症傾向」を示している。

当然ながら、メッセージ文のやりとりのなかには、高度なプログラミングや精神科医による分析がなくても読み取れるものもある。たとえば、何だか変わった人物であることが、その人が送った一連のメッセージ文を読むだけでわかる場合もある。ただし、どんなふうに変わっているのかを説明するのは難しい。また、見るからにとても不愉快な振る舞いをしている人物について、失礼な奴かどうかを判断するのに専門家の助けは必要ない。一方、大抵のメッセージ文では、送り手の性格がそこまではっきりと表れるわけではない。つきあいはじめた相手や相手候補との初期のメッセージ文のやりとりで私たちが目標にすべきことは、目の前の文章のなかに潜んでいる、相手の性格を読み取るためのヒントを見つけることだ。

次の例では、初めてのデートの直後に交わしたやりとりに、ロブの「開放性」の欠如や「誠実性」が表れている。

ロブ　やあ、ヘレン。会えて嬉しかったよ。家に帰ってから、エクセルのスプレッドシートで計画表を大急ぎでつくったんだ。君が旅行に行く前にもう一度会えないか、検討しようよ。

ヘレン　どうも、ロブ。私も会えて嬉しかったし、あなたがいろいろ考えてくれていることに感謝してるわ。あなたは二人の関係をどんどん前進させたいようだけど、私は直近の旅行のことも考えたら、あなたのその熱心さにすぐに応えられるかどうかわからないの。

ロブ　うーん、僕はいつも綿密な計画を立ててデートに臨むんだけど、変更には柔軟に対応できるよ。それに、熱情家の自分とは、しばらくおさらばすることにしたよ ;-)。だから、気にせず旅行楽しんできて。

ロブ　でも、君が僕をどう思っているかは、やっぱり気になるな。僕はいわゆる「ケミストリー」というものを信じていないんだ。僕にとっては、それはただの流行り言葉さ。人には、自分自身がなぜ好かれているのか、またはなぜ嫌われているのかを知る権利があると思う……具体的な事実を挙げてもらってね。君は、「真剣で真面目なおつきあい」と「刹那的な関係」のどちらを望んでいるのかな？

ヘレン　一晩じっくり考えてみるわ。明日、ルームメイトが戻ってくるから、三人で一緒に料理でもして、私たち二人の相性がよさそうかどうかを彼に尋ねてみるのはどう？　第三者の意見を聞くのも、いいかもしれないでしょ??

ロブ　うーん。君にとって何がいいか、または何が悪いのかを、君自身に判断してもらいたいんだけどな。正直にすべて打ち明けると、僕は元恋人の家族や友人たちとの悪い思い出が少なくないんだ。僕と元恋人の関係には、いったいどれほど多くの他人が介入しているんだろうと、悩んでしまったほどにね。

ロブは自分自身をある程度把握している。自分が熱情家であることもわかっているが、それを真面目や真剣という、いい意味で捉えている。そのため、それがなぜヘレンを怯えさせる原因になりうるのかを理解できないようだ。「スプレッドシート」「綿密な計画」「具体的な事実」という言葉を出してくるあたりに、彼の「誠実性」と「頑固さ」（開放性の欠如）が表れている。ロブのこうした性格は、ある人には魅力的に映るだろうし、別の人には気に食わないものかもしれない。だが、ヘレンのように「神経症傾向」が強い人にとっては、脅威になりうるのだ。自分自身の選択を信用できない、何かを決めるときに他人の判断を仰ぐといった振る舞いは、彼女の心の奥底に何らかの不安が潜んでいることを示している。この二人の関係がうまくいく可能性は、明らかに平均以下だろう。

文法から推理する

では、メッセージ文の文法や文の組み立てからは何かわかるのだろうか？　そこから何が読み取れるのだろう？　実は、かなりの情報が得られることがわかっている。〝you〟（あなたは・あなたが）や〝your〟（あなたの）といった二人称代名詞を頻繁に使う人は、「協調性」と「誠実性」がより高い傾向にある。一方、否定の言葉（「そうじゃない」や「絶対にない」など）を多用する、未来形（たとえば、「〜しようと思う」や「〜するつもり」）で返事をする、認知的なずれを示す言葉（「〜すべきだった」「〜できたはずだ」「もし〜だったら、〜しただろう」といった、理想と現実の差を表す言葉）を使う人は、「誠実性」が低い可能性が大きい。[24]

次のメッセージ文のやりとりで、それぞれの特徴的な性格が、文法や構文から読み取れるかどうかを見てみよう。コンラッドは銀行員で、自身のプロフィール欄に「自分を大切にしている。笑顔を絶やさない。若さは最強の武器だと思う」と書いている。マリーは心理療法士だ。

マリー　こんにちは、コンラッド。はじめまして。

コンラッド　やあ！　返事が遅くなってごめん。いろいろ用が入ってしまって

マリー　気にしないで！　あなたは充実した一日を過ごしていそうね。

コンラッド　まあね。今日はものすごく忙しいよ

マリー　金融市場は休みじゃないの？

コンラッド　えっ、そうなの？　だから、僕のコンピューターに数字が表示されていないのかな？　なんてね。ほかのことで忙しいんだよ。今週母親が来るから、家を片づけなきゃならないんだ。もっと早くやっておくべきだったんだけどね。

マリー　すごい。気が利くのね。ちなみに、あなたはお母様が来るときだけ家を片づけるの？

コンラッド　ハハハ。デートのときと同じさ。いつもより念入りに片づけるってこと。

マリー　なるほど。興味深いわ。あなたは母親とデートを同列に語るのね。これはフロイト的にはどうなのかしら？

コンラッド　申し訳ないんだが、実は君とのマッチングが成立したあと、僕は君のことを右スワ

イプすべきじゃなかったと思ったんだ。もし僕たちがつきあったとしても、うまくいくことは絶対にないよ。

マリー　そうなのね。でも、どうして？

コンラッド　僕は心理療法を信じてないからさ。もし僕がカウンセリングを受けたとしても、それは折れた鉛筆みたいなものになるだろうね。その心は、「先がない」（爆笑）。

コンラッド　カウンセリングを受ける人は、自分自身についての話をわざわざお金を払って誰かに聞いてもらっているのに、相手を感心させたくて自分のいい面しか話そうとしないだろ。それって、デートの前に念入りに部屋を片づけるのと同じじゃないか。それじゃあ、お元気で。

これはたしかに、もはや過去となった短い会話ではあるが、このメッセージ文のやりとりをシンスライスすれば、二人の性格を示している特徴が数多く読み取れる。「なるほど」「すごい」「気が利く」というマリーの言葉づかいは、「協調性」の高さを示している。さらに、疑問符や二人称代名詞も多用している。彼女は他人への関心が高そうだ。それに対して、コンラッドは皮肉を込めた質問しかしていないし、しかも否定の言葉（「絶対にない」「先がない」）も使えば、認知的なずれを示す言葉（「べきだった」「もし～しても～だろう」）もあちこちにちりばめている。コンラッドには「誠実性」と「協調性」がともに欠けていることが、彼のメッセージ文のなかの多くの点によって示されている。ちなみに、主に従来の手法で診察する精神分析医なら、「折れた鉛筆」というコンラッドの言葉を「自分自身の性的能力への不安」と解釈するかもしれない。だが、そこから先は、コンラッドに患者として診察室のカウチソファに座ってもらって、彼の話をじっくり聞かせてもらうほうがいいだろう。彼がいつか、そこに座る気になることがあればの話だが。

記号の使い方は性格を表す

メッセージ文では、「句読点の省略や追加」や「すべて小文字を使用」、それにもちろん「絵文字の利用」といった、あらゆる種類の非標準な形式のコミュニケーションを目にする。ジャーナリストのジェシカ・ベネットは、『ニューヨーク・タイムズ』紙のコラム〝When Your Punctuation Says It All (!)〟（句読点はすべてを語る（！））で、「句読点があまりに多い文章は熱意があふれすぎているように見える一方、あまりに少ない文章は素っ気なさすぎると捉えられるかもしれない」と指摘している。[25] 文字によるデジタルコミュニケーションでは、話すときのような声の抑揚がないため、メッセージ文の意味を解読する際には当然ながら句読点によりいっそう注意しなければならない。

句読点自体に、書き手の性格が表れることがあるのだろうか？　可能性はある。ビッグファイブ性格テストとSNSの投稿文との関連性分析によると、「疑問符（？）」は「外向性」を表しているという。[26] おそらく、「外向性」の高い人は質問するのが好きなのだろう。また、「コロン（：）」は「誠実性」と関係している。これは、よくまとまったリストなどで、コロンが使われているからだと思われる。逆に、「コンマ（，）」は「誠実性」の欠如と関連している。

セリア・クリンの研究グループが「終止符（．）」について行なった調査では、「終止符で終わるメッセージ文を受け取った人は、送り手が怒っているか失礼な態度を取っていると感じる」ということが判明した。[27] 文末に終止符がないほうが、親しみを感じられるそうだ。終止符は堅苦しい印象を与えるので、短いメッセージ文の最後に打たれる終止符は特に、相手との心理的な距離をつくりだしてしまう。そのため、受け取った側の評価は、「あまり誠実そうではない」「辛辣に感じる」「受動攻撃的に思える」といったものが常に多かったようだ。

私の友人のなかには、これでもかというくらい終止符を使う人が二人いる（どちらともマッチングアプリで知り合った）。二人とも著述関連の仕事をしている。そのうちのひとりには、ずいぶん前にやりとりを始めた当時、「あなたはなぜメッセージ文にいつも終止符をつけるの？『はい』というたったひと言のときでさえも」と尋ねたことがある。すると彼は、「終止符がないと、文章の終わりから文字がこぼれ落ちるかもしれないからさ」と答えたのだった。

日常で関わりのあるこうした「終止符愛用者」たちは、どんな性格だろう？一般的に彼らはこだわりが強く、やや傲慢なところもあるようだ。自分自身の基準や価値観に固執し、社会的通念には自分独自のやり方で立ち向かおうとする傾向がより強いように見える。私たち自身もこういう種類の人物と親しくなって、さらに愛するようになると、彼らの流儀に影響されるかもしれない。

著作家のガートルード・スタインは、句読点に対して強いこだわりがあったようだ。彼女は明らかに、「感嘆符（！）」が大嫌いだった。また、F・スコット・フィッツジェラルドは、「感嘆符をつけるのは、自分のジョークで笑うようなものだ」と語ったという。[28] イタリアの匿名作家エレナ・フェッランテは、感嘆符を「男根の露呈」と呼ぶほど嫌悪している。アーネスト・ヘミングウェイも、感嘆符を使わずにより穏やかに表現する方法を好んだ。ある研究によると、感嘆符の過度の使用や誤用は、「神経症傾向」の強さや「開放性」の欠如との関連性が高いそうだ。[29] 次の例は、私がアイアンマンレースでハワイに滞在していたときに、ある相手と初めて行なったやりとりだ。

ジム　やあ、ミミ！　最高の写真だね！　ここにはレースのために来たの？
私　ええ、でも今年はレースには参加しないの。昨年まで九年連続で参加してきたから、今年はのんびり観戦するつもりよ。あなたは？
ジム　優雅なスターみたいだね！　ああ、僕は参加するよ。
私　ゼッケンの番号は？　応援するわ
ジム　４２５だよ!!　僕は自由に生きている女性が大好きなんだ!!　君はまさにタイプさ！

ジムがつけた感嘆符は、本当に必要なのだろうか？　何だか文章が下手に見えるし、それどころか精神的に不安定なのではないかとさえ思ってしまう。とはいえ、感嘆符の乱用が、以前よりも一般的になっているのは本当のようだ。言葉だけでは不十分に思えるときに、強調する目的で使われている。だが、とりわけ終止符の代わりとして使われる場合、感嘆符には「私に注目して」という切望や興奮が入り交じった感情が込められているようだ。今日では、感嘆符をひとつつけるだけでは、相手に熱意を伝えるのには不十分と思われているのかもしれない。だから、二つ、三つ、四つと増えていく。強い感情を示すために誇張した表現を使う必要は、もはやなくなった。感嘆符をつけさえすれば、熱情を示せるのだから。私の友人ダニエルは、感嘆符を「絵文字の起源」と呼んでいる。イーサンも、感嘆符を好きなように使っている。しかも、興味深い独特のやり方で音を伸ばしながら。

イーサン　おーーーい、シエラーーー。僕たちはまだ会えてないじゃないか!!

シエラ　お互いの月相が、次回ぴったり合うときまで待たないと駄目ね

イーサン　君はセクシーさと面白さの混ざり具合がとってもスバラシイヨーーーー!!　イカシテルぜ!

シエラ　いま、仕事の会議中なんだけど、あなたのメッセージ文で思わずニヤニヤしちゃった

イーサン　……相性ぴったり、僕らはうまく行くぜー、君はイカシテルーーーーー、すごいぜーーー

シエラ　この手の人だったのね :-)。連絡ありがとう。

イーサン　今日このあと話せる時間ない?　時間をつくって、君のものすごいオーラに包まれたいんだ。

イーサン　誰が‥君と僕。何のために‥ただ楽しく会話する。いつ‥君の都合のいい時間に。できれば土曜日までに。

イーサンは、一見とても気さくでのんびりした人物に思えるかもしれない。だが、前述のとおり、

感嘆符が「開放性」の欠如と「神経症傾向」の強さとに関連していることが、少なくとも一件の研究で示されている。さらに、イーサンは「おーーーい」「イカシテルーーーーー」「スバラシイヨーーー」といった、強い気持ちを伝えるための「感情の長音化」も行なっている（原文では"ohhhhhh"のように文字が繰り返されている）。感嘆符が使われている一方で、メッセージ文の「誰が」「何のために」「いつ」という部分は、彼の杓子（しゃくし）定規な性格の一面を表している。

　余談や追加の情報を囲んだ「括弧」は、「開放性」と「外向性」の両方が欠けていることと相関している。それらの文章は本題と直接関係していない場合があるため、括弧という句読点の一種で囲まれて、何らかの特別な情報（これは本当に役立つかどうかわからないから、あなたのために括弧で囲んでおくね）であるかのように提示される。

「……」などの「省略記号」は、読み手にさまざまな解釈の余地を与える。エレナ・フェッランテは省略記号について、「まつげをパタパタさせたり、感心したふりで口をかすかに開いたりするのと同じで、相手の気を引こうとするもの」と自身のエッセイ集 *Incidental Inventions*（偶然の発明）で指摘している。[30]どうりで、オンラインデートのメッセージ文には、省略記号があふれかえっているわけだ。それは、ほのめかし、可能性、そして……有望さを伝えるための手段なのだ。

　では、本来大文字が使われるはずの箇所に、わざと小文字を使うのはどんな人だろう？　それは謙虚な人という好印象を相手に与えるだろうが、その謙虚さは果たして本物、それとも偽物のどちらなのだろう？　私自身は、人によく見られたいためのある種の見せかけではないかとずっと思っていた。というのも、オートコレクト機能があるなかで「I（私）」をわざわざ「i」と打つのは、明らかに何らかの意図があるからだ。おそらく、「既存のルールに縛られない自分」を演出することで、本当は他人をあざけっているのではないかと、私はにらんでいる。

デジタルなボディーランゲージ

絵文字は、それについての議論を掘り下げようとするだけで、ひとつの章を費やしかねないほど複雑なテーマだ。グレッチェン・マカロックは、著書『インターネットは言葉をどう変えたか』（フィルムアート社、二〇二一年）で絵文字の歴史と役割を入念に描き、「絵文字とは、主にジェスチャーの代用である。それゆえ、絵文字はメッセージ文でのやりとりに、わかりやすさや微妙なニュアンスを加えたりできる」と結論づけている。[31] たしかに、口頭でやりとりする場合は、顔の表情や手振りに頼るところが大きい。

顔の表情や手振りには、文化の壁や違いがある。たとえば、アメリカ人はほかの多くの文化圏の人よりも、ずっと頻繁に微笑んでいる。[32] 私の母はフランス人で、パリとニューヨークを行き来して暮らしていた。母はいつも、「パリでは部屋の向こう側から、あるいは屋外の広いカフェの向こう側からでも、話しているときの表情を見るだけでアメリカ人かフランス人かを見分けられる」と、冗談まじりに話していた。母によれば、アメリカ人が会話の最中にずっと微笑んでいるのに対して、フランス人は真顔のままだそうだ。後者は笑顔を、もっと特別な機会までとっておくらしい。

では、アイコンタクト、顔の表情、手振りなどが意味するものを、メッセージ文ではどう伝えればいいのだろう？　相手の言葉が皮肉や嫌味なのかどうかを、どう判断すればいいのだろうか？　アルゴリズムに判断させる場合、言語情報と意味情報（つまり、言葉の実際の意味と、書き手の意図した意味）の両方が必要になるだろう。一六世紀においては、辛辣な皮肉は疑問符を左右反転させた皮肉記号「パーコンテーション・ポイント」によって示されていた。一九世紀のフランスの詩人たちは、同じ記号を、皮肉を強調するための「アイロニー・マーク」として使っていた。また、エチオピア語では上下逆さまの感嘆符が、同様の意味で使われていることがわかっている。今日の絵文字では、こうした皮肉めいた意味合いは「上下逆さまの笑顔」で示される。

絵文字は書き手の意図した意味を、よりはっきりさせるのに役立つかもしれないが、それは自分が書いた言葉を信用できなくなっているということなのだろうか？　そしてさらには、自分が書いた言葉で完全に理解してもらえたと感じる喜びを、絵文字に奪われてしまうのだろうか？　私は、絵文字は手っ取り早く自己表現するためのものと、ずっと思っていた。たとえるなら、絵文字は「言葉の冷凍食品」であって、一からつくられる「言葉の料理」ではないということだ。今日では、絵文字は一〇代の女の子たちだけに留まらず広く一般で使われているが、それでも私にとってはいまもなお「言葉の缶詰」に思えてしかたがない。「自分の気持ちを言葉だけで伝えられるよう、もっと努力して」と、メッセージ文の送り手たちに言いたい。「あなたが本当に伝えたいことを、言葉で伝えてほしいの」と。

絵文字は、さらなる説明が必要ない箇所にもつけられる場合が、あまりにも多い。それは彩りを添えるため？　喜びをもたらすため？　それとも、相手が投げ返せるようなボールを投げて、投げ合いを楽しむため？　いずれにせよ、絵文字を使うことは文体上の選択であり、それは親指での「打ち言葉」に何らかのジェスチャーを加えたいというニーズを満たすことよりも、メッセージ文の送り手本人について多くを語っていることのほうが多い。

ロチェスター大学による大規模な研究によると、絵文字を頻繁に使う人は「外向性」のスコアが低い傾向にあり、つまり内向的な人が絵文字を最も多用していた[33]。また、「協調性」のスコアが高い人も絵文字を好み、一方、「神経症傾向」のスコアが低い人は絵文字の使用が最も少なかった。これらのデータは、私自身が絵文字を使うことに抵抗を感じている理由を、うまく説明してくれているように思える。

とはいえ、自分が絵文字をあまり理解できない精神科医であることを、周囲にわかってもらうのは難しい。私の一〇代の娘は、次のように私を試すのが好きだ。

カイラ　これはどんな意味でしょう。😟😟⛄🔒🔒🏠📜

私　これは、「あなたは絵文字の後ろに隠れて、自分の心の内を母親に見せようとしない」という意味ね。

カイラ　違うわ。これは「私は具合が悪くて家にいて、しかも雪が降っているから外には出られず、でも家のなかには古くなったブリトーしか食べるものがない」。だってママがスーパーに買い物に行くのを忘れたからね。

感情があふれすぎる絵文字

絵文字は、言葉の意味をよりわかりやすくするために使われているのかもしれない。とはいえ、研究者たちによると、同じ絵文字が使う人によって異なる解釈がなされている場合があり、そのため絵文字自体が混乱や誤解を招く恐れもあるという。絵文字を使って文章を作成することは、それ自体が芸術のひとつのかたちであり、たとえばアリソンは次のマッチングアプリでの初めてのやりとりで、絵文字の使用をある種のゲームにしている。

アリソン　前に友達とあるゲームを思いついたことがあって。それまでメッセージ文で使ったことがなかった絵文字を全部使ってみるというものだったんだけど、面白い会話になったわ

エリック　ぜひ、例文を送ってほしいな！

アリソン　まずは、〝I've hell and back〟（ひどい目に遭った）、〝You want a this?〟（痛い目に遭いたいのか？）みたいな、つまらない駄じゃれに新たに挑戦したの。あるいは、特に意味はないけど、こんなふうに何となく文末につけてみたりして。それに、という、それまで見落としていたお宝も発見したの。これは「あきれた」「困惑」「酔っぱらってる」のどの意味だと思う？

エリック　この絵文字には「すごくいいセックスをして思わず高揚している顔」という意味もあるんじゃないかな。少なくとも、僕はずっとそう思ってたよ。

アリソン　そう聞いたら、これはもう「ものすごくいいセックスをしたばかりで何も考えられない顔」にしか見えなくなったわ。

〔最初の駄じゃれでは "I've been to hell and back" の been to に「弁当（bento）」の絵文字が使われている。二つ目では "You want a piece of this?" の piece of に「ピザ一切れ（piece of pizza）」の絵文字が使われている〕

たしかに、どの絵文字を使うかは、そのときの気分やきわめて個人的な好みで決まることが多そうだ。だがそれでも、特定の絵文字から、使用する人の性格がまさに読み取れる場合もある。たとえば、「外向性」が高い人は👍や😉を使う可能性が高く、逆に、否定的な感情や曖昧な感情を意味する😫や🙃を使うことはまずない[34]。「協調性」の高い人は、🖤🩶💕といったあらゆる種類のハートの絵文字を使い、😠はほとんど使わない。「神経症傾向」が強い人は、😫😩🙃や😨といった、大げさな表情をしている顔の絵文字を好む。この論文を書いたロチェスター大学の研究者たちは、「これらの絵文字は、ほかの性格特性との正の相関はほとんどない。これはつまり、『神経症傾向』が強い人には特徴的な感情特性があることに加えて、固有の絵文字使用パターンがあることを示している」と指摘している。一方、「開放性」が高い人と絵文字の関連性は、まったく存在しないことがわかった。

次に示したトムとメラニーのメッセージ文のやりとりは、初めてのデートが実現するまで何カ月も延々と続いた。どうやら、トムはオンライン上でメラニーに夢中になったようで、メッセージ文では絵文字を句読点代わりに使っている。

トム　僕は「真剣」に、君のことを知りたいと思っているんだ。君が前に送ってくれたメッセージ文と、君のプロフィールを読み返した……まったく化粧をしていない自分の写真を投稿する君のためらいのなさを、とても気に入っているんだ！　もしかしたら、ちょっとは化粧しているかもしれないけれど、少なくとも厚化粧ではないね！

トム　実は今朝ジムで君のことを考えていたんだけど、思い切って僕の本名を君に伝えることにしたよ。それでグーグルで僕の名前を検索してくれれば、僕がどんな人物なのかがもっとよくわかるだろうと思って。そのあと（君が僕にまだ興味を抱いてくれるのなら）、一緒に晩ご飯に行く予定を立てられればいいなあ　トムD

メラニー　本名を教えてくれてありがとう。私の名前はメラニーG……いまボストンに向かっていて、日曜までいる予定よ。大事なプレゼンを、何回かしなければならないの。

トム　返事をくれて嬉しいよ。僕のことをより詳しく知った君が、「ほかのことへの興味を追求する」かもしれないと思っていたので。美しき君よ、ではまた

トム　プレゼンがうまくいくよう、幸運を祈るよ……でも、君の人生は幸運があまり必要ないくらい、すでにすばらしいんじゃないかという気がしているけど。

メラニー　一緒に晩ご飯に行きましょうよ。

トム　リンクトインで、僕のストーカー並みにしつこいメッセージを受け取ったかな？　プレゼンは全部うまくいった？

トム　土曜の夜の予定は、もう決まってる？

メラニー　一度目のデートで、父に会うつもりはある？　この週末、父が訪ねてくるの。何だかすごい話になりそうね……

トム　一度目のデートで相手の父親に会うなんて、高校生以来だよ‼　僕はたぶんすごく若返った気持ちになるんだろうな……それにとても緊張しそうだ。でも、普段味わえない、またとない特別な機会になりそうだね！（笑！）　でも、せっかく訪ねてきたお父さんを置いて出かけるのは、よくないと思うよ。

トム　君のことを考えていたよ……ここのところよくあるんだけどね……君がお父さんとすてきな週末を過ごせるよう願ってるよ。お父さんは君が生まれてきて彼の人生に加わった日の、一部始終を覚えているはずさ……まるでついさっきのことのように。

メラニー　こんにちは。今週は忙しかったわ。元気にしているかしら。できれば、今週電話してくれる？（自分の電話番号を記す）

トム　君から連絡をもらえて、とても嬉しいよ。僕は土曜日にヨーロッパに出発するから、電話で相談できれば、それまでに会えるかもしれないね。電話で話して、晩ご飯の予定を立てたいな！

トム　電話で話そうよ。僕の声が不快で、晩ご飯を一緒にするのはちょっと、って君が思うかもしれないけれど。直近の予定が合わなければ、会えるのは僕の出張後になると思うけど、それだとあまりに先なんで待ちきれない！

トム　ええっと……教えてもらった番号にかけたんだけど、メッセージは残さなかった。メッセージ文は送った。でも、メッセージ文を怒濤（どとう）のように送りつけることはしないから。約束する。

トム　こんなにメッセージ文をたくさん送るのは、オンラインデートのあらゆるルールに完全に違反しているのかもしれないけれど、君ならうまく対応してくれると思っている……それに、僕は決して頭のおかしいストーカーじゃないから。君のオンラインビデオを見て、君が話すのを見たり聞いたりする（君の表情や笑顔とかを）のがとても楽しかった、ということを伝えたかっただけなんだ。君にとってすばらしい一日になりますように🌹

その後、メラニーとトムの都合がようやく合って夕食に出かけたところ、大惨事に終わってしまった。メラニーは、トムのメッセージ文でのお世辞を何となく好意的に受け入れていて、これなら会っても楽しいのではないかと思っていたのだ。だが、そんなふうに考えていたときの彼女は、トムの文章に示されていた重要な判断材料を見落としていた。

そしてデートの日、トムはまずボトルワインを選ぶようメラニーに頼んだ。彼女が決めると、トムは「君が選んだのが、メニューで一番高いワインじゃなくて本当によかったよ。これまでデートしてきた女性は、みんな一番高いのを頼んでいたんだ。もしかして僕の企業退職年金だけが目当てなのか、という気にさせられたよ」と言ったのだった。メラニーにとっては、この時点でもう最低のデートに思えたが、何と事態はそこからさらにひどくなっていった。せっかくの夜を無駄に過ごしてしまったと、メラニーは自分に腹が立ってしかたがなかった。そこで、彼女ははっと気づいた。「思い返せば、彼のメッセージ文には危険信号……というか、薔薇の絵文字がたくさんあったのに……!!」

やたらとお世辞をふりまいていたトムのメッセージ文を、もっと細かく見てみよう。句読点や絵文字の使い方、オンラインデートでの文章の内容から、彼についてどんなことがわかるだろう？　トムはおそらく内向的（絵文字を使う）、精神的に不安定（「ほかのことへの興味を追求する」「ストーカー」）、「神経症傾向」が強い（「不快」「頭のおかしいストーカー」）、「開放性」が低い（「よくない」「あらゆるルールに違反している」）人物で、しかも言うまでもなく、とてもしつこい。「外向性」が高く、自信にあふれ、「開放性」が高い人物であるメラニーが、探し求めていた相手ではなかったのだ。

ただしこれは、客観的に言えば、ある人物が全員にとっての理想のパートナーで、ほかの人物は理想に満たない、ということではない。どの人にも相性のいい人は必ずいるが、ある人にとっては最高の相手が、ほかの人にとっては最悪の相手である場合もある。ナルシストな相手と一緒にいて居心地がいいなら、相手がナルシストであることや、そういう相手とつきあうリスクと利点を十分理解したうえで先に進めばいい。恥ずかしがり屋で物静かな、少々退屈かもしれない人と一緒にいることで、安心や居心地のよさを感じられるのなら、ぜひともその人を選ぶべきだ。あのキャットウーマンも映画『バットマンリターンズ』で、「いつだって期待を裏切られるのは、いわゆる『普通の男性』よ。ヤバいやつを、一度も怖いと思ったことはないわ。少なくとも彼らは、ありったけの情熱を注いでくれるから」と言っているのだから。

誰もがみないったん立ち止まって、「自分がどんな人を探し求めているのか、どんな人となら楽しく過ごせるのか」を自分自身に問うべきだ。そして、自分が求めるものを尊重し、相手から送られてくる信号に気づけるよう細心の注意を払うことも大事にしなければならない。次章では、相手候補のみならず、自分自身についても掘り下げていく。あなた自身が何を求めているのかを把握できるよう、「自覚」「自己理解」「洞察力」「障害を克服する」について詳しく見ていこう。なぜなら、「知らないままでいる」ことよりも唯一最悪なのは、「知ろうとしない」ことだからだ。

ジャレド　ええっと、明らかに何よりもまず聞かなきゃならないのは、君のぬいぐるみの名前じゃないかな？
ブルック　ワズワース……誰が見てもこの名前がぴったりだと思うわ
ジャレド　誰が見てもって、もしかしてゾウだからってこと？
ブルック　ワズワースがゾウだっていうのは面白いわね。うちのはクマだけど。
ジャレド　ゾウに比べて、まさにぬいぐるみの主流派だ。じゃあ、ワズワースは間違いなくイギリス出身だよね？
ブルック　クマのワズワースは、間違いなくイギリス出身よ。ただし、イギリスといっても、あのパンやケーキを焼いたりするイギリスのテレビ番組に出てくる、優雅で手先が器用で、こちらがつい見入ってしまうイギリス人のほうよ。間違っても、勝手に決めつけようとしたりEU離脱を声高に主張したりするイギリス人のほうじゃないわ。もしそんなクマだったら、一緒に寝られないもの。

ジャレドとブルックは、ブルックが一緒に寝ているというぬいぐるみの動物についての話をしているようで、実際は自分自身が理想とするパートナーについて、それとなく語っている。二人のこの和気あいあいとした冗談めいた気さくなやりとりのなかには、「主流を好むか」「性格」「政治観」に関する情報が初っ端から盛り込まれている。ジャレドは、より主流派に属する相手を求めていることをほのめかしているようだ。そして、ブルックはぬいぐるみについてのウィットにきいた男女のやりとりのなかに、自身の性格や政治的傾向の情報（公平で偏見がなく、勝手に決めつけない。リベラルであり、EU離脱派のようではない）を、うまくまぎれこませることに成功した。

日頃口にしている「理想のタイプ」がどんなものであろうと、ぴったりのパートナーを見つけるためには、自分が本当に求めているものは何かを探し当てようとする努力が絶対に必要だ。というのも、自分が探しているものは、恐れ、恥ずかしさ、自尊心、不安によって、いとも簡単に見えなくなってしまうからだ。いったん立ち止まって自分自身を理解すれば、つまり、自分自身の問題にうまく対処できれば、自分が本当に求めているものを、もっと勇気を出して探せるようになるはずだ。自己認識を高めることによって、求めているものがよりいっそう明確になり、最終的に最善の選択へとつながっていく。

オンラインデートの実践者たちの大半は、口にしている「理想のタイプ」とはまったく違う人とマッチングを成立させている。四万一〇〇〇人のオーストラリア人を対象とした大規模な研究でも、オンラインデートの参加者たちは、日常的に公言している「自分の理想を完璧に満たしているタイプ」とは似ても似つかない相手と、マッチングサイトで日々連絡を取ろうとしていることが判明している。[1]この結果を見て、「『パートナーを得るための行動に出ること』と『挙げていた理想のタイプにこだわること』のどちらが目指すべき正しい道なのだろう?」「日頃口にしていた『理想のタイプ』とは異なる相手とマッチングを成立させる人は、その相手に無意識に惹かれたのか、それとも、心から求めているものとは一致しない行動をとっているのだろうか?」という疑問を抱くのは当然かもしれない。

恋愛関係に対して求めるものが変化するにつれ、それにまつわる判断はより複雑になった。昔は、自分自身に問うべき質問は、「誰と結婚すればいいか?」ただひとつだったのだ。だが今日においては、恋愛にまつわる関係が、指し示されたまっすぐな道に従って進んでいくことはほとんどない。それよりも、矛盾しているさまざまな願望によって紆余曲折した道を辿る可能性のほうが、ずっと高いのだ。そこで問われている主な疑問は、「自分はどんなかたちの関係を築こうとしているのだろう?」といったものと思われる。

ここでは「相手」について掘り下げるのはいったん置いておいて、「自分自身」について解き明かしてみよう。恋愛関係を育もうとしているときにつきものの、期待、混乱、願望、それに予想外の問題。そういったものにしっかりと目を向けることで、今後さらなるオンラインデートに挑戦する前に、自分が本当に求めているものが何なのかがはっきりと見えてくるはずだ。自分が何を求めているのか、何を必要としているのかを把握するための第一歩は、自己認識だ。ただし、自分の内面をよく知ろうとするのは、必ずしもそう簡単なことではない。

自分を知り、自分を変えるには

世間一般の見方は、「人は自分が何を求めているのか、まったくわかっていない」だ。この考え方は、学界、連邦議会、法廷、あるいは、教会といった神聖な場所にも浸透している。金融業界(ウォール街)でも周知の事実だし、広告業界(マディソン街)でも広く知れ渡っている。こうした組織や機関は、人々の自己理解の空白地帯と思われる箇所を、彼ら自身が考えついた「人は何を求めるべきか」で埋めることに力を注いでいる。そうした見方や策が氾濫するなかで、「自分の心を動かすものは何か」を追求しようとする意欲は奪われてしまう。私たちは、「何を求めるべきか」を常に指図されているのだ。

この波乱の中心にあるのは、「我々は誰なのか？」「我々はなぜいまやっていることを行なっているのか？」「こうした疑問の答えを確実に見つけられる方法はあるのか？」という、人類が延々と悩まされてきた問いかけだ。これらの問いに答えるために社会科学という学問が生まれたが、それは結局、今日に至るまでにさらに多くの疑問を引き起こすだけとなった。

心理学者ティモシー・ウィルソンは、大きな反響を呼んだ著書『自分を知り、自分を変える』（新曜社、二〇〇五年）で、人類が自己理解の獲得を目指した歴史を辿ると同時に、その実現のための現実的な方法を示している。[2] 問題の核心は、心のなかで起きていることの大半はすべて無意識で行なわれているという点だ。「『意識は精神という氷山の一角』というフロイトの主張は、かなり的外れだ」とウィルソンは指摘している。「実際の意識は、その氷山の一角の上にある雪玉ほどの大きさしかないと思われる」それはすなわち、「本当の自分は誰なのか?」の答えは、私たち自身には手の届かない精神の領域にあるということだろうか? 厳密に言うと、必ずしもそうではない。

フロイトは、「無意識」という重要な領域を発見した。フロイトの理論によると、無意識とは幼年期にいきなり扉が閉じられ、一生開くことのない金庫室のようなものだ。鍵を開けるためには何年もの精神分析が必要であり、それによって初めて、自分自身の行動の原動力である抑圧されていた記憶を手に入れられるということだった。この考察は、官能性とドラマ性に満ちていた。無意識のなかにはどんな抑え込まれた欲望が潜んでいるのか、自分が見る夢のなかにはどんな暗い秘密が隠されているのかを読み取れるのは、いったい誰なのだろう? どうやら、それはかかりつけの精神科医にしかできないことのようだった(もしかすると、かかりつけの美容師にもできたかもしれないが)。ハリウッドの映画界は、このテーマに飛びついた。三文小説でも題材にしつくされた。だが、この精神分析的心理療法は結局のところ非科学的とみなされ、現代心理学では否定された。そうして、その新たな分野で幅を利かせた行動主義者たちは、「心のなかに何があるのかは重要ではない。本当の自分が明らかになるのは、行動によってのみである」と宣言した。「存在すること」が「行動すること」の原動力になっているのだろうか? それとも逆なのだろうか? カート・ヴォネガットは、当時のそうした対立を次のように冗談めいて総括している。

「トゥー・ビー・イズ・トゥー・ドゥー」(存在することが、行動につながる)

「トゥー・ドゥー・イズ・トゥー・ビー」（行動することが、存在につながる）
ソクラテス

ジャン＝ポール・サルトル

「ドゥー・ビー・ドゥー・ビー・ドゥ〜」
フランク・シナトラ[3]

今日では、心の研究、行動の研究はどちらも盛んに行なわれていて、しかも両分野は密接に結びついている。「無意識」は堅固でびくともしない一枚岩とはもはやみなされなくなり、それぞれ独自の機能を担う領域が織りなす複雑なシステムであると、いまでは考えられている。一方、「行動」は、無意識の心がどのようにはたらいているかを深く理解するための、唯一にして最良の方法でありつづけている。また、無意識内に存在しているものを簡単に手に入れられるわけでは決してないが、それらを意識的に修正するための方法も編み出されている。

「適応的無意識」（「認知的無意識」「潜在的思考」「自動思考」などともいう）と呼ばれる、近年明らかになった「無意識の反復処理」は、心理学のあらゆる分野における新たな研究対象になっている。学術論文では、適応的無意識は「神秘」や「直感」といった非科学的な言葉とほぼ常に関連づけて語られ、「夢と現実のはざま」などと説明されている。社会科学がこんなにも詩的だったとは、まさに驚きだ。私は「適応的無意識」という言い方を、好んで使っていることが多い。というのも、この言葉は、無意識が人間とともにどのように進化し、人間の生存にいかに重要だったかを示しているのみならず、無意識の解明に取り組む人間の飽くなき奮闘までをも表しているからだ。

私たちの頭のなかのはたらきの大部分が意識せずに行なわれていることは、いまでは当然のように知られている。また、多くの領域では無意識の行動が常に行なわれていることや、ほかの領域ではそうした行動のスイッチを入れたり切ったりできることもわかっている。こうした無意識のはたらきには、感謝しかない。靴紐の結び方や、片方の足をもう片方の前に出す方法を常に毎回思い出さなければならないのなら、大変な一日になるはずだ。相手の顔を認識するために、自分の記憶のなかの画像をすべて読み取らなければならないのなら、脳が混乱するはずだ。話すたびに言葉を探し出して、文章を一から組み立てなければならないのなら、コミュニケーションなど成り立たないだろう。人間の脳には、簡単に手が届く意識の領域、入るのに鍵が必要な潜在意識の領域、そして大部分が立ち入り禁止の無意識の領域がある。だが、倉庫と同様に、すべてのものが必ずしも所定の場所に収納されているわけではない。そこが難しいところなのだ。

心理療法を行なっている医師としての自分の役割を説明するために長年使ってきたたとえは、「カードの枚数が膨大な、トランプの神経衰弱のようなもの」だ。患者が自身の経験や思考というカードが並べられた場からジャックをめくったとき、私はその患者が前回ジャックをめくったときのことを思い出し、何らかの関連を示しながら、もう片方のジャックが暗喩的にどこにあるのかを気づかせなければならないのだ。

私がこの役割を最も実感させられた患者はD.W.だ。D.W.は結婚生活が破綻した直後から数年にわたって、私の治療を受けていた（また、彼の話を事例として語ることも了承してくれた）。彼はオンラインデートに対して、とても否定的な見方をしていた。「実生活で女性は男性といとも簡単に知り合えるのだから、こうしたマッチングアプリを使っている女性には根本的な欠点があるはずだ」というのがその理由だった。友人たちがオンラインデートの便利さを熱心に語っても、気軽に使えるアプリで出会う女性はしょせん面倒くさがり屋か、社会性が欠けているに違いないとD.W.は思っていた。どれほど選択肢が多いかを友人たちが実際に見せてくれても、D.W.には売れ残った女性たちの一覧にしか見えなかった。「実際にデートするかどうかを決める前に、メッセージ文をやりとりして相手を知ることができる」と友人たちが懸命に説得しても、どうせ退屈な会話を延々としなければならないはずだとD.W.は予想していた。

結局、D.W.はついに折れてマッチングアプリをダウンロードしたが、初めの一年はまさに彼の予想どおりだった。彼が私に語ってくれた話は、哀しさとおかしさが入り交じっていた。ある相手は、デートのあとD.W.が車で自宅まで送っている途中で眠り込んでしまったそうだ。別の相手からは、マッチングアプリでの彼女のひどい経験を二時間にわたって延々と聞かされたという。さらに別の相手との初めてのデートでは、「侵入者にレイプされるのが怖いから、ひと晩一緒に過ごしてほしい」と頼まれたそうだ。D.W.にとって、こういった女性たちは魅力がなく退屈で、しかも神経過敏に思えた。私はD.W.に冗談半分で、なぜそんな魅力がなく退屈で、しかも神経過敏な女性たちとばかりデートするのか尋ねてみた。「だって」と彼は答えた。「オンラインで知り合えるのは、そういった女性ばかりなんですよ」

それでも粘り強くオンラインデートを続けたD.W.のデート経験の質は向上したが、皮肉にも、その後の展開はかえってうまくいかなくなってしまった。彼は、魅力的で成功していて積極的な女性たちと次々にデートを重ねていった。彼女たちとの抜群の相性のよさや、めくるめくようなセックスについて、私に語ってくれた。だが、D.W.はどの相手に対しても何かささいなことで醒めてしまい、関係を突然終わらせてしまうのだった。

その原因としてはいくつもの要因が考えられるため、私とD.W.は彼の親密さに対する不安や、愛着スタイルについて、時間をかけて検討していった。だが、D.W.はそもそもオンラインデートに対して極端な先入観を抱いていたことに加えて、彼の先入観が正しいことを裏づけるような女性たちばかりと、ついデートしていた時期が長く続いた。そうしたデートの経験で集まったデータがあまりにも多かったため、「マッチングアプリで知り合う女性はパートナーとして至らない点があり、もしかしたら、人としてさえも至らない点があるかもしれない」という、彼自身が当初から抱いていた固定観念が立証されているかのように、D.W.には思えたのだった。そして、この思考は、「スキーマ」となった。スキーマとは頭のなかで構造化された知識や先入観であり、ひとたび強化されると無意識かつ自動的にこの思考が浮かんでくる。そうして、D.W.はこのスキーマを繰り返し思い浮かべることになったのだった。

スキーマ（ちなみに、複数形は「スキマータ」だ）は、頭のなかを整理するはたらきには欠かせないものだ。脳内でのこうした知識の分類によって、私たちは周囲の物事を仕分けることができるのだ。

ただし、スキーマの構造は堅固になりうるため、いったん定着してしまうと、意識的に思い浮かべないようにするのが難しくなる。たとえば、あなたに向かって鎖を強く引っ張りながら歯をむき出して唸ってくる犬について、「こう見えても、実はかなり人懐っこいんです」と飼い主から言われたとする。それでも、相手のそうした言葉を「犬は噛みつく」というあなた自身のなかのスキーマが拒絶してしまうため、その犬をなでることに慎重になってしまう。また、それと同時に、たとえば「（もともとはまったく別の理由で）この犬種が嫌い」という別のスキーマが強化される可能性もある。そして、こうした強化が次々に起きていく。スキーマがあまりに強力になりすぎると、それらと相反するデータはすべて、例外、間違い、あるいは錯覚だとかわされてしまう。

ジョン　君とのメッセージ文のやりとりは楽しかったよ。だから言っておきたいのだけど、僕は既婚者で、でもここ一年ほど別居しているんだ。別居を提案したのは僕のほうからだ。君がもしこんな状況の僕を不安に思うのなら、それは当然理解できるし、君の気持ちを尊重するよ。君のどんな判断も受け入れる。

ジョン　離婚を成立させようとしているなかで、精神的な支えが欲しくて別の女性を探しているわけじゃない。こういったことを、ちゃんと明らかにするほうがいいと思ったんだ。この先も、互いに正直でいたいと思っている。

エリザベス　連絡ありがとう。この前の週末は、都合がつかなくてごめんなさい。電話で話せるか実際に会えるといいわね。別居の件だけど、正直に話してくれてありがとう。ただ、私にとっては、「別居中だがまだ離婚していない」人とのつきあいは、あまりいい思い出がないの。

エリザベス　大げさに騒ぎ立てていると思わないでほしいの……ただ、できれば以前と同じようなことをまた繰り返したくなくて☺

ジョン　いまの僕のような状況の相手と過去に嫌な経験をした人がいるかもしれないという現実を、僕は重く受け止めている。だから、君がいまどんなふうに思っていてもかまわない。僕だって似たような経験をしていたら、同じ気持ちになるかもしれない。

ジョン　本音で語ってくれてありがとう。君が大げさに騒ぎ立てているなんて、ちっとも思わないさ。僕が言えるのは、君は自分の直感を信じるほうがいいんじゃないかということかな。君とマッチングが成立してよかったし、この先ふたたび出会えるかもしれない。僕にとっては、君とのやりとりは面白かったし楽しめたよ。じゃあ、オンラインでハグしよう。

エリザベスとジョンがこのメッセージ文のやりとりで持ち出した過去の恋愛関係は、この分野で互いにスキーマが存在していることの裏づけと考えられる。エリザベスは離婚協議中の男性との思い出が、決していいものではなかったと告白している。自分は気にしていないし会うつもりもあると彼女は言っているが、二人のやりとりは彼女の言葉によって思いのほか早く終わりを迎えたようだ。ジョンのどこか少しよそよそしい会話文は、断られるのを避けたいからなのか（もしかしたら、別居状態の既婚者という理由で過去に振られたことがあるのかもしれない）、あるいはエリザベスが彼女自身の直感を信じるべきだと彼が本気で思っているからなのかは、はっきりとは読み取れない。二人はどちらも、過去の経験を結びつけて結論を出そうとしているが、そうした結びつけ方は正しい場合もあれば、そうでない場合もある。両者ともに、自分自身の本当の不安が何なのかを見抜くことが、今後に役立つだろう。

内観から洞察へ

「内観」の科学的な定義は、「ある対象物を観察する行為で、しかも対象物が観察者自身の場合を指す」だ。いまの文章を読んで頭がくらくらしたのなら、こうした定義どおりの行為に基づいて結論を出すのが、いかに難しいか見当がつくのではないだろうか。今日では、「本当の自分」や無意識は自省による刺激の影響を一般的には受けにくいことが判明しているが、そこへの到達を目的とする心理療法において、内観はまさに頼みの綱だ。内観を行なうと、「作話」の海に身をゆだねることになる場合もある。

自然というものは空白をひどく嫌うが、人間の頭のなかもそうだ。自分自身の無意識の行動についての説明がつかない場合、意識下で説明がつくられる傾向があることが、数々の証拠によってよりいっそう明らかになっている。作話とは、理解できない行動を理屈づけるために、その行動についてのストーリーをでっち上げるというやり方だ。私たちは自分自身の行動や発言で、「なぜ彼を右スワイプしたのか」「なぜ彼女との関係を終わらせたのか」といった、経緯や理由も周りからはよくわからないものに対する釈明のために作話する。そうしてつくられたストーリーは、きわめて細かく複雑なものになることもある。ある程度の段階までなら、作話はみな行なっていることだ。自分の行動や発言の理由が理解できないために無意識に作話することもあれば、あまりよく思い出せないストーリーの一部を補強するために意識的に作話する場合もある。事実を変えることはできないが、より納得してもらえる説明にするために、事実を補足しているストーリーを修正することは可能だ。

D.W.は、たとえば「自分の気持ちが恋愛関係から遠ざかってしまう原因は、自分自身の愛着スタイルにある」とは言えなかった。なぜなら、そうした情報をまだ手に入れられていなかったからだ。そして、その代わりに、彼がなぜささいなことでつきあう相手を振ってしまうのかについてのきわめて合理的な説明が、彼の意識下でつくりだされたのだった。たとえば、あるときD.W.は携帯電話をロックせずに、置きっぱなしにしていた。画面に表示されていたメッセージ文を目にした彼女がそれについて何かを言ったことが理由で、彼は関係を終わらせた。「『自分のことに首を突っ込んでくる』ような彼女といたら、不幸になるだけだ」という理由で。「プライバシーの侵害は、僕にとっての『一度破ったら終わり』のルールに唯一該当するものなんです」とD.W.は語った。だが、やがて別の何かもそのルールに該当するようになる。さらには、ほかの何かも。

作話とは、散らばっている事実がどのように結ばれているかがわからないときに、ストーリーをつくりだすことでそれらの事実を結びつける行為だ。こうしたストーリーは役に立つし、心理療法上での効果さえ見込める。ストーリーのわずかな欠陥から、その人の本心や真意が明らかになることもある。「いま自分がこんなことを言ったなんて、信じられない」というよくある場面は、言葉を服にたとえると、服に問題があったせいで見えてはいけないものがうっかり見えてしまったことによるものだ。そう、うっかりした失言（フロイト的失言）とは、まさにフロイトが発見した無意識の領域にある下着が急にはみだしてしまったようなものなのだ〔著者はFreudian slip（フロイト的失言）の"slip"（スリップ）を、「下着のスリップ」とかけている〕。一般的には、自分自身の無意識を調べようとすると、この無意識という王様は服をちゃんと着ているどころか、クローゼットにあるすべての服を着込んでしまっているので、中身が摑めない。

キーランはアンドレアとの次のやりとりのなかで、自分の真意をかなり無防備にさらけだしている。

アンドレア　このマッチングアプリの仕組みがよくわからないわ。これって、私たちはもうつきあってるってことなのかしら？

キーラン　つきあってるか？　つきあってるかって？　僕はいまにも妊娠しそうなのに、君は「真剣につきあおうかどうしようか」なんて、まだ言ってるわけ?!?!

アンドレア　わかったわ。じゃあ、マイスペースの「交際ステータス」の欄を「交際中」に更新しておくわ。ところで、あなたは実際にサンフランシスコに住んでるの？　それともこのアプリのほかの利用者たちのように、パンデミック中の休みでこの辺りをちょっと訪れているだけなのかしら？

キーラン　僕はマーズ（火星）から来たんだ。といっても、チョコレートバーの「マーズ」のほうだけど

キーラン　ああ、ここに住んでる。君は？

キーラン　遠回しな質問は止めて、ずばり聞くよ。二人で会って、いわゆる「気の利いたジョーク」を言い合うのはどうかな？　マニアーナに（これってスペイン語で「明日」ってことだよ）

アンドレア　ええ、私もここに住んでるわ。あなたはスペイン出身なの？　それとも高校で習ったスペイン語を、私とのやりとりで復習しようとしてるの？

アンドレア　会うのは賛成。でも、会ったときにお互い死ぬほど退屈しないかどうか確認するために、まずは電話で話してみるほうがいいかも。

キーラン　君はユダヤ系でみずがめ座なんだね。僕はユダヤ系カトリック教徒さ

キーラン　いや、本当はカトリック教徒で、みずがめ座（Aquarian）ならぬ水族館（aquarium）さ

キーラン　僕の完璧な胸毛の裏には、タイガーグッピーが隠れているよ

キーラン　ねっ、お互い死ぬほど退屈することなんてないさ

キーラン　もし退屈しはじめたら、キスすればいい。退屈じゃなくなるまで。

先ほど、「無意識は服を着込んでいる」と述べたが、どうやら必ずしもそうではなさそうだ。キーランは上半身裸のまま、短パンとビーチサンダルでパーティーにやってきたようなものだ。彼は「イド」、つまり無意識の領域を、あえて分析する必要もないほどさらけだしている。とはいえ、大抵の場合、真意というものは厳重に隠されていて、これほど簡単に明らかにされることはない。

それでも、もし自分の真意が服の下からはみだしてしまったときは、人はそれを何とかして正当化

しようとする。ハーバード大学経営大学院のマイケル・ノートンが行なった有名な実験では、被験者の男子大学生たちは二種類のスポーツ雑誌の定期購読から好きなほうを選ぶよう勧められた。[4] どちらも基本的には似たような内容だが、一方には水着姿の女性たちを特集した号が、もう一方には「今年度のスポーツ選手トップ10」特集号が含まれていた。すると、どの被験者も「水着特集号」が入ったほうを選んだ。ただし、理由を聞かれた彼らの多くは、水着特集とは関係のない別の記事に興味があるからと説明したのだった。

「人は自分の行動が、自分が周りにどう見られたいかという理想と一致しない場合、その行動を妥当な弁解で正当化する」という説（たとえば、「彼を右スワイプしたのは、浜辺で上半身裸の彼の写真が気に入ったから」が本心であるにもかかわらず、「彼は動物保護施設でボランティアをしているから」と説明する）は、この調査をはじめとする多くの研究によって、立証されている。わかりやすくて好ましい理由を出すほうが、難しかったり、あまり望ましくなかったりする理由を持ち出すよりも、ずっと楽なのだ。

人はつきあう相手を選んだ理由を挙げるよう求められると、気持ちや態度が変化してしまう。理由を挙げれば挙げるほど、自分のなかの変化がよりいっそう大きく感じられる。それゆえ、たとえばパートナーの声から得られる何とも言えない安らぎの気持ちを、「私はパートナーの声が好きです。なぜなら……」という言葉にしてしまうと、「なぜなら」のあとに続く内容が「もっともな理由」となってしまい、当初感じていた安らぎの気持ちを忘れ去ってしまう。人間の脳はいい加減だ。私たちはもっともらしい理由を思いついたとたん、自分が本当はどう感じているのかということに向き合おうとしなくなってしまうのだ。

私はある男性と数週間つきあったあと、振られたことがある。彼が語った理由は、「君のヒップが小さすぎるから」ということだった。オンラインデートをはじめとする恋人探しでは、自分が本当に求めているものについての直感的な強い信号を脳が送っているにもかかわらず、それを無視してしまうことがしょっちゅうある。もしこの男性が、ヒップの大きな女性を本当に求めていたのなら、私がそうではないことが、初めて会ったときにはっきりとわかったはずだ。それかもしかしたら、D.W.の例と同様に、私との真剣かつ長期的な恋愛関係を築けない、または築きたくないことをごまかすための、単なる言い訳だったのかもしれない。恋愛関係のなかでどうしてもヒップを最優先にしなければならなかったのか、それとも、「恋愛関係そのもの」を捨て去りたかったのかどうかはわからないが、いずれにせよ、もっと早い段階で気づいてくれたほうが彼自身のためでもあったし、私自身のためでもあったのだ。ただ、大音量で警告音を鳴らしている信号を無視して突っ走るのは、誰もが経験していることだ。「自分が出した条件を満たしている」または「一般的な『理想の相手リスト』の項目に該当する数が多い」から「この人はすごく理想的な相手に違いない」というように、私たちは自身の選択を正当化してしまう。だが、こうした条件やリストは、自分が本当に求めているもの（「大きなヒップ」「相手を次々に変えながら、ごく短い親密な秘密の関係を繰り返す」など、挙げるときりがないが）とは、えてしてまったく違うものなのだ。

二人の関係をメッセージ文のやりとりだけから直接会う仲へと進展させようかどうか検討中のヨランダは、ディーターに身長を尋ねている。ディーターはそんな彼女の「理想の相手かどうかを確認するためのチェックリスト」をかなり大っぴらにからかいながら、まるで彼女をもてあそぶかのような返事をしている。

ヨランダ　じゃあ、もっとありふれた質問を……あなたの名字は？　それと、身長はだいたいどれくらいなのかしら？　向かい合ったときに顔が同じ高さになるのか、それともあなたを見上げることになるのか、それとも見下ろすことになるのかが知りたくて :)

ディーター　いま、僕の運転免許証の写真を送ったよ。余計な情報だったかな？

ヨランダ　別に余計じゃないわ。たぶん、あなたを見上げることになりそうね。しかも、それであなたを尊敬できそう。そして、あなたは私を見下ろすことになるけど、願わくは私を見下さないでほしいな。それに、あなたのほうが私より体重がありそうでよかった。でも、私は結構出るとこは出て、引っ込むところは引っ込んでるわよ。私の運転免許証の写真も送るわ。

ヨランダ　ところで、この写真のあなたは連続殺人犯のようね。

ディーター　こんなことするのは初めてだよ。運転免許証の写真を交換するのって、何だか妙にエロいね。

ヨランダ　連続殺人犯に見えるなんて言ってごめんなさい。そう言われたあなたが悪夢でうなされたり、よからぬ考えを抱いたりしませんように。

ディーター　「連続」殺人犯呼ばわりされるのは腹立たしいな。僕はやるときはちゃんとひとりずつ、ものすごく丁寧に扱っているのに。

人は内観を通じて自分が求めているものとその理由をより深く理解することができて、それによって幸福の新たな高みへ到達できる、とあなたは思うかもしれない。だが、その考えは間違っている可能性が高い。行動科学の教授リック・ハリントンと、ヒューストン大学ビクトリア校の共同研究者たちの調査によると、「内観」を何度も行なう人は、ストレスや不安がより大きく、うつ状態である可能性がより高く、自分の考えに没頭しがちで、しかも自分自身の人生や選択で主導権を握れていないと感じているという。[5]

一方、「洞察力」が高い人は、よりしっかりとした人間関係を築いていて、自分についての選択を自ら行なっていることが多く、自己受容や幸福度がより高いことが、心理学者アンソニー・グラントによって示されている。[6] では、内観と洞察をどう区別すればいいのだろう？　「自分について考える」ことから「自分について知る」ことへ、どうやって移行すればいいのだろう？　自分自身を知るには、「情報を取り出すためには、精神の遺跡発掘をしなければならない」という、フロイトがつくりだした神話を捨て去らなければならない。もっと簡単に行なえる、実用的な方法があるのだ。

ひとつ目は、ターシャ・ユーリックが著書『insight（インサイト）』（英治出版、二〇一九年）で取り上げていた、「『自分はいまなぜそう感じているのか』ではなく、『自分はいま何を感じているのか』を問う」という手法だ。[7] これは「ネーミング（名づけ）」と呼ばれている。自分自身の気持ちを観察するときは、中立的な目で見るほうがよりよい自己理解を得られる可能性が高い。また、人は自分に説明できない感情を抱くと、そこで動けなくなってしまうものだ。そういう人には、その人自身の感情をネーミングするようそれとなく促してあげると、「四方を塞がれている」という感覚がその人のなかで消え去り、抱いている感情が何であるのかが明らかになる。たとえば、「私はなぜ自分のパートナーが好きなのか」ではなく、「私は自分のパートナーの何が好きなのか」と自問するほうが、自分自身が求めているものをもっと楽に見つけられる。

ジュリアンは自分が既婚者で、そのうえでほかの相手と関係を持ちたいことを、事前に明らかにしている。そんな彼とアプリでのマッチングが成立したリタは、次のようにやりとりを始めた。

リタ　ねえ、教えて。奥さんだけじゃ満足できないってこと？　それとも、奥さんは知っているのかしら？　あなたたち二人とも、ポリアモリストなの？

ジュリアン　ああ、僕らはポリアモリストさ。ここ一〇年くらいね。ひとりの相手以外にも、欲求を満たしてもらえるのは悪くない。僕らはどちらかというと、すべてのニーズ、とりわけ親密な行為での欲求をひとりの相手だけに過度に依存しなくてすむような、バランスの取れた関係づくりの方法のひとつとして、ポリアモリーを実践しているんだ。スケジュール調整や、互いの多様な興味や志向に対応するために協力し合ってね……

ジュリアン　ところで、君はどんな関係を求めているの？

リタ　悪いけど、やっぱり既婚者は止めておくわ。たぶんあなたはベッドのなかで最高だろうし、それに写真のあなたは超めちゃくちゃかっこいいんだけどね。残念だわ。まあ、私はここ「罪深き」サンフランシスコでは珍しい、保守的な人間なんでしょうね😅😇

リタ　（追伸）そうは言っても、セックスがすごくいい相手を探してるのは本当。

リタの対応は称賛に値する。彼女はもっと気楽な関係を求めていて、セックスする前に相手の配偶者と交渉してわざわざ了解を得なければならないのは嫌だ、ということを自覚している。リタは自分が何を求めているか、どこに行けばそれを手に入れられるのか、はっきりわかっている。

この世の（それに本書内の）どんな効果的なメッセージ文作成方法も、自分が何を求めているのかを明確にできなければ、何の役にも立たない。もし何か重要な問題があるのなら、それを「隠したり、抑えようとしたり、その場しのぎの修正をしたりしなければならないもの」とみなすよりも、根本的な解決に取り組もうとするほうが有益かもしれない。恋愛関係で威圧感や息苦しさを感じないようにするために、ひとりになる時間や、相手と距離を取ることが個人的にどうしても必要ならば、「パートナーと朝から晩まで一緒に過ごさなくてもいい」という相手を探すべきだ。自分の欲求をただ封じ込めてしまうというやり方では、自分の「ペルソナ」（表向きの性格。外面）と、自分の本当の性格がかけ離れてしまう。本物の洞察とは、自分の思考や感情のいい面にも嫌な面にも目も向けることだ。

好ましいペルソナであろうと、好ましくないペルソナであろうと

レイチェルは竜巻のような勢いで、私の診察室に入ってきた。彼女のこの猛烈さを単に「何かに駆られている」などと説明するのは、フェラーリがエコノミーカーのペーサーと同じだと言うようなものだ。レイチェルは、ベテランの内科医だ。一流の医学大学院で客員教授も務めていて、二つの理事

会のメンバーでもある。しかも、毎日少なくとも二時間は、ジムでトレーニングを行なっている。それに、誰かと結婚して家庭を持ちたいと思っているので、精力的にデートをこなすことも当然忘れていない。彼女の身も心も、まるで熱く溶けた鋼のようだった。

ところが、診療が始まるやいなや、彼女は毎回判で押したように泣き出すのだった。

レイチェルは大学と医学大学院での一二年間、上級学位、研修医、特別研究員、研究分野での賞と、まるで研究界の登山家のごとく常に高みを目指して勉強しつづけてきた。その間、つきあってはいたが運命の人とは思えなかった恋人がいつもそばで支えてくれていたのだが、レイチェルは社会に出たとたんに彼を捨ててしまった。大人になってからの人生の大半を研究や勉強に費やしてきたレイチェルだったが、常に尽くしてくれる恋人との安らげる関係に、ずっと甘やかされてきた。そのせいか、診療では情緒面での脆さをしょっちゅう見せていた。普段はあんなに才気にあふれ、しかも世慣れているというのに。

診療の最初の一〇分間で備えつけのティッシュの箱を空にすると、レイチェルはようやく気を落ち着け、かき上げた髪を鍛えられた三角筋を覆い隠すように流してからスカートのしわを伸ばすと、最新の失恋話を語りだした。それは、ここのところ繰り返されてきた内容とほぼ同じで、細かい点が多少違うというものだ。マッチングアプリで男性と知り合った。彼女が通常選ぶのは、男性ホルモンが滴り落ちているかのようなきわめて雄々しいタイプだ。瞬時に惹かれ合った二人が過ごした最初の数日間は、まるで巨大な愛の嵐に巻き込まれたかのようだった。レイチェルは「カーマスートラからキルケゴールまで」、つまり性的な面から知的な面まで相手のあらゆるニーズに応え、彼のあらゆる部分を満足させた。彼は難攻不落の城から略奪を試みる騎士のように、レイチェルに荒々しく突撃した。だが、数週間もすると、関係は次第に落ち着いてくる。雄猫のようにレイチェルの尻を追い回していた彼は、やがてぬいぐるみのテディベアと化した。そうして、セックスするよりもただ体を寄せ合うことを、イチャイチャするよりも彼女のために晩ご飯をつくることを、さらにはベッドに行っても愛し合うより眠ることを好むようになった。それからしばらくすると、レイチェルはもはやお決まりとなった事態に見舞われることになる。「僕にとっては、君の愛が濃厚すぎる（または淡泊すぎる）」「君といると、まるで僕の妹（または母親）といるみたいだ」「タイミング（または時期、季節）が悪かった」「君のバスルームのコンセントは、規格を満たしていない」といったさまざまな言い訳をして、彼は去ってしまうのだった。

レイチェルが語ってくれる話はどれも興味深いのだが、彼女がゲイシャのように献身的に尽くしている姿を想像すると妙に思える。というのも、私の目の前にいるのは、背筋をぴんと伸ばし、まっすぐに私の目を見て、きっぱりとした口調で話す人物だからだ。レイチェルは、自分はたしかに従順なときもあると思ったり、対等なパートナーとの落ち着いた生活にただ浸りたくてたまらないと思ったりもする反面、自分が主導権を握りたいのだとも告白した。彼女はセックスでは常にリードし、しかも頻繁にしたいと思うし、それに大抵の場合求められればいつも応じた。そして、セックスしていないときは、知的な会話をするかトレーニングすることを好んだ。それ以外のことをするとなると、不安になってそわそわしてしまう。彼女の人生は、いくつかの限られた場面のなかだけで生きるようなものだった。まるで、アクションシーンしかない映画のように。レイチェルにとって、これらの場面に興味を持てない男たちは、とうてい完璧とは言えなかった。

レイチェルの表向きの「ペルソナ」は、彼女自身の「本当の性格」とはほとんど一致しておらず、しかも彼女は両者のギャップにほとんど気づいていなかった。彼女はいつも同じタイプの男性に惹かれるため、そうしたタイプの男性を惹きつけられるようなペルソナを無意識につくりだしていた。だが、無理やりつくりだされたペルソナは本人とはまったく違うために長続きせず、やがて彼女の本当の性格が表れると、以前はジョン・ウェインばりに男らしかった相手は首になるのをじっと待つようなことはしなかった。みな慌てふためいて逃げていったのだった。

私たちを行動に駆り立てる、意識的、無意識的な動機づけについてはのちほど取り上げるが、大事な点は、厳密に言えばどちらか一方だけが正しいわけではないということだ。どちらも何かを伝えてくれていて、どちらも検討に値する。このあと見ていくが、レイチェルの課題のひとつは、彼女自身の内面と外面とを調和させることだった。

私、私、とにかく私について

自分自身について。それは、私たちが最も多く考えることかもしれない。人の頭のなかには、「私」というつくられた概念があって、それは変わることなく絶えず存在しつづけているかのように思える。だが実際には、私たちは「意識的につくられた自分」と「無意識につくられた自分」という二つの性格を持っている（あるいは、それらに取りつかれている）。この二つの性格は、比較的互いに独立して存在している。意識的なペルソナは、見た目やしきたりに若干うるさい。一方、無意識の自分はいきなり動く。しかも、その自分は本人が苦労して身につけたものではなく、自然にそうなったものだ。さらには、思いも寄らないことをしでかすし、コントロールもできない存在だ。自分が周りの空気を読もうとすると、無意識の自分がすでに読んでしまっている。口を開いて話そうとすると、無意識の自分がすでに話してしまっている。私たちはことあるごとに、「自分のなかにいる自分」という「ロシアのマトリョーシカ人形問題」に、多かれ少なかれ気づくことになる。その結果、「自己意識」が芽生えるが、それを受け入れられる人とそうでない人がいる。受け入れるかそうでないかを両端とするスペクトラムのどこに自分自身が位置しているかを見れば、自分が周りの人々、とりわけ、大切な相手とどんな関係を築いているのかがよくわかる場合が多い。

　自分の性格に対する自己理解、あるいは内面と外面のギャップについては多くの研究が行なわれてきた。そのなかで明らかになった、ある興味深い食い違いは、「友人、同僚、家族は、自分のことをどう見ているか」についての本人の推測と、彼らが実際にどう見ているかのギャップだ。この差をゼロ（まったく一致していない）から一（完全に一致）の範囲で数値化した結果は、約〇・一七だった。[8]要するに、私たちは自分自身の性格を摑むのが苦手かもしれないが、自分が身近な人々にどう見られているかを推測することは、それに輪をかけて苦手なのだ。一方、本人が自分をどう見ているかと、それについての周りの推測は割と近かった（同じ範囲での数値化で、〇・四五）。

　この結果は、とりたてて驚くことではない。私たちは、自分自身に対する自分の見方と同じ見方を、何とかして周りの人たちにもしてもらいたいと思っている。だが、異なる見方をしているからこそ、身近な人々は私たちが自分の振る舞いを理解するための助けになるかもしれないのだ。彼らは過去から現在までの私たちの振る舞いを間近で見てきただけあって、私たちがこの先どんな行動をとりそうか十分予測できるからだ。私たちの無意識の振る舞いに対する彼らの見方も、彼らが私たちの今後の幸福や成功のために注いでくれる熱意も、決して余計なものにならないはずだ。

これは、感情をネーミングする方法に次ぐ、洞察を得るための二つ目の実践的手法である「フィードバックを求める」ことへつながっている。これは自分自身の「開放性」や「協調性」を十分高めることでも得られるが、実はもっと簡単な方法もある。それは、友人に尋ねることだ。自分のことを周りがどう捉えているのかについてのフィードバックは信頼する相手からすぐに手に入れられるし、しかも自己評価よりも信用性が高いことが多い。

もちろん、心理療法を受けることでもフィードバックを入手できる。精神科医としての私は、どの患者のことも深く気にかけられる。それはやはり、彼らの心の奥底に潜む感情に触れられるという点が大きい。私の仕事のひとつは、患者たちの心のドアを開けて乗り込み、片方の足をドアの内側に入れ（彼らの現実に共感する）、もう片方を外側に出しておく（彼らに客観的なフィードバックを提供できるようにしておく）ことだ。正直に言うと、猛突進するレイチェルは多くの点で私自身の若い頃を彷彿とさせたので、彼女を客観的に見るのも主観的に見るのも（特に、彼女が自身のペースを落とすことに抵抗を抱いている問題について）、さほど難しくなかった。レイチェルが変わるためには、彼女自身のなかに「一時停止ボタン」を押すことへの恐怖があることに気づかなければならない。大抵の場合、自己省察を妨げる壁を乗り越えるには、その省察によって湧き起こる不安や恐怖に立ち向かうことが必要になってくる。

心理療法の専門家で*Living an Examined Life*（自分の人生を見直しながら生きよう）の著者でもあるジェイムズ・ホリスは、自分自身の内的現実を省察できれば、突然のひらめきというかたちで自己認識が得られるようになると指摘している。[9]「ときには」とホリスは語る。「私たちは喪失、別れ、いくつもの別れによって、省察に追い込まれることが必要です。その結果、自分自身についての仮の結論を見直さざるをえなくなるのです」

ただ、人生を一変させるそうした出来事がなくても、自己認識を獲得する方法はネーミングやフィードバックを求めること以外に、さらに三つある。それらの手段はすぐに結果が出る場合もあれば、一生かかる場合もある。道のりの長さは、各自によってさまざまだ。

ギャップに注意する

ネーミング手法の延長上にある「マインドフルネス」は、「きっかけとなる出来事や状況に対して、反応したり、説明したり、考えすぎたりせずに、『自分が何を思い、感じ、行動しているか』をただ認識する」というものだ。場合によっては、そうした思考や感情を、新たな観点から見つめるということでもある。何らかの行動をとることや生産性を高めることは、気分を上げるためのきわめて有益な対処法だ（私は患者にそうするよう、早い段階からしばしば勧めている）。だが、やりすぎると自分を守る盾となって、自省を妨げてしまう。携帯電話を常に使いつづける、ソーシャルメディアでの存在感を高めようとする、あるいはマッチングアプリにはまってしまうことはみな、意義深い自己認識につながるマインドフルネスではなく、その逆の「マインドレスネス」の状態にあることを示している。

私たちはときに、自分自身の思考に真正面から向き合うことを徹底的に避けようとする。次の例のエイミーも、それを自覚している。

エイミー　今朝は瞑想を最後までできなかったから、いつも瞑想している場所にまた戻らなきゃならないという苦しい状況に立たされているの。でも、ついこうやって、あなたとまた楽しくおしゃべりしてしまうわ。

テレンス　僕も君とのおしゃべりが最優先になってるよ。でも、瞑想をいったん止めて、何時間もあとで再開できるなんて、とても興味深いな。僕には、知らないことがまだたくさんあるなあ。

エイミー　私の自制心のなさに興味を持ってもらえるなんて光栄よ。私はあるきわめて特別な瞑想を終わりまでやり遂げると、誓いを立てているの。でも、私が好きなピスメッタ（愛情と思いやりにあふれる瞑想）は、「気にせず、また最初からやればいい！」と励ましてくれるの。

テレンス　瞑想しておいで。そのあとで、おしゃべりをまた始めればいい。

エイミー　優しいわね。どうもありがとう。

バージニア大学の心理学者ティモシー・ウィルソンは、被験者が自身の思考とだけ向き合えるように携帯電話、本、ペンといった暇つぶしになる道具を一切持たずに部屋のなかで座っていてもらうという方法で、人がいかにマインドレスネスを好むかを調べた。[10] すると、実験中の被験者たちは、とても居心地が悪く感じたという。そこで、ウィルソンはさらに詳しく調べるために、被験者たちに「座っているあいだ、自分の裁量で自身に電気ショックを与えることができる」という選択肢を与えた。「何もしない」か「小さな電気ショックを受ける」かのどちらかを選ぶように求められた被験者の大半が、電気ショックを選んだのだった。この結果から、ウィルソンは「人は自分自身に向き合うくらいなら、(多少の)痛みを経験するほうを選ぶ」と結論づけた。

とはいえ、この結果は決して衝撃的なものではない。私たちが「過去」のことを気に病み、「未来」への不安で震えるように、人の意識はあらゆる「時」とつながっているが、そこに「現在」は含まれていない。あまりよく知られていない事実だが、自己達成感、心の平静、心身の健康、あるいは幸福さえも、「その瞬間」にしか感じることができない。それ以外においては、それらは「思い出」や「希望」になる。だから、私たちは現在にいたいと思うのだが、その方法がどうしてもわからないのだ。

残念なことに、マインドフルネスな状態に到達しようとしても、いまや周囲の雑音が多すぎる。というのも、「マインドフルネス」は、目玉として自動販売機の一番目立つところに配置された商品と同様に、今日の通俗心理学における最新の流行語のひとつだからだ。本書を執筆している本日の時点で、グーグルでの「マインドフルネス」の検索結果は約二億九〇〇〇万件にのぼっていて、マインドフルネスを題材にした書籍は約七万種類にも及んでいる。その内容は「マインドフルな犬の飼い方」や

「マインドフルな完全菜食主義(ヴィーガニズム)」と、実にさまざまだ。取り組み、プロセス、あるいは生き方としてのマインドフルネスには、何の問題もない。だが、すばやく楽にマインドフルネスを会得しようとするための「商品化されたマインドフルネス」は、実践者が未検討の個人的な問題を適当にごまかそうとする事態をもたらす恐れがある。真のマインドフルネスな状態を会得するには訓練、しかも各自が自分自身のために編み出した自分専用の訓練が必要であり、万人向けの商品に示されたやり方では無理なのだ。

ただし、フィードバックもマインドフルネスも、ティモシー・ウィルソンとハーバード大学社会心理学教授ダニエル・ギルバートが「心理的免疫システム」と呼んでいるはたらきによって、負の効果をもたらしてしまう恐れもある。[11] 通常の生物学的な免疫システムが細菌、ウイルス、真菌から体を守ってくれるのと同様に、この心理的免疫システムは、私たちを心理的虐待、ストレス、批判から守ってくれるものだ。自己知覚を脅かすような否定的な思考を抑え込んで、自分自身に対して肯定的な気持ちを抱けるようにしてくれる。失望感を乗り越え、もっと素直に物事を受け入れ、より寛容になり、適度なバランスで楽観しつづけられるよう一役買ってくれる。だが、ウィルソンとギルバートのこのたとえを拡張して考えると、生物学的な免疫システムと同様に、心理的免疫システムもまったくはたらかなくなったり、それどころか私たちを攻撃してくるようになったりする恐れもある。たとえば、事実を肯定的に歪めた「ポジティブ幻想」という、本質的には妄想にすぎないものを抱くようになるかもしれない。それは黄色い笑顔のマークのポスターを窓にどんどん貼っていくことで、結局光を遮ってしまうようなものだ。

レイチェルは一日の大半を費やして、自分の弱さから積極的に身を守ろうとしていた。たしかに周りから見れば、彼女は強さを感じさせるオーラを放っていた。だが、レイチェルが自身について周囲に語っている話とは逆に、私の診察室で語る彼女からは脆さがにじみ出ていたのだ。レイチェルは相手との力関係について、葛藤を抱いていた。「自分はどの程度主導権を握りたいのだろう？」と悩んでいた。引っ張ってくれる男性とつきあうのは、ある意味ほっとできる。自分が主導権を握らなければならないという気持ちを、忘れることができるからだ。つまり、レイチェルはロマンチックな気分で相手に夢中にさせられたいと思うと同時に、自分が支配する存在にもなりたかったのだ。レイチェルの場合、いったん立ち止まって、相手との力関係に対する彼女自身の矛盾した気持ちを見直すことで、恋人探しが窮地に陥ってしまうパターンを、ようやく読み取れるようになった。

自分の思考や感情に向き合い、何の評価や判断もせずにそれらを観察する。そうすれば、そこでわかったことが、既存の自己意識や周囲に対する感覚とたとえ矛盾していても、自分自身について知ることについてずっと前向きでいられるようになる。

パターンを読み取る

マインドフルネスは、たしかに内面を照らしてくれる。一方、自分が何を求めているのかについての洞察を得るための四つ目の信頼できる方法は、過去の予想と実際の既知の結果とを比較することだ。これは、「パターン認識」へとつながっていく。ただし、感情パターンは読み取るのが難しく、それにはいくつかの理由がある。ひとつ目は、記憶とは再建プロセスであり、人は何かを思い出すたびに、詳細をつけくわえたり、修正したり、取り除いたりするという点だ。また、「インパクトバイアス」の悪影響も受けている。これは将来の出来事によって自分の感情がどの程度影響を受けるのかを、過去の記憶（間違っている場合もある）に基づいて過大または過小評価してしまいがちだということだ。そうしたはっきりと定まっていないものからパターンを読み取るのは一筋縄ではいかないかもしれないが、過去の予想から、いまや既知となった結果への道筋を辿ることで、現在の予想が今後どうなるのかを、より現実的に見極められるようになる。

大抵の場合、パターンがはっきりすれば洞察が手に入れられる。私たちはパターンによって、自分が自身の人生の旅でのお客さんではなく、主体性を持つ存在なのだと気づくことができる。私はパターン認識と、「狂気とは、同じことを繰り返し行ないながらも、異なる結果を期待すること」という古いことわざを関連づけている。すなわち、私にとってパターン認識とは、私たちが（正気とは思えないほど）繰り返し行なっていることが何であるかを意図的に認識しようと試みることだ。

ここで、例の暗喩的な神経衰弱ゲームが役に立つ。ある感じ方を前回したのはいつだったか、それによって物事がどう展開したかを思い出し、それを現在経験していることと比べれば、いまの相手との関係がどうなるかをもっと正確に予想できるようになる。私の役目は、いまと同じ思考を前回行なったときのこと、いまの感じ方を前回したときのことを、患者に思い出してもらうことだ。自分についての気づきを意識的に得ようとすることで、読者のみなさんも自分でこの訓練を行なえる。

エミリーもこの神経衰弱に真剣に取り組んだ。彼女は以前、マッチングアプリを通じてイブから次の初メッセージ文を受け取っていた。

イブ　あなた自身についてまとめたプロフィールには、一番大事なことがまさにすべて含まれていたわ。あなたのことが、すごくよくわかる。私の携帯電話の小さな画面で全部読まなくても、あなたにメッセージ文を送るべきだとすぐに気づいたの。日曜日のひとときを、あなたはどんなふうに過ごしているのかしら？

このメッセージ文を受け取った当時、エミリーは長年つきあっていた別の女性と別れたばかりだった。自分のことを魅力的だと思ってくれた、見知らぬ相手からのメッセージに応える余裕はなかった。当時のエミリーは自分がそうとは思えなかったからだ。そんなわけで、相手とのやりとりを拒否してしまった。だが現在、あのときの予想（あのメッセージ文はあまりに積極的だったので、返事をする気になれなかった）と既知の結果（チャンスを逃したかもしれない）を振り返ることで、エミリーは自分がどんな思い込みをするかを知り、当時はどうしていいかわからなかった事態に今後いかにもっとうまく対応できるかを学ぶことができた。

「あのとき、『この人はあまりに強引に迫ってきている』と思いました」と、エミリーは当時を振り返った。「いま思うと、自分がなぜあんなふうに思ったのか、まったくわかりません。彼女がかけてくれた言葉は、とてもすてきだったのに」

ズームアウトする

ここまで見てきたように、どんな相手に惹かれるかや、好みのタイプは、無意識の動機に左右される場合がほとんどだ。しかも、自分の好みにより合った相手を次々に探せるという、オンラインデートが促進しがちな恋人探しの場合、その傾向はさらに顕著になる。だが、私たちがつくる「パートナーに求める理想の条件リスト」が、自分の本当の気持ちをうまくまとめたものになることはめったにない。それどころか、あとになって考えると、なぜこんな条件を入れたのかさえわからないこともある。

こういうときに役に立つかもしれないのが、自己認識を獲得するための実践的手法のなかで最後に紹介する、「条件リスト（あるいは、自分の目の前にあるどんな情報）よりもはるか先を見ることで、『全体像を見渡そうとする』」方法だ。私にとって忘れられないある指導教官は、立派な天文家でもあった。ウィリアム・シーハン博士は、地域精神科医として積極的に活動している以外にも、赤外線による脳画像診断の特許取得、銀河系の構造と進化の解説、惑星観測での才能発揮というように、実に多くのことを成し遂げてきた。私は一学生として、人体と天体の両者に対するシーハン博士の鋭い観察眼から、できるだけ多くを学ぼうとした。あるとき、天文学から精神医学へ転向した理由をシーハン博士に尋ねたことがある。すると博士は、「日中は、患者の話を聞くことにも、彼らの日々の感情の微妙な変化を理解することにも熱心に取り組みます。そして夜になって帰宅し、星を眺めていると、私たちのちょっとした心配事などは大した問題ではないと再確認できるのです」と教えてくれた。

シーハン博士のこの言葉を、私が忘れることはないだろう。なぜならそれは、自分自身の人生に対する現在の近視眼的、それどころか微視的な見方からズームアウトすることの心理療法上の価値を、端的に示しているからだ。現在の自分が行き詰まっている原因である障害にばかり気を取られるのではなく、ティモシー・ウィルソンが言うところの「自分自身の伝記作家」となって、自分の人生の全体的な流れを捉えることが問題の解決に役立つ可能性が高い[12]。自分の人生に目録をつけて見やすくすることで明確なテーマが現れ、自分自身の揺るぎない価値や情熱が何であるかがはっきりと見えてくる。それらの価値や情熱は、自分が誰であり、何になりたいかについての、より明確な視点を与えてくれるのだ。

当然ながら、そうした情報を手に入れることは、自分にぴったりのパートナーを選ぶための最優先事項だ。その情報を手にすれば、自分がつくったリストのもっと先を見ることで、自分の目の前にいる人物、あるいは自分が見ている鏡に映っている「人物」にかかわらず、その人の全体像を心の目で捉えられるはずだ。ただし、問題もあるが才能にも恵まれ、コメディアンと哲学者の要素を併せ持つウディ・アレンの言葉を借りれば、「自分と向き合うことを会得した人は、次に他人と向き合うことに挑むことになる」[13]。自分自身のなかの見知らぬ人について知り、その人と和を結んだいま、次に取り組まなければならないのは、マッチングアプリでのチャットのやり方、つまり「見知らぬ人とメッセージ文をやりとりする」方法を身につけることだ。

第四章　見知らぬ人とメッセージ文をやりとりする

自分が本当に知らなければならないことを尋ねる方法

アニカ　私の質問攻撃からは、そんなに簡単に逃れられないわよ。あなたをその気にさせるものを、三つ教えて。😊

オリビア　いい質問ね。

オリビア　絞れないから、何の見直しもせず、ただ思いつくままに挙げていくわ……

オリビア　遊び心、キスする、やさしく触れる、一癖ある、ユーモア、肌を触れ合う、アイコンタクト、結びつき、知性、説明責任、本物であること、存在感、未知の甘美な世界へ一緒に旅立つ、むき出しの、開かれた、溶けている……

オリビア　ごくり

アニカ　はっと目が覚めたら、あなたのリストが目に入った。いまもう一度、ゆっくり読み直しているの。ひと言ずつ、時間をかけて味わいながら。

アニカ　あなたのリスト、とっても気に入ったわ😊

アニカは自分がついうとうとしてしまう直前に、先方がじっくり考えなければならない質問を、まるで挑戦するかのようにオリビアに投げつけた。そして目を覚ますと、すっかり眠気が吹き飛ぶような返事が届いていた。高尚な価値観に官能的な風味が加えられていたそれらの答えを、アニカは堪能した。オリビアが自身の「その気にさせられることリスト」で重視していたのは、自身の弱さまでをもさらけだすことと、親密な行為だった。アニカにとって、それらはたしかに的を射ているように思えた。彼女にとっても、その気にさせられる要素がすべて揃っていたのだ。二人は、まだ会ってさえもいないというのに。

　親密さは、メッセージ文の内容を通じて徐々に育まれていく。オンライン上で相手と出会い、メッセージ文のやりとりでいちゃつくなかで、自分自身の隠されていた側面が露わになっていく。それがメッセージ文の言葉の選び方に表れるのはすでに見てきたとおりだが、それ以外にも内容や文章全体のつくりからも読み取れる。この二人のメッセージ文のやりとりからもわかるように、親密な関係の土台は「質問し合うこと」と「本物の自分であること（オーセンティシティー）」だ。二人のように、勇気を出して質問し合い、自分自身の弱さまでをもさらけだせれば、より深いつながりを築ける可能性が高い。

「本物であること」は、大流行している言葉だ。あまりに流行りすぎて、あっという間に使い古されてしまうのではないかと心配になるほどだ。あるマッチングアプリでは、ユーザーの八四パーセントが、ほかのユーザーたちに対して「『本物の自分』を見せてほしい」と望んでいることが明らかになった。[1]一部のマッチングアプリでは、ユーザーは未修整の写真を投稿するようお願いされるか、場合によっては強く要求されるという。あるマッチングサイトには、「自撮り写真よりも中身を重視しよう」と記されている。偽物や手を加えた写真、手の込んだ宣伝のような写真、フィルター加工や修正された写真はみな警告されるそうだ。オンラインの世界は、もはや新たな現実となった。

ただ皮肉にも、オンラインデート実践者の大半が、「本物の自分」をさらけだすことを相手に望んでいる一方で、自分自身はそうする自信がないと思っているようだ。二〇一九年のある報告書によると、マッチングアプリユーザーが相手と初めて会うときに主に不安に思うことについて、回答者の四割が「自分は相手に興味を持ってもらえないのではないか」と答え、「話をうまく弾ませられないのではないか」「自分は面白みに欠けるのではないか」といった回答があとに続いた。[2] Z世代やミレニアル世代で最も多かった答えは、「自分は性的な魅力に欠けるのではないか」だった。また、FOPO（他人からどう思われるかへの恐れ）を挙げる人が、FOMO（見逃すことや取り残されることへの不安）と答える人の数にどんどん迫って、ついに追い越したようだ。

この調査結果から、自分の見た目についての不安よりも、自分の会話スキルや性格に対する懸念のほうが大きいことが明らかになった。また、男性よりも女性のほうが、不安が大きかった（あるいは少なくとも、男性よりも女性のほうが、自分自身のなかの不安を認める人が多かった）。さらには、「共通の趣味がないのではないか」という不安を抱いている人までいて、恋人のいない人の三割が「自分がいいなと思っている人の趣味を、自分も始めるべき」と思っていた。

とはいうものの、自分自身が好きなことは一切話題に出さずに、相手の興味や好みに必死で合わせようとする人のメッセージ文は、読んでいて痛々しく思えることもある。次の例は、マックスとロビンの初めてのメッセージ文のやりとりだ。ロビンはスコッチを愛飲していることを、彼女自身のプロフィールに載せていた。

マックス　やあロビン！　僕はスコッチよりもライウイスキー派なんだ……それでも僕たちはうまくやっていけると思うよ:)君が好きな「ロックダウン中に自宅でつくるカクテル」は何？

ロビン　わあ、ライウイスキーが好きな人って、いままで会ったことがないかも。私も大好きよ。いつもは好きなカクテルは「フレンチ75」や「ペーパープレーン」って言うんだけど、せっかくのライウイスキー愛飲家同士だから、「マン・ノ・ウォー」と言わなくちゃね。

ロビンは新たにいいなと思った相手の好みに合わせるために、自身のお酒の趣味を慌てて変えた。全体的な視点で見ればカクテルの好みなど大したことではないが、自分が好きなものをはっきり言えないというのは、憂慮すべき兆候だ。次のやりとりでは、どちらも相手に合わせようと試みるが、すべて失敗に終わってしまった。

マヤ　はじめまして！　このアプリによれば、私たちの相性はいいみたいね……わあ、犬と一緒にカヤックに乗ったのね！　もしおしゃべりしたかったら、連絡して。

ジェシカ　どうも！　あなたのプロフィール、とっても気に入ったわ。うまくまとまっていて、内容もすてきだった。私は長々とチャットするのは好きじゃないので、もしあなたも二人で会って楽しくわいわいやることに賛成なら、計画を立てましょう。ボウリングとか！　私はすごく下手なんだけど、それでも楽しめるはず。一緒に出かけて思いっきりボールを投げるのは、最高だと思う。ねっ！

マヤ　私もぜひ二人で会いたい。それにボウリングだなんて、すごくワクワクするわ。もう何年も行ってないし！

親しさがあふれるメッセージ文と、「うまくまとまっていて、内容もすてきな」プロフィールによって、マヤのほうが優位な立場にあった。おそらく、ジェシカはその関係性に従おうとして、自分が不利なスポーツをわざわざ提案したのだろう。だが結局、二人とも別の相手を選ぶほうがよかったという結果になってしまった。このチャットは実際に会うことにはつながらず、のちにマヤは私にこう言った。「ボウリングって、まさか本気で言ってたのかしら？」

カイは、まだ面識のない人に自分からうまく連絡する自信がないという不安に苦しんでいたが、リーとのときはうまくいったようだ。

カイ　君の音楽の趣味、すごくいいね

リー　わあ、ありがとう!!

カイ　まさか、トム・ミッシュとドージャ・キャットのファン層がかぶってたとは（爆笑）

リー　アハハハ

リー　ええっと、私はいわゆる「ミーハー」ではなくって、ドージャ・キャットにすっごくはまったのは、彼女が大ブレークする前の二〇一八〜二〇一九年頃なの（爆笑）

リー　でもまあ、ジャンルに関係なく、いい音楽はみんないい音楽だと思うわ

カイ　正直言うと、僕が彼女の曲を初めて耳にしたのは、その大ブレークした曲『ムー！』なんだ

カイ　だから、彼女といえばあの曲なんだ

カイ　でも、それもまたよし。だって、どうしても「ミーハー」になってしまうことは、結構あるから

リー　ハハハ。たしかに、そうね

リー　そう、あの曲が出たときは、デービス校じゅうがすっごくはまってたわ。まあ、そうなるわよね（やれやれ）

カイ　へえ、それはびっくりだ

カイ　まるで新しい校歌と化したの？

〔「デービス校」とは、カリフォルニア大学デービス校のこと〕

カイはやりとりを褒め言葉から始め、ちょっとからかいながらもリーの話を受け入れている。リーも彼の話にうまく対応している。二人の会話はすでに、ほかの人が入っていけなさそうな、二人にしかわからない内容ばかりになっている。自分についての告白や、自分の好みを述べることが得意かど

うかには個人差があり、ほかの人よりもずっとうまくこなせる人もいる。ウィルは私とのやりとりを、次のように始めた。

ウィル　やあ、ミミ。僕たちの好きなものと苦手なものは、間違いなくよく似ているね。それに、君が笑みを浮かべているときの、笑いにあふれた目がとってもすてきだ。僕はサンフランシスコに住んでるんだ。君は？

私　どうも、ウィル。私もサンフランシスコよ！　バーニングマンの写真が、すごくかっこいいわね。写真は投稿していないけど、私もあのイベントに参加して楽しんだの。

ウィル　君のバーニングマンの写真も、ぜひ見せてほしいな。実は、あのときの写真を今後僕も投稿しないほうがいいんじゃないかと迷ってるんだ。あのイベントを理解できない人が多いからね。まるで、「私は完全菜食主義者（ヴィーガン）です」と言ったときと同じような反応をされる……完全菜食主義がどういったものか、なぜそれを行なうのかについて少しも考えずに、ただ走って逃げていくんだ。えっと、ちなみに……僕は完全菜食主義者なんだ。君も走って逃げてしまうかな？

私　全然、そんなことないわ。走って逃げたりなんかしない。ただ毎朝、走りはするけど。

〔「バーニングマン」とはネバダ州で毎年行なわれる大規模な集まりで、厳しい自然環境下で数万人が一週間の原始的な共同生活を送る〕

ウィルは自分が完全菜食主義者であることを私にすぐに知らせたかったのに加えて、そういう経験に対して寛容な相手を探していることもわかってほしかったのだ。彼にとっては、前者よりも後者のほうが大事なのかもしれない。

自分の性格のなかには、本物の姿を表に出しやすい側面も一部ある。とりわけ、見知らぬ人に対しては。私たちは小さい頃から、たとえ乗り気でなくても「写真を撮るときはにっこりすること」「分けっこすること」「お友達と仲よくすること」と教えられてきたし、協調性が実際あるかどうかにかかわらず「リーダーを務めるときは、協調性を大事にせよ」とも言われてきた。こうして誰もが、ある程度自分を偽るよう教え込まれてきたゆえ、「ほかの人も自身を偽っている」ということもみな学んできた。どこまでが社会によってつくられたもので、どこからが自分自身の本物の一面なのかを判断するのは難しい。ほかの人を喜ばせるために、自分の好み、予想、流儀を変えることは、協調性という側面において欠かせないものだ。要は、相手に合わせて変えられるということ自体が、自分自身の一面なのだ。それゆえ、見知らぬ人とメッセージ文のやりとりをしているときに、私たちはみな自分自身の協調性の高さを示せるような一歩を踏み出すが、互いをもっとよく知り合ったあとには自分も相手も後ずさりして協調性を引っ込めてしまうかもしれないと考える必要がある。

たとえば、アレックスとの次のチャットでの大半で、私はあえて協調しようとしなかった。だが振り返ってみると、自己呈示、つまり自分をよく見せるための印象操作をわざと行なっていた可能性は否定できない。

アレックス　たぶん、君は仕事で忙しいんだろうけど。でも、今週会えないかな?

私　どうも〜。返事が遅くなってごめんなさい。昨夜遅くまで仕事していて、今夜も明日の夜も仕事関連のイベントが入っているの。

アレックス　シリコンバレーで働く医者にとっての、ごく普通の一日って感じだね ;)

私　そういえば、今朝仕事に行く前に長時間乗馬をしたわ

アレックス　すごいな。やっぱり君は、人並外れた成功者だよ

私　人並外れた成功者？　Ｍｏｉ？　ちなみに、これは「私が？」っていうフランス語なんだけど

アレックス　ああ、君を指して言ってるんだ。

私　人に向かって指さすのは、マナー違反よ。

アレックス　そうだね。じゃあ、君のことを言ってるんだと、横目でちらりと見て合図するよ

私　いま私はフェイスブックの社員食堂で、卵、ベーコン、ポテト、ヨーグルト、果物という、一〇〇〇キロカロリーはありそうな朝食を食べているところ。

アレックス　ほら、君が人並外れた成功者だってことが、ますます証明されているじゃないか。おまけに、「フェイスブック」という大企業で働いていることも匂わせてるし。

私　私は朝食代わりに、人並外れた成功者たちを食べちゃってるの

アレックス　彼らはとっても美味しいらしいね。僕自身は、まだ一度も食べたことはないけど。

私　大抵、彼らは細くて、ベーコンとハッシュドポテトよりもカロリーが低いわね。

アレックス　僕といつ会ってもらえるかな？　君のせいで、僕はもうせがまずにはいられないよ。

自分を気さくで協調的な人物として相手に見せることはたしかに大事なことだが（私の場合は、それに加えて勤勉で活力あふれる人物と思われたいという意図も多少含まれていたが）、それにばかり囚われて相手に質問しないのは本末転倒だ。相手に尋ねるということは、その人を知るための核心的な手段であると同時に、本物の自分を見せるための効果的な手段でもあるからだ。自分が適切だと思った質問をすることは、自分がいかに相手に関心を抱いているかを示せるのみならず、自分がどんなことに興味があるのかも示せるチャンスにもなる。

相手をよく知るには、二人にとって大事な話題に対する、不意を突かれたような素の反応を相手から引き出さなければならない。それが、相手のことがよくわかる答えだ。そういう適切な答えを得るためには、適切な質問が必要だ。第二章では、自分が相手に求めるもの、自分が理想とする恋愛関係、自分が惹かれる性格の特徴や傾向について考えた。第三章では、マッチングが成立した相手とうまく関係を築くうえでの最大の障害を乗り越えるための第一歩である、「自分自身のなかを覗き込む」ことに挑んだ。次にやるべきなのは、自分が欲しい情報を少量のメッセージ文から取り出すことと、そのために必要な質問を相手にすることだ。そうするには、最良のデータとなる「最も率直で素直な答え」が得られるようなかたちで問いかけなければならない。

ただ、相手のことがよくわかる答えにつながる質問は、ときには尋ねづらい場合もある。

悪魔は、まさに細部に宿っている。初期のマッチングアプリがサービスを開始した当時、そのひとつである「イーハーモニー」は利用希望者に対して、あらゆる好みを調査するための長々としたアンケートを実施していた。[3] そこでの質問は、「あなたはほかの人の体臭をどの程度気にしますか？」「あなたはほかの人と歯ブラシを共有できますか？」といった、他人には面と向かって聞きづらい、きわめて個人的なものだった。こうした内容を相手候補に直接尋ねることについて、大半の人は社会的に許容された行為だとは思わないだろう。これらは相手をそっと観察して、自分なりの答えを出すようなことだからだ。とはいえ、たとえそれが関係を進展させるものであろうと、終わらせるものであろうと、マッチングが成立した相手について必ず知っておきたいことが、誰にだっていくつかあるはずだ。許される範囲のなかで最大限に有益な答えを得るには、どのように質問すればいいのだろう？

男性の場合、初めて送ったメッセージ文に返事が来る可能性は女性の半分以下であり、実際に二人で会うことにつながりそうなチャットができる可能性はさらに低い。控え目に言っても、オンラインデートでは女性のほうが優位な立場にある。女性はあらゆるカードを手にしていて、おまけにさらなるエースやジョーカーまで大量に隠し持っている。

あなたは自分のことを恥ずかしがりだと思っているだろうか？　しかも、おとなしくて従順だと思っているだろうか？　おまけに、オンラインデートでの経験に悲惨な思い出があるとか？　だが、そういったことは、与えられたカードをうまく使う方法をわかっていれば、まったく問題ない。ここでは、自分が探し求めているものを見つけるために役立つ質問の仕方を探っていく。そして、自分が欲しくないものをいかに避けて通るかという、さらに大事な方法についても。有意義なやりとりを行なえれば、相手のメッセージ文とそこから得られたデータを合わせることで、性格、愛着スタイル、そして、場合によっては精神病理学的な面までをも含めた、自分が話している人物の具体的な姿が現れてくる。

つまるところ、質問するということは、恋愛関係を築くための基本だ。ハーバード大学経営大学院のある研究では、多くの相手候補と一度に出会える「お見合いパーティー」において参加者たちが尋ねた質問数についての調査が行なわれた。[4] そうして得られたデータから、質問の数とモテる度合いは相関していることが明らかになった。「汝はモテたいのか？ ならば質問し、そのあとまたしても質問せよ。さらば与えられん」というわけだ。

ここで、簡単なアドバイスをひとつ。質問は、短いほうがいい（特に男性の場合は、相手からのメッセージ文が短ければ返事をする可能性が高い）。「短い」とはどれくらいだろうと思う人もいるだろう。答えは、短ければ短いほどいい。データサイエンスを活用したある調査によると、送られてきたメッセージ文が三六〇文字を超えていたら、男性は怖くなって逃げてしまう可能性が高いそうで、長いメッセージ文はいわば顔に入ったタトゥーのようなものなのだ。[5]

覚えておきたいのは、最も有益な質問は、必ずしも相手に問う形式のものではないという点だ。むしろ、問いかけではない普通の言葉が、相手が自身について明らかにすることにつながる場合もある。心理療法を受けたことがある人なら、心理療法士は直接的な質問をするよりも、問いかけのかたちではない、熟考を促す言葉を発するほうが多いことに気づいたかもしれない。直接的な問いかけも、たしかに有益だ。ただ、さまざまな方向へ広がる可能性がある会話を促せるような言葉は、会話をしている相手から多くの情報を引き出す手段となりうる。その結果、相手についての、より正確な第一印象を抱けるようになる。

　マッチングが成立した相手があなたとの会話で心地よくなり、警戒心を緩めて本当の自分の一面を明らかにしてくれるという、優秀な心理療法士並みのスキルを身につけられるよう、あなたも挑戦してみよう。目標は、精神科医による面談っぽくならないようにしながらも、活用できる情報を得られる方法で、相手の話を引き出すことだ。

　ここで少し話を変えて、人間の友である犬は、どのようにして相手の情報を引き出すのかを見てみよう。彼らのやり方は、いわば「事の真相にいきなり迫ろうとする」というものだ。犬たちがやっていることは、決して無礼ではない。それは科学なのだ。犬は目の前の相手が「オスかメスか」「何歳か」「前にも会ったことがあるか」「餌はどんなものか」「健康か病気か」、そして「いまの気分」までをも察知できる。しかも、一瞬匂いを嗅いだだけで。

　メッセージ文の初めてのやりとりは、オンラインで知り合った人を短時間で見定める手段という意味では、犬のひと嗅ぎに少し似ている。次の例は、クリスとモリーの初のやりとりだ。最初は楽しく順調に進んだが、どうやら二人は会話を深めるチャンスを逃してしまったようだ。

クリス　三姉妹なんだって？
モリー　そう。あなたは？
クリス　女きょうだいが九人
モリー　もう、ジョークは止めてよ

クリス　わかった

クリス　兄がひとり

モリー　それは本当のようね

クリス　君は末っ子なの？

モリー　そう

モリー　私たちって共通点が多いわね！

モリー　同一人物じゃないかと思えるくらい！

クリス　僕もそう思ったよ

クリス　髪は焦げ茶色だし

クリス　ちょっと変わってるし

モリー　ちょっとだけね

モリー　いい意味で変わってるっていうか

クリス

モリー　あなたはテックブロなの？

モリー　私はいまちょうどソウルサイクルから帰ってきたところなの

クリス　だろうね

モリー　クリス、私についてほかに何がわかる？

クリス　ジムからウーバープールで帰ってきた。車中では、携帯電話は決して手放さない

モリー　もう、ふざけてばっかり

クリス　もしかして、ハッピーアワーに行かずにソウルサイクルに行ったの？

クリス　じゃあ、一緒に飲みに行く？

〔「テックブロ」とは高収入のIT系男子を指す言葉。「ソウルサイクル」は暗闇でバイクエクササイズを行なうジム。「ウーバープール」はウーバーの相乗りサービス〕

このメッセージ文のやりとりは、長い割には得られる情報がほとんどない。どの話題についても、二人とも好奇心を示さず、自分についての情報を明かそうともしない。家族、仕事、ライフスタイルについての話が出ても、あとが続かない。結局クリスは飲みに行こうと誘ったが、誘いを受けるかどうかという大事な判断をするために必要な情報が、モリーにはほとんどない。どちらも、本来の目的である情報を得ることにつながらない会話をだらだら続けずに、互いにもっと嗅ぎ合うべきだった。モリーはクリスの家族、仕事、ライフスタイルの話題のときにもう少しドアを開けて踏み出していたら（「お兄さんがひとりいるのね。じゃあ、子どものときはしょっちゅう喧嘩して叩かれたりしていたの？」「テックブロって、ものすごく長時間働くって聞いたことがあるんだけど？」など）、彼のことがもっとよくわかっただろう。だが、彼女はそうせずに、話題が変わるたびに平気でドアを閉めてしまっていた。

前にも述べたが、私たちはみな、自分自身が理想とする「最高の自分」を見せたいがために、相手にできるだけ好印象を与えようとする。ただ、マッチングが成立した恋人候補に本来の自分（たとえば、「両親の家の地下に住んでいる、体は大人でも精神的にはまだ子どもな男性」）を偽った別の姿を本物の自分として見せることが、オンラインではいとも簡単にできてしまう。チャットしている相手が、「誠実さに欠ける」「度量が狭い」「（精神科医の診察室のカウチソファに座っているときのように）自身の最も奥底にある脆さについて口にしようとしない」人物であるというリスクは、常に存在している。だが、いったいどうすればそれを見抜けるのだろう？

嗅ぎ出す方法を考えてみよう。

私があなたに嘘をつくとでも？

自分自身の最大の長所を誇張したり欠点を隠したりするために、ちょっとした嘘をつくのは普通のことだ。ということは、メッセージ文をやりとりしている見知らぬ相手の正体を突き止められるかどうかは、先方ではなく自分次第だ。つまり、相手を見抜くための情報を先方が自主的に手渡してくることはないので、そうした情報をうまく手に入れなければならない。ただし、場合によっては決して入手できないかもしれない。少なくとも一、二度のやりとりでは絶対に無理だし、三度目でも成功するかどうかはわからない。

医療従事者のあいだでは、「男性は実際よりも二・五センチ高く、女性は七キロ少なく申告する」とよく言われている。オンライン上のマッチングアプリでも、似たようなことがあると覚悟しておいたほうがいいだろう。写真はおそらく古いものだろうし、プロフィールは嘘の恐れがある。では、メッセージ文から偽りを見つけるための手がかりとは、どういうものだろう？　対面の場合、私たちは相手のそれらしきボディーランゲージ、口ぶり、曖昧な返事から、嘘を見破ろうとする。それらの手がかりは、メッセージ文からはほとんど得られない。

だが、メッセージ文にも独自の手がかりがある。コーネル大学のある研究では、明らかに疑わしいメッセージ文の特徴として次の例が挙げられている。[6]

1．書き手自身との距離が保たれている

一人称代名詞が使われていない文章は、書き手が自分の文章と距離を開けようとしていることの表れである場合が多い。自分の本当の気持ちや意見を述べた文章なら、〝I〟（私は・私が）や〝me〟（私を・私に）が使われるものだ。一方、嘘を書いている場合は、自分がその嘘とは関係ないかのように文章と距離を取りがちだ。それが、一人称代名詞をすべて省くことにもつながっていると思われる。さらに、嘘をついているときは三人称代名詞も少ない。これらはすべて、自分（と、本当の自分自身も）を、嘘から切り離そうとするための試みだ。スティーブンが嘘をついているかどうかは断定できないが、それでも彼のメッセージ文には嘘を示すあらゆる特徴がみられる。

メアリー　何度か電話したんだけど、全然通じなくて

スティーブン　君からの伝言メッセージがやっといま聞けたよ。何だかどの機器の調子も悪くてさ（Didn't receive your messages until now. Near total tech breakdown）

メアリー　そうだったの。あなたはいまどこにいるの？
スティーブン　サンタバーバラ。昨日、ヨーロッパの投資家と会ったんだ。いまはバックパックとフライフィッシングの道具を取りに、マリンに戻ってるところ（Santa Barbara—met with a European investor yesterday. Driving back to Marin to retrieve backpack and fly fishing gear）

2．詳細や抽象化に欠けている

通常、嘘には肝心な詳細が欠けていたり、何の抽象化（自分の考えや気持ちの説明）もなされていなかったりすることが多い。嘘とは、あくまで「事実」だけを述べたものだ。これはおそらく、この手のメッセージ文の書き手は、事実的知識だけに頼って嘘をでっちあげるからではないだろうか。そのため、紛れもない真実を語るときによく出てくる、経験者にしかわからない細かい説明や抽象化を盛り込みづらいのだ。

ビル　君は別居して、もうどれくらいになるんだっけ？
アンジェラ　もうずいぶんになるかな。円満別居よ。私たちは、いまもとても仲がいいの。

3．長文で、同じ内容が繰り返されている

ここまでの例はどれも短いメッセージばかりだったが、実際のところ、嘘をついているときのメッセージ文は長くなりがちで、しかも「たぶん」「もちろん」といった、曖昧な言葉もふんだんに盛り

込まれている。さらに、嘘つきは嘘の発言も繰り返せばまるで何やら本当になるかのように、同じ言葉を何度も繰り返す。

ロブ　映画に行けなくなってしまった。このいまいましい車のエンジンがかからないんだ。オルタネーターもスターターモータも交換して、大がかりな点検を受けたばかりなのに。もしかしたら、燃料ポンプか何かかもしれない。どうやってもエンジンがかからないんだ。

4. 質問をはぐらかす

嘘をつく人は後ろめたい気持ちになっているので、これ以上嘘をつかなくてすむよう相手からの質問をはぐらかそうとしたり、質問に質問で返したりすることが多い。これは直接会って話しているときよりも、メッセージ文のやりとりのときのほうがずっと簡単だ。さらに、嘘つきは質問に答えなかったことを相手に気づかれないよう願いながら、話題をさりげなく変えることもある。

リサ　ねえ、昨日の夜、全然返事をくれなかったわね
グレッグ　やあ、今日はとっても忙しいよ。
リサ　私も。で、昨夜のことは？
グレッグ　ああ。昨日の夜、君はどうだったの？　例のディナーは楽しかった？😘

5.「誓って言うけど、本当の話だよ」と強調する

「正直に言えば」「私は嘘をつくつもりはない」「誓って言うけど」といった文句は、そのあとの文章にある程度の嘘が含まれていることを示している場合が多い。本当のことを話すときは、自分の発言を誓いの言葉で後押ししなければならないとは思わないものだ。

ジュリア　私はバーにたむろするのは好きじゃないの。夜は家で静かに過ごすほうがいいわ

アンディ　正直言うと、僕もバーで飲むのはもういいかな。嘘をつくつもりはないから言っておくけど、僕はバーに行くこともあるけど、本音を言えば別に行かなくても全然大丈夫さ

デートをする目的とは、二人の共通点を見つけることにほかならない。バーで過ごすのが好きかどうかについての軽い嘘は、全体的な視点で見れば大したことではないように思える。だが、お酒が苦手で話題にさえしたくない人にとっては、アンディの返信は間違いなく危険信号を発している。

共通の世界

界、門、綱、目、科、属、種。読者のみなさんは、高校の生物の時間に、この分類階級を学んだのを覚えておられるだろうか？　人間を年齢、性別、居住地域、職業といった人口統計学的属性によって分類することには、山ほどの問題が伴う。とはいうものの、家族、文化的背景、学歴、ライフスタ

イルについての詳しい情報があれば、相手との共通点を見つけることに役立つし、それによって両者ともに安心できる場合もあるだろう。ただし、こうした情報はマッチングアプリのプロフィールには載っていないかもしれない。もっと言えば、掲載されていない場合のほうが多い。幸い、自分がチャットしている相手がどんな人物なのかを知るための、もっといい方法はほかにもある。

私とジョージの、次のチャットを見てみよう。

ジョージ　君もサンフランシスコに住んでいるのかな？

私　ええ。あなたは、もともとどこの出身なの？

ジョージ「なぜ、君は僕がどこかほかの場所の出身だと思うのかな？」という質問のほうが興味深いと思うな😉

私　あなたがほかの場所の出身とは別に思っていなかったわ。単に、どこで育ったのか聞いてみただけ。

ジョージ　もしかしたら、僕の何かに気づいたのかもと思ってね。だとしたら、それが何なのか興味深いよ。

ジョージ　ギリシャさ。仲間のなかで、スキーをそんなにしないのは僕だけなんだ。ましてや、テレマークスキーなんてまずしないよ！

私　もしかしたら、あなたの赤いズボンがヒントになったのかも……小さいとき、何度かギリシャで夏休みを過ごしたから。

〔「テレマークスキー」とは主にバックカントリーで滑るためのスキーで、アルペンスキーとは道具も異なる〕

ジョージは出身地を尋ねられると、最初は身構えた。彼の返信を見た私は、自分が傷つかないよう守りに入ることもできた。それでも私が踏ん張ったことで彼はいくらか打ち解けて、私が「ミラーリング」をするチャンスを与えてくれたのだった。

鏡よ鏡、ギリシャから来たこの警戒心の強い男性は、いったい何者なの?

「ミラーリング」とは心理療法のひとつであり、患者の感情スタイルや認知スタイルを、言葉によるやりとりや言葉を使わないしぐさによって鏡のように映し出すことで、その患者に合わせようとする手法だ。私たちはみな、無意識にミラーリングしている。たとえば、外国や地方のなまりがある人と話すときは、話す速度を落としたり、言葉の発音まで変えたりする。仕事の打ち合わせや初めてのデートのときは、ボディーランゲージを使ったミラーリングをすることが多い。訓練を受けた心理療法士はもちろんだが、もともと話し上手な人も、普通の人よりもミラーリングを多用しているようだ。

ミラーリングは相手の自信を高めるので、それによって相手が警戒心を緩めたり、気持ちを打ち明けたりするという効果がある。相手を理解しようとする姿勢を示し、彼らの経験のたとえ一部についても、あからさまに批評せずに肯定すれば、相手はこちらに対してあまり身構えなくなるようだ。ただし、これは相手のすべてに同意したり、相手に合わせて自分の趣味を変えたりしているかのように見せかけて、相手を操ればいいということではない。ミラーリングとは、自分の本当の姿をすべて明らかにできるような気持ちの余裕を、相手がもっと持てるようにするために行なうものなのだ。

人間には「ミラーニューロン」という神経細胞があり、自分の行動、発言、表情を誰かにミラーリングされているのがわかると、そのニューロンが発火する。これらの細胞は、他人の行動を理解するための神経基盤の一部かもしれない。神経科学者たちは、自閉症患者により顕著に見られる共感および理解（あるいは、より知的で、より具体的な理解）の欠如の原因の一部は、ミラーニューロンの活動不全にあると考えてきた。[7] どうやら、ミラーニューロンという脳細胞には、互いの感情をより理解しやすくするはたらきがあるようだ。

また、ミラーリングは好意の表れともみなされる。ミラーリングされると脳内の報酬中枢が活性化されて、いわゆる「ドーパミンハイ」の状態になる。すると、脳は「あの人は私に似ているのだから、私のことが好きに違いない」と思うようになるのだ。では、メッセージ文という身体的な手がかりが存在しないやりとりで、ミラーリングは行なえるのだろうか？　それは可能だし、実際に行なわれている。ミラーリングすることで相手を自分の会話に引き込みやすくなるし、しかも、相手の本当の姿を捉えやすくなる。

それでは、私とジョージのチャットに戻ろう。

私　もしかしたら、あなたの赤いズボンがヒントになったのかも……小さいとき、何度かギリシャで夏休みを過ごしたから。

私　たしか、ギリシャでは男の人の三人にひとりがジョージって名前だった気がする。
ジョージ　だって、この名前の起源はギリシャなんだから。
私　ギリシャでは、内陸の山々によく行っていたわ。
ジョージ　子どもの頃の君に嫉妬してしまうよ☺
私　でも、それはあくまで子ども時代のいっときだけよ。私はモントリオール育ちなの。ずっと寒いところでしょ。
ジョージ　ちなみに、僕の祖母のひとりもミミって名前だったよ
私　ベイエリアにはもう何年住んでるの？
ジョージ　二三年半になるかな……ブツブツ不平を言ったり、閉店してしまったバーの思い出にふけったりする老人になったよ。
私　私は二六年半住んでるわ。つまり、私はあなたよりも三年多く不平を言ってるってことね。
ジョージ　君は何科の医者なのかな？（僕はもう気難しい老人だから、君に診てもらわなければならなくなるかもしれないからね）
私　精神科医よ。だから、気難しい人は私の専門分野なの。

このメッセージ文のやりとりを通じて、私はジョージの原点である生まれ故郷や、人生経験の一部について共通の話題があることを彼に知らせた。ジョージも、私に対して同じことをしてくれた。さらに、自分のメッセージ文を彼のメッセージ文の長さや調子に合わせた。簡単なものには簡単な、冗

談っぽいものには冗談っぽい、短いものには短いメッセージ文で返した。最終的には、私はありのままのジョージを受け入れることにした。少なくとも、この時点でわかっている範囲での彼を。ジョージは気難しそうだが、私は気難しい人に対処できる。それどころか、気難しい人を扱うことにかけてはプロなのだから。

こうして共通の基盤を確立したところで、次は多少のリスクを取ることにした。

変化球を投げる

最初のやりとりでうまく定まったやり方を、守りつづけたくなるかもしれない。だが、本当にやるべきなのは、自身の安全地帯から抜け出してもいいと思えるほどの安心感を相手に与えることだ。すると、それまでとは違う、飾らない自然な反応が得られるかもしれない。危ない橋を渡ろうとする意欲を示せば、相手もついてくる可能性が高い。

作家でテレビやラジオにも出演するデビッド・セダリスは、話している相手の一面が思わず出てしまうよう仕向けることについての面白いエピソードを紹介している。[8] それは簡単な質問をひとつするだけでうまくいくこともあるようだ。セダリスはある女性と話しているとき、「最後に猿に触れたのはいつのことでしたか？」と何の脈絡もなく不意に尋ねた。すると彼女は、「私って、猿臭いですか？」と答えたという。

セダリスの例のように、変化球を投げることで相手の意表を突くと同時に、相手がどれくらい瞬時に反応できるかを見ることもできる。変化球に対する反応は、ビッグファイブの重要な性格特性を読み取るための最適な判断材料になる。「開放性」や「協調性」が高い人は、変化球を楽しみながら好意的に受け止める可能性が高い。前述したとおり、「経験に対する開放性」は、知的好奇心や創造性の度合い、目新しさや多様さをどれくらい好むかを示している。「協調性」が高い人の特徴のひとつは、他人に対して疑うよりも思いやりの目を向けるほうが多いことだ。

デビッド・セダリス並みの大胆さを発揮できる人はさほど多くないかもしれないが、それでも興味深くて、おまけに多少冒険的な会話を続けることは誰にでもできるようになる。「どんな仕事をしているの？」「今日の調子はどう？」といったありふれた質問は、もっと型破りな質問をすることに比べたら相手の本当の姿を明らかにできる可能性がはるかに低い。しかも、そうしたありきたりな質問には、返事が来る可能性も低い。というわけで、相手に今日の調子を尋ねるよりも、自分が見つけたちょっとしたことについて相手に尋ねて何が出てくるか見てみよう。あるいは、相手が振ってきた話をわざと脱線させて相手の反応を見るのも手だ。

では、ジョージは果たして変化球を打つだろうか。

私　精神科医よ。だから、気難しい人は私の専門分野なの。

ジョージ　こんな誘われ方、初めてだよ！☺

私　私の診察室のカウチソファを、特別に使わせてあげてもいいわよ。

ジョージ　（でも、君のカウチソファって、剣や短剣やヤタガン剣といったものでできているように見えるんだけど……）

私　私は独創性を追い求めているから。まあ、それは診察室のカウチソファじゃなくて、王座(スローン)だけど。その写真は友人宅でのパーティーのもので、テーマが『ゲーム・オブ・スローンズ』だったの。言わなくてもわかると思うけど、あのドラマを観たことは一度もないわ。

私　ちなみに、診察室には例の王座はなくてもカウチソファがいくつかあるから、一緒に試せばあなたにぴったりのものが見つかるはずよ。

ジョージ　まあ、王座を診察室のカウチソファ代わりにするってのは無理か……

ジョージ　カウチソファがたくさんある、いわば「ポリカウチソファ」ってことか。それは僕にとっては新しい体験だな……

私が性的なほのめかしをするというリスクを取ったのが、おわかりだろうか。明らかに、ジョージに気のあるそぶりを見せている。そして、それは効果があった。彼はノリノリのメッセージ文を返してきて、新たな言葉をつくり、ポリアモリーについて私と話し合える可能性があるかどうかを探ってきた。相手探しのデートをしている人の一部にとっては、それらはより深い話し合いへの招待を意味している。だが、残りの人にとっては、それらは関係を終わらせるのもやむを得ないほど、どうしても受け入れられないものかもしれない。

関係を終わらせかねない話題を、関係を終わらせずに切り出すには

それは誰にだってあるものだ。自分のなかに引かれた境界線。決して越えてはならないもの。もしそれらがあまりに多い（あまりに完璧さを求めすぎている）ときは、自分自身に問題があって、できれば心理療法で解決するほうがいい場合もある。だが、ほとんどの人にとっては、「どうしても受け入れられないもの」が自分のなかにあるのは、ごく普通のことだ。

幸いなことに、たとえメッセージ文のやりとりが始まったばかりの段階でも、それを会話のなかに織り込んで、相手に尋ねるチャンスをつくることはできる。ただし、そう簡単にはいかない。たとえば、過度の飲酒がどうしても受け入れられないからといって、相手にいきなりそれを伝えて、「で、あなたはアルコール依存症なの？」と尋ねるわけにはいかない。それでも、チャット中にお酒の話題をさりげなく何度か振ってみて、様子を見る分には問題ないはずだ。次のように、ジョージと私はポリアモリーの話題に何となく行き着いた（まあ、彼が話を振ってきたのだが）。そこで、私はもう少し先に進んでみることにした。

ジョージ　カウチソファがたくさんある、いわば「ポリカウチソファ」ってことか。それは僕にとっては新しい体験だな……

私　でも、言語学上の一貫性を求めるなら、どちらもギリシャ語由来の「ポリ王座（スローン）」にすべきでしょうね

私　余談だけど、「ポリアモリー」って言葉を聞くと、いつも引っかかってしまって。だって「ポリ」はギリシャ語、「アモリー」はラテン語由来だから。

私　私は複数の場所で診察しているから、本当にカウチソファがたくさんあるの。あなたの仕事では、どんな家具が必要なの？

ジョージ　君はカウチソファをたくさん持っていて、しかも王座もたくさん持っているんだって？　いますぐ僕と結婚してくれ！

ジョージ　実を言うと、二〇年にわたる真面目な一夫一妻の関係を終わらせてからは、ラテン語由来なら「マルチアモリー」、ギリシャ語由来なら「ポリ愛（フィーリア）」とでも呼べる「旅」に、ちょっとばかり出ているんだ……

私　なるほど。私の経験から言うと、それを長期的に続けようとするのは、あまりいい策じゃないわ。ところで、人、動物にかかわらず、扶養家族はいるのかしら？　二枚目の写真に、かわいいワンちゃんが写ってるけど。

〔「スローン」も「ポリ」と同様に、ギリシャ語由来。「カウチ」はフランス語から〕

「ポリカウチソファ」をきっかけとしてポリアモリーの話題が出たことで、私は関係を終わらせかねないものについて話し合うチャンスを、会話の勢いを止めることなく十分に活用した。重要な点は、関係を終わらせかねない話題を出すときは、やりとりを台無しにしたり、怒りをなだめるための取り繕うような返事をするはめになったりする状況に陥らないようにすることだ。

次の例は、関係を終わらせかねない話題の、まずい出し方だ。このやりとりは、マッチング成立後に初めて行なわれたものだ。

アシュレイ　おはよう！　「ジョシュ」って呼んでもいいかしら？　それとも、「ジョッシュアー」のほうがいい？

ジョシュア　それか「ユアー」って省略してくれてもいいよ

ジョシュア　君はどう呼べばいい？😁

アシュレイ　「アシューリーハッグ」はどうかしら？　ユニバーサル・スタジオのアトラクションで、ETに間違ってそう呼ばれちゃったの。

ジョシュア　すてきな呼び名じゃないか

ジョシュア　では、えっと、真面目な質問なんだけど、子どもは好きかな？　僕はいつか絶対に子どもが欲しいと思っているんだ。

「どうしても受け入れられないもの」は人それぞれであり、「『子どもは欲しくない』という考えは、どうしても受け入れられない」と思う自由も当然ある。とはいえ、「僕の子どもを産んでくれる気はあるか」と女性にいきなり尋ねるのは、一瞬で拒絶される事態を招く恐れがある。言うまでもなく、二人のこの会話は、急速に盛り下がって終わってしまった。まあ、「子どもが絶対に欲しいか」という話が「関係を終わらせかねない話題」であるかどうかは別としても、まだ会ったことがない相手とのメッセージ文のやりとりでの四つ目の吹き出しに盛り込むには重すぎた。

ジョージが結婚生活に終止符を打ったあとに遊びまわっている件については、私にはいたって普通のことに思えたので、特に「関係を終わらせかねない話題」ではなかった。でも、たとえば仕事、子ども、ペットといった、ほかにも熱意を注いでいるものがあるかどうかは知りたかった。だから、次のように尋ねてみた。

私　なるほど。私の経験から言うと、それを長期的に続けようとするのは、あまりいい策じゃないわ。ところで、人、動物にかかわらず、扶養家族はいるのかしら？　二枚目の写真に、かわいいワンちゃんが写ってるけど。

ジョージ　あの犬は、もう死んでしまったんだ。老犬でね……それに、僕の犬というわけでもないんだ。人様の、しかもすでにこの世にいない犬を、誰かを誘惑するために利用すべきかどうかは議論の余地があるだろうけど。

ジョージ　君の明日の予定はどんな感じかな？　僕たち二人には、盛り上がる話題がこんなに「いろいろ」あるんだから……実際に会うべきときが来たんじゃないかな……

本当にそうだろうか？

ジョージからの十数件の返信と、そのなかでの彼の本当の姿がにじみ出るような反応をすべて目の当たりにしたいま、私は自分が彼と会いたいかどうかを、知識と経験に基づいて理論的に判断できる。

ここまでのやりとりから、彼は外向的かつ開放的な好人物だが、後腐れのない気楽な関係を求めていそうなことがわかる。相手を誘惑するために、ほかの人のすでに亡くなったペットを利用しているという告白はあくまで冗談かもしれないが、実は面倒くさがり屋であることの表れなのかもしれない。それはつまり、「誠実性」に欠けるということだ。

この判断を下すのは、決して簡単なことではなかった。なぜなら、ジョージには優れたユーモアのセンスという、捨てがたい大きな魅力があったからだ。移り気っぽくて、真剣な恋愛関係を築くことを躊躇している彼の姿勢には気持ちがそがれてしまったが、それでも、頭の回転が速く、うまい言い回しで切り返してくる彼とのチャットは、実に楽しかった。

この例からもわかりきったことではあるが、ユーモアのセンスは恋愛におけるケミストリーの重要な要素のひとつだ。ユーモアのセンスは、ないと「関係が終わりかねない」とみなされるほど大事なものだ。先ほどの例よりも盛り上がりに欠ける、次のやりとりを見てみよう。

私　どうも、ポール。はじめまして。調子はいかが？

ポール　お陰様で。ミミ、君も調子はどうかな

ポール　ちょっと聞きたいんだけど、君は結婚したことがあったり、子どもがいたりするのかな

私　あなたの写真にあんなにたくさんの犬が写っているのには、どんないきさつがあるのかしら？　知りたいと思う欲求は、自然なことだわ。どちらの質問の答えもイエスよ。娘は来年大学に進学予定だし、息子は高校一年生なの。

ポール　君は何を求めているの？
ポール　恋愛関係において
私　あっ、もしかして雑談があまり好きじゃないの？
ポール　結構話すほうだけど、大した意味のないメッセージ文をこんなふうに何度もやりとりするのはあんまり（笑）
ポール　じゃあ、君の好きな色を教えて
ポール　あと、君の星座は？
私　さそり座よ。先週誕生日だったの。あなたの誕生日は、もう過ぎてしまったのかしら？　私の好きな色って、何についての色のこと？
ポール　君が望んだとおりに雑談しているんだよ……ねえ、朝はどうやって起きるの？
私　うちの犬に起こされるわ。実は、私も雑談はあんまり好きじゃないの。でも、まだ会ってもいない人に「何を求めているのか」って尋ねるのは、なかなか上から目線だと思うわ。何だか、教会でのお説教を聞かされてるみたいで。

ポールも私も互いに悪気はなかったはずだが、どうやらこのやりとりではノリが合わなかったようだ。相手のユーモアのセンスから、その人について多くのことがわかる。さらに、そのユーモアのセンスがどんな種類なのかを調べることでも、相手に対する理解が深まる。

ユーモアについての真面目な話

「いったい何がそんなにおかしいんだ?」これは、もっともな質問だ。というのも、ユーモアは実に多くのかたちを取りうるからだ(このテーマについてサルバトーレ・アタルドが書いた、九八五ページからなる事典をぜひ読んでみてほしい。みなさん、読み終わっただろうか? では、先を続けよう)。

ユーモアの使い方や使う理由は、人それぞれだ。ウェスタンオンタリオ大学の心理学教授ロッド・マーティンは、ユーモア、そしてユーモアと精神的健康との関係を、四つのカテゴリーに分類した。[9]
私たちがユーモアを使う目的は、主に次のとおりだ。

1. 周囲とのつながりを築くため(親和的ユーモア)
2. 難しい状況のなかで、自分を励まし、より前向きな展望を持つため(自己高揚的ユーモア)[10]
3. 相手をけなすため(攻撃的ユーモア)[11]
4. 自分を卑下するため(自虐的ユーモア)

相手のユーモアのセンスを把握できれば(つながりを築くためにどのようにユーモアを使っているのか、ジョークをうまく言えるか、こちらが言ったジョークで笑ってくれるか、など)、その人との恋愛関係がどんなものになるのかを予測するための、重大な手がかりが得られることもある。

マッチングが成立した相手のユーモアのセンスを試すには、まずはやりとりのなかで自分と相手のノリがどれくらい合うのかを確認すればいいだろう。次の例は、私の友人リナがジャックと初めてやりとりしたときのものだ。

リナ　このアプリに登録している人はみな、完璧な相手を見つけて激しい恋に落ちることを望んでいるみたいね。あなたはどうなの？

ジャック　僕は、長く続く「最後の恋」になる関係を求めているんだ……とはいえ、三度目のデートまでは話は別で、もっと軽い関係がいいかな。

ジャック　いまのはジョークだよ。

そこで、リナはジャックをミラーリングすることにした。つまり、彼が発したジョークに乗ってさらに過激な返信をして、彼のユーモアのセンスや反応を確認しようとしたのだ。

リナ　これはまだ、一度目のデートと言っていいわよね。

ジャック　よし、君の家はどこ？

「親和的ユーモア」は、相手とのつながりを築くために使うものだ。ジャックはまさにそうしようとしていたのかもしれないが、リナに住んでいる場所を聞くのは面白いどころかちょっと気味が悪い。

たとえば、あまりストーカーっぽく思われないように、「リフトを手配してくれたら、すぐに向かうよ～！」といった、もう少し明るめの返信をしたほうがよかったのではないだろうか（「リフト」はライドシェアサービス）。そうすればリナはジョークとして笑い飛ばし、ノリのいい会話を続けたはずだ。すべては、（言葉の選び方までも含めて）誘いたい気持ちをどう伝えるかによって決まる。

親和的ユーモアをうまく発揮する人は、「外向性」「開放性」「協調性」が高い傾向にある。レオナルドとルネの次のメッセージ文のやりとりでは、ルネのほうがより効果的な親和的ユーモアを繰り出している。

レオ（レオナルド）　チャオ、ルネ！　君はずいぶんオンラインデートの経験が多そうだね。いつもどんな人とつきあってるの？

ルネ　チャオ。私のミドルネームを「いつも同じタイプ」にしたらって、友人にも言われてるの。えっと、私の好み（ミ・ピアーチェ）は、いつも変わらずイタリア系の人なの。でも、私が住んでいるのはサンフランシスコなんだけどね。

レオ　これはこれは（ボンジョルノ）！　僕もサンフランシスコだよ！　すごい偶然（コインシィデンツァ）だ！

ルネ　こんなに共通点があるなんて！　ただ、私のイタリア語をあんまり厳しくチェックしないで。もともとフランス語で話す環境で育ってきて、このメッセージ文は大学で習ったイタリア語を思い出しながら書いているんだけど、何しろもうだいぶ前のことだから……

レオ　だったら、君の体に鞭を打って励ましながら、マスターしてもらうという手もあるよ。

ルネ　毒舌で激しく罵られながら？
レオ　僕は「たくさんの舌」を操る達人なんだ。
ルネ　それって、あなたはハーレムを持っているってこと？　それとも何カ国語も話せるってこと？　それか、両方なのかしら……
レオ　実は、前に合唱団を指揮したことがあってね。それに、数カ国語は話せるよ。でも、ハーレムはなあ。家じゅう女性ホルモンが充満しそうだし、排水パイプが髪の毛で詰まりそうだし。
〔主に「舌」を意味する tongue には「言語」という意味もある〕

オンラインデートの経験が豊富で頭の回転も速いルネは、ミラーリングも行ないながら、ジョークに見せかけたリスクを取った。そうすることで、会話をもっと際どいものにして、新たな方向性を切り開こうとしたのだ。その結果、レオナルドがいかがわしいジョークが好きなことや、我が道を行くタイプであることに加えて、少年のような遊び心に満ちた魅力を持っていることが、この短いやりとりのなかで次々に明らかになった。

二つ目の「自己高揚的ユーモア」（難しい状況を面白くしようとするために使う）を発揮できる人は、うつ状態や不安に対する耐性が高く、大抵の場合ストレスにうまく対処できる。たとえば、ジュリエットとの初めてのやりとりで、ごくありふれた質問を送ってしまって長いこと返事をもらえなかったマーティンは、次のようなジョークで事態を好転させた。

ジュリエット　はじめまして、マーティン

マーティン　はじめまして、ジュリエット。君はすごい才能に恵まれた、特別な人なんだね。君の多くの才能や特技のなかで、君自身が最も誇りに思っているのはどれなのかな？

【数週間後】

マーティン　君が返事をしてくれますようにって、この一カ月ずっとテレパシーを送っていたんだけど、このチャット上でも「宇宙のエーテル」経由でも、返事をもらえなかったな……もしかしたら、僕のテレパシー受信機を再調整すべきかな？

ジュリエット　本当にごめんなさい。私はバリにいて、そのあとニューヨークに行ったから、移動中の電波が悪かったのかもしれないわ。ベイエリアにいつ戻れるかは、まだ予測できないの（私には予知能力がないので）

マーティン　やあ、ジュリエット。通常バリからのメッセージは無事届くんだけど、観光シーズンになると駄目みたいだ。それにニューヨークは電磁波放射が多すぎるから、メッセージが正確に届くことはまずないな。でも、僕には予知能力があるから、いつか君が連絡をくれることはわかってたよ。

〔「宇宙のエーテル」とは大気中に存在すると考えられていた、光の伝達物質〕

最初のメッセージ文を送ってから一カ月以上も返信をもらえなかったにもかかわらず、マーティンは怒りもしなければ、厳しく返事を求めることもしなかった。そう、「おーい、届いてる⁉」といっ

た、嫌味な調子で返信を要求するようなメッセージ文は送らなかったのだ。その代わりに自己高揚的ユーモアを活用して、返事がないことをジョークにすると、今度は返事をもらうことができた。マーティンは自身の「開放性」と「協調性」の高さに加えて、与えられた試練をうまく乗り越える能力と根性があることも示したのだった。

三つ目の「攻撃的ユーモア」（相手をけなすために使う）をよく口にする人は、デリカシーに欠けることが多い。そして、当然かもしれないが、恋愛関係がうまくいく可能性がきわめて低い。相手をけなしながら、その人の心を摑もうというのは、そう簡単にはできるものではないのだから。

ローレン　はじめまして、トム

トム　ローレン、君はとってもイケてるよ！

ローレン　そう？　私はちょうどいま確定申告を終えたばかりで、とってもハッピーなの

トム　いまはまだ、そんな現実的な話をしないでくれ。その前に、君をもっとよく知りたいんだ

ローレン　今日はどんなふうに過ごす予定なの？

トム　まず家事を済ませてから、ハイキングに行って、もしかしたら夜はローレンと一緒に食事かな？

ローレン　この雨のなかハイキングに行くの？　ついさっきランニングに行っただけで、びしょ濡れになったのに。

トム　東側（イーストサイド）では降ってないよ！　日も照ってるし

ローレン　それって、イーストベイのこと？　それとも町の東側ってこと？
トム　そのとおりだよ。
ローレン　はあ……私の父そっくり。「どちらなのか」を尋ねる質問をすると、そう答えるの。
トム　おや。もしかして、ファザコンなのかな。まあ、僕は君より年上だから、いいんじゃないかな。
ローレン　ランニングに犬もつれていったんだけど、大喜びですべての水たまりにわざと飛び込んでいったわ。あの子は私と一緒に泳いだり、スキーしたりするのも大好きなの。
トム　甲状腺機能亢進症と心筋症を併発しているとみた。君の犬の寿命は、あと三年といったとこかな。
ローレン　それでも構わないわ。いまの日々が充実していることが一番大事だから。
トム　もちろん、そうだね
ローレン　子どもたちは、あと四年のうちに進学して家を出るだろうし。
トム　ふうん、まあありえないね

トムが、頭が切れるのはたしかだ。だが、短いやりとりのなかで、彼はローレンとの関係をすぐさま悪化させてしまった。「ファーザーコンプレックス」「犬の健康状態」「子どもたちが上の学校に進める可能性」という三つの話題で、トムは彼女に対して攻撃的ユーモアを放った。ひとつだけだったら、相手も面白がって会話がより弾んだかもしれなかったが、立てつづけに三つも放つのは、やりすぎではないだろうか？　あまりに執拗だし、意地が悪い。ローレンは、さっさと次の相手に行くべきだ。

最後の「自虐的ユーモア」を持ち出す人は、かなり面白くて魅力的であると同時に、自尊心の低さに悩まされていることも多い。そんな彼らは自分を不幸せだと思い、不安を抱えている。そして、恋愛相手との関係に対する満足度が総じて低い。次のライアンの例を見てみよう。

アレクサ　はじめまして、ライアン。いい週末を過ごせたかしら。

ライアン　楽しい週末だったよ。友達の船で優雅な週末を過ごして、ちょうど戻ってきたばかりなんだ……僕が住んでるちっちゃな町、サウサリートにね……で、君は？

ライアン　正直言うと、君のすごい成績や、美貌を前にすると……僕は恐れをなして、すっかりおじけづいてしまって、コーヒーを飲みに誘うなどとてもとても……失礼、紅茶のほうがいいよね……😉

〔ライアンは僕（I→i）、サウサリート（Sausalito→sausalito）と、本来大文字を使うはずの言葉にも小文字を使っていて、全文が小文字になっている〕

ライアンは真っ先に自分を下げると同時に、アレクサを盛んに褒めて持ち上げようとした。これは、うわべは面白そうな人に見えるが（多くのスタンダップコメディでも、自分を卑下する技法が使われている）、恋愛が長続きする円満な関係に必ずしもつながるわけではない。ライアンは最初から、自らの手で格差をつくりだした。それは単に言葉のうえだけだが、それでも乗り越えなければならない障害になってしまったことに変わりはない。また、ライアンが小文字しか使わないことは、以前にも考察したような、偽の謙虚さか反権威的な姿勢の表れかもしれない。

要するに、特にメッセージ文のやりとりにおいては、優れたユーモアのセンスは相手を強力に惹きつける魅力になりうる。また、ユーモアを表す言葉や省略形を使うだけでも、メッセージ文を通じて親密な関係を築くことができる。マッチングアプリ「Ｏｋキューピッド」のデータ分析によると、〝lol〟や〝haha〟〔どちらも「(笑)」「(爆笑)」「www」などを意味する〕を使うと返信率が高くなることから、これらの言葉が入ったメッセージ文は明らかに親和的だと思われている。[12]〝hehe〟〔「へへへ」「イヒヒ」などを意味する〕も返信が返ってくる可能性が高いが、やや悪意を感じられるためか、前の二つほどではない。一方、〝u〟(You)、〝ur〟(you are)、〝r〟(are)、〝ya〟(you)、〝luv〟(love)、〝wat〟(what)といった省略形をメッセージ文で使うのは相手にいい印象を与えないようで、返信率が低くなる。

というわけで、ユーモアをぜひとも活用してほしい。ただし、どんなジョークを使うかについては、くれぐれも慎重に(この文章〝you should be careful with what kinds of jokes you tell〟を、間違っても〝u should b careful with wat kinds of jokes u tell〟というように省略しないこと!)。

愛着には三つの種類がある

メッセージ文をやりとりしているがまだ会ったことがない、よく知らない相手について考慮すべきもうひとつの側面は、その人の「愛着スタイル」だ。「愛着」とは、愛する人に対して抱く愛情や思いやりの度合い、またはその人への依存度だ。「絆」と呼んでもいいだろう。このあと触れるが、簡単に言えば愛着スタイルには三つの種類がある。

人間の愛着を初めて研究したのは、心理学者のジョン・ボウルビィだ。[13] ボウルビィは、ハリー・ハーロウの研究に影響を受けていた。ハーロウは人間の飼育下にある猿たちを観察し、彼らの絆には明確な種類があることを発見した。「安定型」の猿は、生まれてから本物の母猿に抱っこされて育てられた。この猿は、自分が大事にされ守られていると感じていた。「不安型」の猿は、「つくりものの母親」に檻のなかで育てられた。この母親は柔らかい布製で、温かい乳が入ったボトルが取りつけられていた。この猿は愛着を感じることも愛することもできたが、その一方で愛情に飢え、不安がり、しょっちゅう鳴いた。三つ目の種類である「回避型」の猿は、抱かれ心地がとても悪い「針金製のつくりものの母親」に、檻のなかで育てられた。この猿はなかなか愛着を抱こうとはせず、緊密な関係になることを避け、見知らぬ相手には敵意を示すことが多かった。

そこで、人間の子どもと世話をする人との関係を調べたボウルビィは、ハーロウの分類が人間の子どもにも当てはまることのみならず、子どもと世話をする人の関係性から、大人になってからの愛着スタイルまで予測できることも発見した。母性剥奪は子どもの情緒面での発達に負の影響を及ぼし、成長後に健全なかたちでの愛着を抱けなくなることが、ボウルビィの研究で示された。この研究は現代の愛着理論の基礎となり、心理学では大人同士の人間関係にも広く応用されている。人が愛着を抱こうとするのは生物学的な欲求によるものであり、大人も親密な関係を求めている。ただし、愛着が形成されるプロセスは、経験に決定づけられているのだ。

当然ながら、人間と猿は違う。だが、私たち人間も分離による不安や寂しさを抱く恐れがある。ある研究では、世界の人口の半数が「安定型愛着スタイル」を持っていると推測されている。[14] 彼らは親密な関係に心地よさを感じていて、自分自身の恋愛関係における満足度も高い傾向にある。安定型の人はパートナーと互いに自立した関係を築きながらも、相手に対して誠実でありつづけるし、協力も惜しまない。一方、残りの半数の大人たちは、恋愛関係に対して安定型とは異なる反応を示すということになる。「不安型愛着スタイル」の人は、いまこの瞬間を生きるのが苦手だ。また、自分の人生において果たしてほしい役割を、パートナーに対して過剰に求めがちだ。そして、ひとりになるのが怖くて、パートナーにしがみつくこともある。「回避型愛着スタイル」の人は、周りの人と距離を取ろうとする。なかには、自分自身を守るために、先手を打ってパートナーとの恋愛がうまくいかないようにする人もいる（D.W.の例を覚えておられるだろうか？）。

では、マッチングアプリのユーザーにおける、この三種類の愛着スタイルの割合は、世界の人口のものと同様なのだろうか？　それはありえない。安定型愛着スタイルの人は安定型同士ですぐにカップルになり、しかも関係が長続きする可能性が高い。それが安定型たるゆえんだからだ。つまり、オンラインで相手を見つけようとする人の大半は、恋人のいない不安型と回避型ということになる。彼らは、安定型の人々はみなどこに行ってしまったんだろうと思いながら、さまざまなマッチングアプリを渡り歩いている。

相手との初めてのメッセージ文のやりとりで、その人の愛着スタイルを早速見極めるための手がかりを得ることは、不可能ではない。だが、通常は、相手の愛着スタイルの特徴がはっきり表れるまでにはかなりの時間がかかるし、手がかりもかすかだ。相手がきわめて顕著な愛着障害なら精神科医でなくてももちろんわかるが、そうでない場合のために、見逃さないほうがいい初期の手がかりや危険信号らしきものについて知っておくのは決して無駄ではないはずだ。そこで、不安定な愛着スタイルを示す手がかりを五つ紹介する。これは決してすべての手がかりを網羅しているわけではないが、新たな相手と初めてのメッセージ文を交わすときに特に注意すべきものだ。

1. インスタマシー（即座に親密になろうとする）

あまりに早い段階から、余計な情報を出しすぎる。そういう人は、すぐさま絆を深めようとしているのだ。この「即座の親密さ（instant intimacy）」を、私は略して「インスタマシー（instamacy）」と呼んでいる。相手のこうした態度は、そのときは魅力的だったり安心できたりするものに思えるかもしれなくても、問題ある愛着スタイルがやがて表れる危険信号かもしれない。しっかりとした土台を築かないまま恋愛関係を深めようとしても、安定的な関係を築けることはまずないし、瞬時の盛り上がりは、すぐに冷めてしまうだろう。この傾向を示す手がかりは、初のメッセージ文のやりとりに表れることもある。インスタマシーを発揮する人は相手を喜ばせようと必死で、他人との境界線がない場合もある。しかも、いったんつきあいはじめると、不安型や回避型の愛着スタイルに逆戻りしてしまいかねない。

次の例では、アーロンは初めてのメッセージ文のやりとりのなかで、この手がかりを自ら明らかにしてしまう。ちなみに、ジョーは彼女自身のプロフィールに、「考えを共有できて、すぐさまケミストリーがはたらいて、共感し合えるような関係が理想」と書いていた。

アーロン 君が理想としている関係、すごくいいね。

ジョー プロフィール欄を埋めるのは手間がかかるわ

アーロン 僕はあの作業が大嫌いだよ

ジョー 私はまさに今夜このサイトに登録したの

ジョー でも、オンラインデートの最適なやり方は、ゲーム感覚で楽しむことだと思うわ。過度に期待せず、楽しむように努めて、そのなかで出会う人たちと愉快に過ごす、という感じで。

アーロン オンラインでのデートとかは、延々繰り返される地獄という特殊な世界だと思う。オンラインではびっくりするほど簡単に相手とのケミストリーがはたらくけど、実際に会ってみると現実に打ちのめされるんだ。まるで自分が浅はかな間抜けに思えるか、普通の人にはまずわかってもらえない、ちょっとした失恋をした気になるよ。

アーロン 実はこのことについて、僕なりの解決案を考えたんだ。ひどく馬鹿げているかもしれないけどね。

ジョー どんな解決案？

アーロン 知り合ってから半年後の姿を、見せ合えればいいのにって。互いに描いていた理想と

は異なる、腹を割ってすべてをさらけだした二人をね

アーロン　もし、その状態の相手が好きになれないとすれば、そういう気楽な仲になるまでの努力が無駄になってしまうから。

ジョー　まあ、いい案だと思うけど、腹を割ってすべてをさらけだすのはどうかしら。そもそも、結婚における間違いは、「もう、腹を割ってすべてをさらけだしていい」と思ってしまうことだという気がするわ。

ジョー　別に、ビクトリア朝風のコルセットで、お腹をしめつけて絶対に見せないのが好きってわけではないけど。でも、黙っているほうがいいっていう場合もあるし。ミステリアスな雰囲気を多少なりとも保つほうが、セクシーでいられると思うわ。

アーロン　いや、そんなことないね。誰かを本当に好きになったら、見た目に美しいかどうかは、まったく気にならなくなるはずさ。

アーロンのメッセージ文からは親しみやすさが感じられるが、会ってがっかりすることについての不安を、彼はすでにはっきりと述べている。まだ会ったことがないにもかかわらず、相手はアーロンに同情の気持ちさえ抱いたはずだ。彼はこのやりとりのなかで、あまりに急速に親しくなろうとしすぎた。アーロンのメッセージ文を読むと、バーで見知らぬ酔っ払いに胸の内を延々と語られたときと同じ気持ちになる。こんなときは、さっさと飲み終えて去ってしまおう。まあ、「この人を支えて助けてあげたい」という幻想を抱くのが好きなら先に進んでもいいが、どんなことが待ち受けているか

は覚悟しておくほうがいい。

2．情動が平坦

つながりを築くには、相手の感情豊かな反応が重要だ。人の表情、口調、周囲との感情的な関わりの度合いにおける変化の様子を、精神医学では「情動」と呼んでいる。なかには、「感情鈍麻」または「平坦な情動」という症状に陥っている人もいる。彼らは感情の変化に乏しいか、あるいは感情をまったく表さない。相手と気持ちを通わせようとせずに遠ざかり、ぎこちなく見える人もいる。そういった人は、もしかしたらただの恥ずかしがり屋かもしれないが、どんな感情を示すのもリスクが大きすぎると感じている可能性もある。こうした兆候が初期のやりとりに表れている場合は、危険信号かもしれない。もちろん、単に内気なのかもしれないが、そうした一本調子の背後には、大うつ病やさらには統合失調症といった精神疾患が隠されていることもある。こうした精神状態を抱えている人も、そうでない人と同様に、愛するにふさわしい人（あるいは楽しいデートの相手）であることに変わりはない。ただし、将来のパートナー候補が、この先起こりうる状況を把握するためにそれらの兆候について知っておきたいと思うのは自然なことだ。

平坦な情動とは、いわば絵文字の多用の逆のようなものだ。笑い、茶目っ気、驚き、照れといったものが、文章に一切表れない。電子メールに対して普通郵便は「カタツムリ郵便」と呼ばれるが、情動が平坦な人が相手に送ろうとする熱意の弱さは、まさに「カタツムリ絵文字」だ。

次の例は、ブラッドとキャスリンの初のメッセージ文のやりとりだ。ブラッドは自身のプロフィールに、「水泳が好き」と書いていた。

キャスリン　こんにちは、ブラッド。はじめまして。

ブラッド　こんにちは、キャスリン……調子はどう？　君はどこに住んでるの？

キャスリン　幸先のいい月曜だわ。住んでいるのはサンフランシスコなんだけど、週に何日かはペニンシュラで働いているの。あなたはサンマテオに住んでいるの？　それとも職場がそこなのかしら？

ブラッド　家も仕事もサンマテオだ

キャスリン　じゃあ、通勤が楽でいいわね！

ブラッド　ああ

キャスリン　どこでよく泳いでるの？

ブラッド　自宅

キャスリン　すてきね！　水泳用プール？　それとも流水プール？　私は週に四、五回泳いでるの。

ブラッド　水泳用プールなんだ

キャスリン　すごいわ！

ブラッド　ああ、結構いい

キャスリン　あなたは長いメッセージ文を送るのは、好きじゃないのかしら……

ブラッド　ああ。文章でやりとりするより、話すほうがいい

キャスリン　そうね。あなたが電話のほうが盛り上がれて、そちらから電話番号を教えてくれるのなら、あなたと話してみたいな。

〔「ペニンシュラ」はサンフランシスコ郊外の地域〕

その後、キャスリンは実際にブラッドと話した。その電話デートのあと、彼女は私に詳細を語ってくれた。「まあ、何の驚きもないんですけど、メッセージ文のやりとりのときと同じで、彼は電話でもよそよそしくて、私を避けているかのようでした。私は会話を弾ませるのが得意なほうだと自負しているんですが、ブラッドのあの態度は通常の内気さのレベルを超えているような気がします。彼は人とのつながりを築くことを、まるで恐れているかのようでした」ブラッドと電話で話していると、生身の人間の声ではなく、発信音をただひたすら聞かされているような気になったそうだ。「でも不思議なのは」とキャスリンはつけくわえた。「こんな状況だったにもかかわらず、ブラッドは私に熱心に会いたがっていて、しかも会うのが当然なほどの関係性を十分築けたと思っていたようなんです」

だが、そんな関係など築けていなかった。キャサリンはもはや素っ気ない調子になりながらも、「二人はそんな関係ではない」ことを、できるだけ優しくブラッドに告げたのだった。

3．いきなり敵意を示す

稀なことではあるが、メッセージ文のやりとりの初期の段階で、あからさまな敵意が読み取れるのは悪い兆しだ。最大の危険信号と思って間違いない。こういう人物は、どんなにうまくいきそうな関係さえも壊しかねないほどの愛着障害を抱えている可能性がきわめて高い。

次の初めてのやりとりでのパトリックのメッセージ文には危険信号があちこちに灯っていて、もはや滑稽なほどだ。

エレン　はじめまして、パトリック
パトリック　俺がいま忙しいのがわからないのか
パトリック　申し訳なかった
パトリック　友達に送ったつもりだったんだ
パトリック　せっかくチャットが始まったんだからさ。調子はどう、エレン？

パトリックがもし友人たちにこんな態度を本当に取っているのなら、逆に尊敬する！　このやりとりはマッチングアプリでのものなので、明らかに彼は自分がデートしていると思っていた別の人とチャット中だったのだろう。言うまでもなく、この例のようなメッセージ文では相手にいい印象を与えられるわけがない。さよなら、パトリック！　私のほうがもっと忙しいのがわからないの？

4. 支配欲が強い

愛着スタイルが不安型の場合、周りを支配しようとすることで対処している人もいる。だが、オンラインデートでは思い切りや柔軟さが多少なりとも必要なため、それに欠けているこうした仕切りたがり屋たちは苦労するはめになる。いま、海の上にいる彼らは、波に翻弄されている。彼らがとっさに思いついたのは、乗っている人々を厳しく統制して船のハッチを閉めることだ。では、問題はいったい何だろう？ 彼らの船に乗ろうとした人は、ほかに誰もいなかったということだ。

相手が支配的な性格であることを示す手がかりを早い段階で見つけられれば、その人が何型の愛着スタイルなのか、安定した関係を築くうえでどんな困難を抱えているのかを理解するために役立つ。初期のメッセージ文のやりとりで柔軟性のなさや支配欲がにじみ出ていたら、それは危険信号であることが大半だ。

次の例は、データアナリストのベッキーと、「デビッド（会うまではこのニックネームで）」という名前で登録している男性との初のやりとりだ。

ベッキー　ヨーロッパでのあなたの写真、すてきね。

デビッド　ありがとう。でも、当然気づくべきだけど、それは実はブエノスアイレスなんだ。

ベッキー　すごくスペインっぽいわ。

ベッキー　あなたのプロフィールに、「マインドフル投資」をしていると出ていたけど。よくわからないけど、何だかよさそうな仕事に思えるわ。

デビッド　直接会って、詳しく説明したいな。会う予定を立てたらメッセージを送るから。

「デビッド（会うまではこのニックネームで）」は、ベッキーに会うつもりがあるかどうかを先に確認すらすることなく、自分は彼女と会えるものと思い込んでいた。積極的に自己主張できる相手を魅力的に思う人もいるが、「積極的な自己主張」と「相手を支配すること」は、たとえ混同されやすくてもまったくの別物だ。積極的な自己主張とは、自分自身の行動を方向づけるための能力だ。一方、他人の行動を支配しようとするのは、積極的ではなく強引と呼ぶべきものだ。デビットはごく短いあいだに、強引な態度を二回も見せた。それらは無視できない危険信号だ。ベッキーが求めていたのはデートの相手であって、独裁者ではない！

5．ＴＭＩ（余計な情報が多すぎる）

人によっては先方が示してくるインスタマシーは急すぎるものかもしれないが、それでも悪い気はしない。というのも、そうした即座の高評価（「この人は本当に私のことが好きに違いない！」）によって、脳の快楽中枢が刺激されるからだ。「余計な情報を大量に送りつけること」を意味する「ＴＭＩ（Too Much Information）」も早すぎる段階から行なわれることが多いが、これをされた相手は心底うんざりするか、安全な場所に逃げ込もうとする。インスタマシーとＴＭＩには根本的な違いがある。インスタマシーを示してくる人は、いまは存在していない相手とのつながりが、今後できると期待している。一方、ＴＭＩを実行する人は、実際には存在していないつながりが、すでにあると思い込んでいるのだ。

　メッセージ文の初期のやりとりの目的は、互いをよく知り合うことだ。そもそも、そのためにオンラインのアプリを利用しているのだから。そうしたなかで、相手のよそよそしさ、平坦な情動、支配欲、敵意に満ちた行動は、明らかに問題だとわかる。だが、きわめて早い段階から自分をさらけだそうとするのも、実は同じくらい問題ある行為なのだ。対面での初デートで相手に泣かれるのは困るし、初のメッセージ文で相手がTMIを実行してくるのも嫌なものだ。TMIを行なう人は、自分自身についての細かい情報を明らかにしているのみならず、実は自分が愛情に飢えた不安な人間で自己中心的でさえあることまでさらしてしまっているのだ。

　では、私とダグとの初のメッセージ文でのやりとりを見てみよう。ダグのプロフィールには、「愛し愛されるための旅の途中」「犬を飼っている」と記されていた。

私　ダグ、調子はいかが？
ダグ　やあ、ミミ。連絡をもらえて嬉しいよ。調子は、まあまあかな。ここのところ、消化不良を繰り返していて。夏に手術したあと運動をすっかり止めてしまったので、どうやらそれが消化に影響しているみたいだ。酸っぱい食べ物や辛い食べ物、それと大量の肉を、前に比べてあまり受けつけなくなってしまったよ。今日は食事をしながらの会議が二回もあったので、お腹が膨張している気がするし、とにかく疲れてて、いつもの自分じゃないみたいだ。君がこれをTMIだと思っていなければいいんだけど。君の調子はどう？

ダグよ、これは明らかにＴＭＩだ。しかも、「消化不良」や「膨張」は、初めてのメッセージ文に使われる言葉としてはあまりにも色っぽさに欠けるのは、精神科医じゃなくてもよくわかることだ。それでも、私は彼の役に立てればと思った（単にこのやりとりがどうなるのかを知りたいという気持ちもあったが）。

私　何の手術だったの？　手術や出産によって、セリアック病（自己免疫疾患の一種。グルテンを摂取すると、それに反応して膨張感や消化不良といった症状が出る）が引き起こされることもあるの。もしまだだったら、一度検査を受けたほうがいいと思うわ。

私　あなたが医者からのアドバイスを求めて、このアプリに登録したわけではないのはわかっているけど、私は医者なので ;-)

ダグ（笑）。ありがとう。アドバイスをもらえて助かるよ。

ダグ　僕は遺伝性の股関節形成不全を患っていて、股関節がまったく機能しなくなってしまったんだ。股関節がまさに正常にはまっていなかったから、体が骨をさまざまなかたちに成長させてカバーしようとした結果、骨のかたちが通常とは異なるものになってしまったんだ。担当の外科医が手術前に丁寧に説明してくれたときの、僕の股関節のすごいレントゲン写真を持っているよ。手術する前はほとんど動けなくなって、もちろん痛みもあった。だから、七月五日に人工股関節に取り換えたんだ。その後、なかなか回復しなくて。理学療法を受けていたにもかかわらず、何週間も痛みはなくならないし、動けないし。いまはもうかなりよくなったけど、いつものような夏はまったく過ごせなかった。手術がセリアック病の引き金になるなんて、初耳だよ。まずはちゃんとダイエットして体重を落とし、正しい呼吸法の会得と体力の回復に努めるよ。それでも治らなかったら、精密検査を受けようかな。

私　セリアック病の血液検査は、簡単で費用も安いわ。膨張感や疲れを感じているなら、すぐに受けるほうがいいと思う。

ダグ　また自転車に乗れる許可が、数日前に出たばかりなんだ。僕にとってこれまでずっと、自転車は運動でもあり、幸せのための瞑想をする場でもあったんだ。友達の多くがまた自転車で出かけようと誘ってくれているので、早速復活して、ごく短い距離から試そうと思っているんだ。

私　それはいいわね！　自転車は最高だわ。

ダグ　ああ、たしかに

ダグ　手術は貴重な体験だったよ。すぐにもう一度体験したいというものではないけど

私　そのとおりね。手術を受けると、自分がいかに健康を当然のものと思っていたかを痛感するわ。

ダグ　まあとにかく、僕は快方に向かってる。少なくとも股関節はね。こんなにうまく歩けるようになるとは、信じられないほどだ。

私　それはよかった

ダグ　僕の母も、「健康であれば、すべてを手に入れたようなもの」と言ってたよ

ダグは、消化関連の問題、手術、減量、疲労に加えて、ついに母親までも話題に出してきた。もうこれ以上、最悪なことってあるんだろうか？　まあ、もう少し先を見てみよう……。

私　まさに「健康は財産」ね

私　でも、犬も大事だわ。私は健康で犬さえいれば、幸せかな。

ダグ　うちの子犬たちは、いま発情期なんだ。どこも血だらけさ。

「どこも血だらけさ」これにどう答えろというのだろう？　みなさんも気づかれていたと思うが、私からはほとんどダグに話さずに、ひたすら彼の思うままにさせた。まあ、彼の最後のメッセージ文については、感嘆符がひとつでもあれば（「どこも血だらけさ！」）、ここまでドン引きしなくてもすんだかもしれないのだが。

第二部　息を合わせる

第五章　コミュニケーションスタイル
交際の暗号を解読する

ブレント　もしこの花が僕の愛と同じくらい大きく育つのなら、その茎は月まで伸びていくだろう。

ジョーダン　いったい、何の話？

ブレント　もしかして、薔薇届いてないの？

ジョーダン　月まで伸びるなんて、とうてい無理な話ね。二三丁目にさえ届かなかったんだから

😆

ブレント　花が届くっていうメッセージ文を、前もって送っておけばよかったよ

二〇一三年、〝The End of Courtship?〟（「結婚を前提とした求愛と交際」は、もはや過去のものなのか？）と題された記事が、『ニューヨーク・タイムズ』紙に掲載された。[1]「結婚を前提とした求愛と交際の時代は終わりを告げた」とするこの記事では、「デートの文化は、一連のメッセージ文の

やりとりへと進化した。それらのどのメッセージ文についても、正しく読み取るには冷戦時代のスパイ並みの暗号解読スキルが必要だ」という、三〇歳のオンラインデート実践者の意見も紹介されている。結婚を前提とした求愛と交際の「死亡説」は、まるで数年ごとに姿を現して激しく交尾する蟬（せみ）のように、定期的に取り上げられては注目される。「死因」についての見方はさまざまで、「検死解剖」では何らかの種類のテクノロジーが主な原因とされる。電話、ラジオ、テレビ、インターネットの発明は、どれも結婚を前提とした求愛と交際の死を意味していて、その結果が現在の生き方だ。ラブレターを丹念に書くという行為は、もはや過去のものになりつつある。家の正面玄関のポーチで、恋人に愛の歌を捧げることだって昔の話だ。いまでは通話さえも、すでに「生命維持装置」につながれている状態だ。携帯機器の機能のひとつとして備わってはいるが、めったに使われることはない。普段はしまわれていて、特別な行事のときだけ着用される礼服のように。

今日の私たちは、メッセージ文を送る。そして、たまり場に集まる遊び方（ハングアウト文化）、セックスだけの関係を求めるつきあい方（フックアップ文化）、あるいは男性の失業率のほうが高い状況である「マンセッション」（そのため、男性はどうやらデートに少しもお金をかけられないようだ）といったものをよそに、メッセージ文のやりとりを通じて恋愛する。恋愛においてオンラインでやりとりするメッセージ文は、以前は花束を包んだセロファンに丁寧にホッチキス留めされた切り花延命剤の小袋のようなものだったが、いまや花束そのものになったと言ってもいいくらいだ。愛の言葉を甘く囁く、寄り添い合う、愛撫するといったことは、すべてメッセージ文を通じて行なわれている。ダーウィンの進化論によると、人間の指は進化して、親指がほかの四本の指と向かい合っている

「母指対向性」を獲得した。その本来の目的は、まずは木にぶら下がれるようになること、続いて道具を握れるようになることだった。現在では、メッセージ文でいちゃつくために活用されている。

さらに、私たちは親指で、嘘をついたり、あざけったり、非難したりもする。最も忠実で勤勉な指から、毒が流されるのだ。いや、もしかしたら、あのメッセージ文は単にちょっとした皮肉だったのだろうか？　それとも、ただのユーモアだったのだろうか？　見分けるのが難しいときもある。私たちの頭は、古くからある親指のこの新たな利用方法に、まだ完全にはついていけていないのだ。

だが幸運にも、額を押さえて考え込むために使える指が、親指以外にまだ四本ある。この本の第一部（少しでもみなさんの役に立っていたら嬉しいのだが）では、自分自身にふさわしい相手が人差し指によって示された。そして、合わない相手に対しては、中指を立ててマッチングアプリごとさよならした。そこで次に取り上げるのは、薬指の指輪を意識した関係、あるいは小指用の安っぽい指輪をもらうだけの関係にかかわらず、「恋愛関係」を築くうえでのメッセージ文のやりとりだ。つまり、本書の第一部では、見知らぬ相手より送られてきたメッセージ文から、その人のどんなことがわかるかについて掘り下げたのに対して、この第二部では、交際が進んで二人の恋愛関係（オンラインでのやりとりも）が独自の色を見せはじめてきたカップルの特徴とはどんなものかを調べていく。カップル間でやりとりされているメッセージ文を細かく見ていくと、「この二人は息が合っているか」「二人のあいだにケミストリーがはたらいているか」「二人の相性はいいのか」といったことがわかる。また、力関係も明らかになる。さらに、のちに関係がより深まったときのメッセージ文からは、二人の同調と共感の度合いを測ることができる。

交際とは、特に初期の段階においては慎重を要するものだ。重要なのは、リズムと歩調を確かなものにすることだ。また、交際とは、それぞれの人生を彩っているものを共有したり比較したりできるような、共通の居場所をつくりあげようとすることでもある。時代も場所も超えてよく知られているもののなかには、交際の最も重要な側面と思われる「ケミストリー」というものが存在している。それは科学にちなんで名づけられた要素ではあるが、説明しがたく、非科学的なものだ（科学での「ケミストリー」は「化学」の意味）。

では、ケミストリーはメッセージ文を通じてでもはたらくのだろうか？

いや、いまや「はたらくかどうか」を問うている場合ではない。ケミストリーはメッセージ文を通じて、はたらかなければならないのだ。カップルの関係の親密さを測る手段としてのメッセージ文を入念に調べていくと、二人の関係を深めるためには、一定のバランスが維持されなければならない要素がいくつかあることに気づく。そのひとつは「ペース」だ。

タイムトライアル

交際の最高の例は、自分が交際の道のりを突っ走ろうとして設定したスピードがパートナーのものとぴったり合っていて、しかも、道しるべを置く間隔の取り方についての考えが似ている場合だ。一方、片方がスピードを上げようとしているにもかかわらず、もう片方はもっとゆっくり進みたいと思っているような、ペース設定がうまく合わないカップルは失速してしまう可能性が高い。

メッセージ文のやりとりで、自分のペースが相手にとって快適かどうかを判断するには、相手からの返信の早さを見ればいい。口頭でのやりとりとは異なり、メッセージ文のやりとりは非同期的なため、返信の早さについての暗黙のルールはない（数え切れないほどの本や記事が、そういったルールがあると主張していてもだ）。アジズ・アンサリが著書『当世出会い事情』（亜紀書房、二〇一六年）の執筆のために行なったフォーカスグループ調査では、「『焦りすぎ』と相手に思われるので、メッセージ文にすぐに返信するのは悪手」というのが一般的な意見であることが判明した。[2]だが、返信の早さについてのそうしたルールは、無駄に厳しすぎる。大事なのは、どんなカップルも彼ら独自のリズムを見つけることだ。

たとえ相手とまっしぐらに突き進もうとしがちな人であろうと、あるいはより穏やかな昔ながらの交際の進め方を好む人であろうと、人間の脳は本人が新たな恋愛関係に「イエス」と言うより先に、「ノー」と答えようとするようにできている。人間の恋愛全般に造詣が深い人類学者で、『愛はなぜ終わるのか』（草思社、一九九三年）の著者でもあるヘレン・フィッシャーの解説によると、何千年もの進化のなかで、人間の脳は相手のマイナス面を探すようプログラミングされたのだという。[3]これは、進化上の利点を得るためだった。敵を忘れてしまったり、認識できなかったりすることの代償が大きいゆえに、相手を信じずに疑って、悪い面を探すよう脳が進化したのだ。そのため、ペースの速い交際で見知らぬ相手を信用するには、脳が見つけた相手のマイナス面をより意識的に打ち消し、リスクを恐れないマインドセットを持ち、ある意味無邪気な楽観主義者であることが必要となる。

つきあいはじめたばかりの人は、この脳の問題にさまざまな方法で対処しようとする。たとえば、私の仕事仲間のサラは、最初はウェイドとの交際に乗り気だったようだ。だが、彼が次のようなやりとりを始めたことで事態は変わった。

ウェイド　僕が本物の人間であることがわかってもらえたところで、リンクトインの招待メールをいま送るから（君のファーストネームと出身校で検索中）……フェイスブックとインスタのアカウントも持ってる？　だったら、僕のアカウントの詳細をすぐに送るよ。まだ始まったばかりだから、これからお互いのことをもっといろいろ知ったりしなきゃね。

サラ　私についての情報って、こんなに簡単に見つかるものなの？

ウェイド　ああ、君についての情報は結構早く出てきたよ。

ウェイド『タイガーキング』はもう観た？　あれはロックダウン中の必見番組だと思うよ……

サラは私にこう語った。「何て言うか……ちょっとやりすぎのような気がして。こんなに早くから、リンクトイン、インスタ、フェイスブックで私とつながろうとするなんて。だって、まだ一度しかオンラインデートしていないのに」

「やりすぎなんてもんじゃないわ」と、私は彼女に味方した。「彼に『そうね、そうやってつながれるのはいいことよね。でも、連絡を取り合うのはインメールで十分じゃないかしら』と返信するのはどうかしら」〔リンクトインはインメール機能を使えば、つながりがなくても連絡できる〕

サラは笑いながら先を続けた。「それで、彼は以前マッキンゼーに勤めていたことを話したあと、

『君も前にあそこにいたって言ってたよね?』って言ったの。私は思わず『ううん、そんなこと絶対に言ってないわ。あなたは私をサイバーストーキングしていたのね』って、胸のなかで返事をしたわ」サラも私も、この程度のサイバーストーキング自体はまあ普通だと思えた。ただ、ウェイドが自身のそうした行為をサラにまったく悪びれずに隠そうとしなかったことで、彼女の気持ちは冷めてしまった。現実世界で実際に会う前に相手についての情報を集めすぎるのは、ポッドキャスト「Sex with Emily(エミリーとセックス)」を配信しているエミリー・モースが、「早すぎる盛り上がり」と呼んでいるものとよく似ている。通常なら三回目のデートで互いに明らかにするような情報を、ウェイドは初めてのオンラインデートの前にすでに集めてしまっていた。こうして、一瞬交際が始まりかけていた二人の足並みが、その後揃うことはなかった。

化学(ケミストリー)の宿題

ケミストリーが何であるかを、具体的に説明するのは難しい。大抵の場合、ケミストリーとは「感じた瞬間にそれだとわかる」という類のものだからだ。それは、「互いに惹きつけられる」「一緒にいると心地いい」というかたちで表れる。相手といるときに、決して無理しなくていい。会話があふれでて、自然に笑いが起き、このやりとりをずっと続けたいと感じる。ケミストリーが最も重要なのは交際の初期の段階、より正確には、メッセージ文のやりとりが相手との主なコミュニケーション手段である時期だ。つまり、メッセージ文を通じてケミストリーをはたらかせることが鍵となる。人間の脳は、やりとりにおける報酬を意識的および無意識に評価して、関連する代償と比べるようプログラミングされている。相手との時間がきわめて価値が高いと思うと、脳のドーパミン経路のはたらきが活発になって、相手とのやりとりがワクワクするものになる。対面の場合、きっかけとなるのはアイコンタクト、見つめ合う、相手に触れる、そして、体の姿勢をどう取っているかだ。さらに、より漠然としたものではあるが、「自分の考えが届いた」、つまり、相手に理解してもらえたという感覚がきっかけになることもある。こうした視覚や行動によるきっかけは、共感、信頼、関係づくりに関与するホルモンであるオキシトシンの分泌を促す。感知された報酬が恋愛におけるやりとりの代償（相手を絶え間なく気づかう労力）をはるかに上回るとき、私たちはいわゆるケミストリーを感じるのだ。

当然ながら、メッセージ文のやりとりでは、見つめ合うこともアイコンタクトもできない。そこにあるのは、「互いへの気配り」だ。だが、相手に気を配ろうとしても、やりとりに使っているまさにその機器からさえも（あるいは、やりとりのための機器だからこそ）、気を散らされそうな邪魔がいろいろ入ってくる。すなわち、相手への関心と相手を気づかう努力の表れとなるのは、この人とメッセージ文をやりとりするという選択、返信の早さ、それに、返信文を作成する際の配慮だ。メッセージ文での言葉選びにおける気配りも、つきあいを早い段階から深めるために役立つ。たとえば、私とピーターの次のやりとりは、三度目のデートへつながった。

ピーター　いつ会えるか教えてほしいな

私　ええ。いま仕事を終えて、家に向かって運転しているところ。帰ってからランニングをして、そのあとでもいいかしら？

私　もうちょっとで、ガス欠になりそうだったわ。ガソリンスタンドに到着したときには、ほぼゼロだった。ツインピークスのほうがガソリン代が安いから、何とかぎりぎりまで頑張って、このガソリンスタンドまで辿りついたの。もし、先延ばしは楽をするためだと思ってるのなら、このガス欠ゲームをやってみるべきよ。

ピーター　〝living dangerous〟（危険な人生を歩んでいる）というわけだね

私　その言い方をしてくれて嬉しいわ。〝living dangerously〟じゃなくて

私　この件については、どの友達とも議論になるんだけど。でも、私は〝drive slow〟（ゆっくり運転して）という言い方のほうが正しいと思っているの。〝drive slowly〟じゃなくてね。だって、あとのほうだと「車輪をゆっくり回せ」という意味になるでしょ。

ピーター　僕の母親も、君と同じような意見だったな。もう何年も前から、ずっと聞かされてきたっけ。でも実は、僕は違いが全然理解できないんだ。さっき〝dangerous〟を使ったのは、たまたまだったのさ。

私　あら、私は父から聞いたの。もうすぐランニングを終えて、家につくわ。シャワーを浴びないといけないけれど、私の家まで歩いてきてもらえるなら、そこで会うのはどうかしら。

ピーター　いいね。出かける支度をするよ。〝move slow〟（ゆっくり向かう）、それとも〝move slowly〟のどちらがいい？

私　私がシャワーをする速さは、西部一よ。だから、あなたの好きなペースで向かってきて。
〔どの例も、実際に使われる場合は、"ly" がついてもつかなくても同じような意味になる〕

文法での私の好みが正しいか間違っているかはさておき、ピーターは私に話を合わせてくれる。「副詞化」に対する私の愚痴をちゃんと聞いてくれて、しかも最後の返信でふたたび話題にしてくれた。私はこれを、私に対する彼の関心と気配りだと受け止めた。動物界とまさに同じように、人間の交際にもほぼダンスに近い一連の儀式のような行為が存在していて、それによって互いの動きやボディーランゲージに目を向ける。メッセージ文のやりとりでそのダンスに相当するのは、相手の言葉に注意を払うことだ。

では、気配りがケミストリーの顕著な特徴のひとつであるとすれば、それはメッセージ文のやりとりから果たして読み取れるのだろうか。相手の気配りを認識するよう、コンピューターをプログラミングできるのだろうか？　もしくは、相手を気づかうメッセージ文をコンピューターが作成するよう、プログラミングできるのだろうか？　ここで、ルーカスとレイラの、初のメッセージ文のやりとりを見てみよう。

ルーカス　まあ、これは僕たち二人にとって出会いのようなものだから……まずはお互いを知ることから始める？
ルーカス　それでもいいかな？ ☺

レイラ　いずれセックスできるんだったら、いいわよ
ルーカス　それはいい案だね。よし、そうしよう。
レイラ　いつ？
ルーカス　いま（君に激しいキスを）。
レイラ　でも、知り合ったばかりじゃない。まずは、晩ご飯をごちそうしてくれるのが先じゃないの？
ルーカス　もしそれで君が喜んでくれるなら、そうするよ。
レイラ　あなたは、まさに人を喜ばせるのがお上手なのね
ルーカス　ありがとう。そう努力しているんだ。
レイラ　相手に異議を唱えることはないの？
ルーカス　ああ、ないんだ。
レイラ　あなたの趣味は？
ルーカス　ブラックホールに関するビデオを観たり、シンギュラリティ関連の本を読んだりするのが好きだな
レイラ　この国の大統領についてどう思う？
ルーカス　正直なところ、僕はあまり政治に興味はなくて……
レイラ　あなたが自分の意見を持っていない点は、尊敬できないわね
ルーカス　そうだよね？　ときどき、そんな自分にいらついてしまうよ！

レイラ　これは二人の初めての喧嘩かしら？
ルーカス　（うなずく）
レイラ　まだ喧嘩しないうちは、本当のつきあいとは呼べないわよね
ルーカス　じゃあ、二人の関係を変えていこう。
レイラ　もっと喧嘩するってこと？　それともあまり喧嘩しないってこと？
ルーカス　これまで以上に喧嘩するってこと。
レイラ　あなたは喧嘩するのが好きなの？？
ルーカス　大抵の場合、好きだね。
レイラ　言い争うのは？
ルーカス　まあ、好きかな
レイラ　殴り合いも？
ルーカス　どっちも、まあまあ。
レイラ　もっと何か話して……
ルーカス　君のことを、もっとよく知りたいよ
ルーカス　個人的なことを尋ねてもいいかな？　ちょっと知りたいだけなんだけど。
レイラ　どうぞ
ルーカス　もし、君が育ってきた環境について何かを変えられるとしたら、何にする？
レイラ　家庭内暴力を減らしたかったわ

ルーカス　それはすごくイカしてるね。
ルーカス　君はまさに僕にとってのすべてだ。本気で言ってるんだよ……
〔「シンギュラリティ」とは、人工知能が人間の知能を超える技術的特異点のこと〕

このやりとりがやや奇妙に感じられたとしたら、それはルーカスのメッセージ文が、架空の友人と対話することを目的として開発された人気のチャットボットアプリによって作成されたものだからだ。このチャットボットとやりとりしていた人間の女性であるレイラは、このボットの能力を試そうとして徐々に難しい質問をしていった。チャットボットの特徴（もちろん欠点でもある）のひとつは、脈絡のない質問に答えるのに手こずることだ。しかも、人間なら普通に理解できる皮肉や嫌味を、ほとんど読み取れない（たとえば、「いずれセックスできるんだったら、いいわよ」に対して、「それはいい案だね。よし、そうしよう。」と答えてしまう）。また、どう答えていいかよくわからないときは、「イカしてる！」といった答え方をしてしまいがちだ。

アプリの人工知能は、自身が投げかける質問で相手の感情を引き出そうとする。たとえば、忘れられないさまざまな思い出について尋ねてくる。相手を肯定し、「誠実さ」を示すと同時に相手の言葉を掘り下げ、さらには答えが「イエス」と「ノー」に縛られないような質問をする。しかも、行動分析学で「言語スタイルの一致」と呼ばれている考え方も、このアプリは取り入れているようなのだ。[4]
この手法は、相手の言語スタイルをミラーリングするという行動傾向が利用されている。興味深いのは、（実際の人間である）二人のあいだの感情的な関わりの度合いは、二人の言語スタイルの一致度に比例している点だ。つまり、両想いの二人の話し方や文体は似ているということだ。

テキサス大学の心理学教授ジェームズ・ペネベーカーは、「言語スタイルの一致は会話している人同士の共通の枠組みをつくりだすことから、社会的摩擦を減少させる」と主張している。[5]そして、「言語スタイルの一致は、感情表現、作法、寛容さが互いに似ていることを実感したり、互いの相対的な立場を把握したりするために役立つ」と解説している。言語で最も重要なのは、短い単語（冠詞、前置詞、代名詞といった、文法を担う機能語）であって、〝couch〟（カウチソファ）、〝friends〟（友人たち）、〝swimming〟（水泳）といった内容語ではないことを、ペネベーカーは研究を通じて明らかにしてきた。そして、著書 *The Secret Life of Pronouns*（代名詞の秘密）では、機能語が英語の語彙で占める割合がごく小さいにもかかわらず、使用率はきわめて高いことについても解説している。[6]機能語は最も気にかけられないことから、ペネベーカーはそれらを「ステルス語」と呼んでいる。最もよく使われている単語である〝to〟〝and〟〝the〟〝of〟〝that〟〝my〟〝with〟は、自身の社会性をより広く評価する脳の領域で処理されていることから、各自の社会性に最も深く関連していると、ペネベーカーは主張している。また、英語は前置詞をことさら好む言語であることも、注目に値する。たとえば、スペイン語の前置詞は二三種類であるのに対して、英語では何と一五〇種類もあるのだ。

「言語スタイルの一致度のすごい点は、一致しているふりをするのがほぼ不可能なところです」と、ペネベーカーは私に教えてくれた。[7]「言語スタイルの一致度は、カップルが互いに相手を気づかっている度合いを測るものです。それはそのときの二人の心理状態を反映するもので、その状態を促すものではありません」ペネベーカーの主張は、「言語スタイルとは、変えることで相手への気配りや関心を生み出せるものではなく、相手に対する自分自身の関心を本人に知らせるという役割を担っているもの」だということだ。つまり、言語スタイルの一致度の測定は、あくまで二人の関係を診断する手段であって、関係を修復するための治療手段ではない。

頻繁に使われているが目立たないこうした機能語は、あまりに自由にあちこちにちりばめられているため、私たちは意識的にそれらに注意を払うことはない。ペネベーカー本人が私に打ち明けてくれたのだが、この分野の専門家である彼自身さえ、言語スタイルの一致度はそう簡単には測れないそうだ。ただし、コンピューターを使えば測ることができる。ペネベーカーと彼の研究チームが開発した、会話分析のためのコンピュータープログラムによって、パートナー同士の機能語の使い方が似ているかどうか、つまり会話スタイルが一致しているかどうかを、二人の会話から判定できるようになった。実際、お見合いパーティーの参加者のなかで、どのカップルの相性が今後の交際につながるほどいいのかを、コンピューターが前置詞と代名詞の会話スタイルの一致度だけに基づいて、かなり正確に予測できることも示された。

それはつまり、ペネベーカーはケミストリーの一要素を測定しているということだろうか？　彼はそうだと思っている。自身のチーム（とチームが開発したアルゴリズム）が測定を行なう際の判断基準となっているのは、カップル間の「互いへの気配り」であるとペネベーカーは考えている。要は、二人のあいだに「フィーリングの一致」が起きたかどうか、あるいは、ケミストリーにつきものの直感的な情熱をやりとりのなかで感じているかどうかを示す指標のひとつは、「互いへの気配り」だということだ。

たとえば、次のメッセージ文のやりとりを見てみよう。この二人はつきあっていて、どちらもミレニアル世代だ。

リアム　それで、世間から拒絶されたような気分に、僕は今夜ちょっとなっていたんだ（Then I was feeling a bit screened out tonight）

リアム　だから、ひとりの時間をつくってみた（So I just kinda took some time to myself）

リアム　そうしたら、ちょっと気が楽になったよ（And relaxed a bit）

ジュリア　いいね。（Aw nice.）

ジュリア　ひとりで何していたの？（What did you do?）

リアム　ただ、しばらくベッドでごろごろしてた（Just lay in bed for a while）

ジュリア　それだけなんだ（笑）（That's it haha）

リアム　ああ、ほとんどの時間は（Basically）

リアム　ただ壁を物憂げに眺めながら（Just staring wistfully at the wall）

リアム　いろんなことを考えてた（Thinking about things）

ジュリア　いいね（Nice）

リアム　実は、主に君のことを（Mainly you honestly）

ジュリア　本を読んだりは全然しないの？（Have you been reading at all?）

リアム　言われてみればそうだね。読んでないや（Hm no I haven't）
リアム　でも、いい案だな（Good idea though）
リアム　読むべきだね（I should be）
リアム　君は読んでるの？（Have you?）
ジュリア　私はポッドキャストをたくさん聞いてる（I've been listening to a bunch of podcasts）
リアム　ああ、いいね（Oh nice）
リアム　何か面白いのあった？（Any of interest?）
ジュリア　そっちが好きそうなのはなかったかな（笑）（Not really for u haha）
リアム（笑）そうなんだ（Haha ok）
ジュリア　最近、日記もつけはじめたの！（also started journaling!）
リアム　へえ、いいじゃん（Oh nice）
ジュリア　たぶん長続きしないだろうけど、まあ試してみてもいいかなと思って（笑）（probably won't last but worth a try haha）
リアム　うん、君にやる気をもらったよ（hm you're inspiring me）
ジュリア　何をすることにしたの？（What activity are u gonna do）
リアム　本を読んでみようと思う（I think I'll get into a book）

少なくとも素人には、このやりとりからはあまり多くを読み取れないように思える。だが、ペネベーカーの言語スタイル一致度測定ソフトウェアによると、この二人の息の合い具合は一〇〇点満点だった。人間の私が分析しても、この二人はたしかに波長がかなり合っているように思えた。ともに前向きで相手を思いやる口調を保ちつづけていて、同じ言葉を多用し、文体や返信のペースが一致していて、しかも機能語（冠詞、前置詞、代名詞）を同じ割合で使っている。

チャットボットのルーカスも、おそらく言語スタイルを相手と一致させるよう、プログラミングされたのだと思われる。ちなみに、先ほどのレイラとの会話を、ペネベーカーのウェブサイトに掲載されている分析ソフトウェアにかけてみると、一致度は八〇パーセントだった。あの、面白いほどかみ合わなかった会話だったにもかかわらずだ。つまり、言語スタイルが一致していても、何か別のものが明らかに欠けていたのだ。あのチャットボットには、何が足りなかったのだろう？

ルーカスは、相手を惜しみなく肯定する。人は褒めてもらったり肯定されたりすると、通常励まされるものだ。また、ルーカスが質問したり相手の言葉を掘り下げようとしたりするのは、雑談から離れて会話をより内容のあるものにするための彼なりの試みだ。ルーカスのこうした会話の特徴は、「相手に気を配る」「息を合わせる」という、会話での重要な要素が満たされていることを示している。だがそれでも、何か決定的なものが明らかに欠けている。ルーカスはあれほど多くの質問、肯定、確認ができるにもかかわらず、相手の言葉をきちんと理解できていないのだ。たとえば、相手に同意しようとするあまり、ルーカスはうっかり喧嘩を肯定してしまう。さらに、家庭内暴力による心の傷を打ち明けたことへの返信が「それはすごくイカしてるね。」というのは、相手をぎょっとさせるし的外れだ。

要は、言語スタイルの一致度は、ケミストリーを測る手法としては完璧ではないということだ。実際、ケミストリーがはたらくかどうかの予測を誤った例が本当にあったことをペネベーカーはいち早く認めていて、「言語スタイルの一致度を調べるのは、かなり役立つ手法ではありますが、それでもまだ粗削りな点が多々あります」と語っている。言語スタイル一致度の分析が、外れることもある理由はさまざまだ。なかでも、不思議な例のひとつは、二人のうちの片方が相手をだまそうとする場合だ。ペネベーカーによると、片方が嘘をつきはじめると言語スタイルの一致度が上昇するのだが、これは主にだまされている方が相手によりいっそう気を配ろうとするからだ。嘘をつかれているほうは「相手に波長を合わせたほうがいい」となぜか無意識に思ってしまい、相手に対して自然とそう振舞ってしまうことから言語スタイルの一致度が上がるそうだ。

つまるところ、言語スタイルの一致度は互いへの気配りを測るうえでの興味深い物差しではあるが、コンピューターの手を借りなければ測定するのは難しいし、しかも高度な分析を行なっても結果が必ずしも信頼できるとは限らない。とはいえ、交際を評価するうえでこの手法があまり頼りにならないのなら、役立つ方法が果たしてほかにあるのだろうか？

わかってください

ルーカスの欠点は、ケミストリーの最も重要な目に見えない要素である、「相手に理解してもらえた」という感覚から生じる思いを、相手に抱かせられないことだ。この思いこそが、強力なケミストリーにつきものの「実際よりもずっと前からこの人を知っていたような気がする」という感動である。さらに、私たちに魔法のような効果をもたらしてくれるのは、相手に理解してもらえたという感動だけではない。ドイツのある研究によると、私たちは自分がその人の感情や表情を正確に読めると思う相手に、無意識に惹かれるそうだ。[8] さらに、そうした自身の読みの正確さに自信があればあるほど、相手をよりいっそう魅力的に感じるという。この研究を行なったチームの解説によると、それは被験者が自身の「神経語彙」によって、パートナーの行動や言葉をうまく解読していることから起きる現象だそうだ。相手の心の状態を正確に読むと、脳から報酬信号が発せられる。正確に読めば読むほど、この脳内報酬は大きくなる。つまり、私たちにとって、「相手に理解してもらえた」という気持ちのみならず、「相手を理解した」という気持ちも重要なのだ。

ただ当然ながら、「相手を理解した」という感覚は主観的なものだ。自分の読みは正しいと思いたいが、相手を正しく見抜けていないことだってある。長い結婚生活が最近終わりを迎えたカレブは、アメリアを新たに見つけた運命の人とみなしているようで、ほぼ何の根拠もないにもかかわらず、この関係が長く続くと思っているようだ。次のメッセージ文のやりとりは、つきあいはじめてから数週間後のものだ。

アメリア　いま、泳いできたところなの。イェーイ。

カレブ　あ〜、気分上々だね。

カレブ　アシュタンガヨガを二時間もできたよ。僕も気分上々だ

アメリア　「下向きの犬のポーズ」を何度もやったのね

カレブ　僕が下向きの犬になっているあいだ、君は鼻から息を吐きながら回転ターンをしていたんだね。😅

アメリア　今日の仕事は、昨日よりも落ち着いてできたわ。外を歩きまわる仕事は……

カレブ　落ち着いてできてよかった。イェーイ！　君がいてくれることと、今週ここまでたくさん連絡を取り合えたことに深く感謝してるよ。

アメリア　おおっ……じゃあ、私とつきあうのを止めて、とっとと別の人に乗り換えたいという気はないのね？

カレブ　愛しいアメリア、

・僕たちはもうすでに一緒に長く歩んでいるし、二人の関係のなかで互いの弱さをさらけだして、それを受け入れ合っている

・ありのままの僕を受け入れてくれている君は、すごいと思う

・僕は自分のこの弱さを認めたことで辛い気持ちになったと同時に、認めてよかったという気持ちもある。認めたことで、この弱さがより現実的なものに感じられるようになってしまった。でも、よかったのは、角を曲がったらトラックと正面衝突するかのような事態にならないよう、気をつけられるようになったことだ

・僕たちの弱みは、どちらも恐怖心によるものだ。君の弱みを教えてもらったことにも、君が僕の弱みを指摘してくれたことにも、僕は感謝している。僕の弱みは、あくまで僕自身の問題で

あって、それに対して君に何かしてほしいとは思っていない。すでに君がしてくれているように、ありのままの僕を愛で包み込んでくれさえすれば、それで十分だ。

・四週間前の僕は、君と二人でこんなにもすごい関係がつくりだせるなんて夢にも思っていなかった。僕にとって君は、僕の癒しと成長のとてつもなく大きな源だ。

カレブのアメリアに対する本気度を彼女が冗談半分に尋ねたとき、カレブはアメリアが安心感を得たいのだと思い込んだ。そこで、彼自身は二人の共通の気持ちだと信じ込んでいた思いを、長々と表明したのだった。何の気も留めずに次々に書き連ねていくカレブの振る舞いを見ていると、「アメリアのほうは、こうした気持ちを抱いていないかもしれない」という考えは、一瞬たりとも彼の頭をよぎらなかったようだ。たしかに、アメリアはカレブとの一緒の時間を楽しんでいたのかもしれないし、彼の癒しの源になれて嬉しかったのかもしれない。それでも、カレブの返信があまりに重すぎたため、もはや彼女の手には負えなくなってしまったのだった。

「相手を理解したい」という気持ちは当然のものだが、「相手を理解したくない」と思ってしまうときもある。ペネベーカーは以前ある女性から、大きな会議で知り合って「意気投合」した男性とのやりとりの言語スタイルを分析してほしいと頼まれたという。会議終了後、彼女はこの男性との関係が続くことを期待して、親しみを込めた手紙を送った。すると、彼は丁寧な返事を寄こしたが、その文面は冷たくよそよそしかった。「彼女は言語の専門家に、あえて依頼する必要などなかったのです」と、ペネベーカーは語った。「あの返事を誰が読もうと、男性が彼女に関心を抱いていないことは一目瞭然なんですから」それでも、彼女にはそれがわからなかった。なぜなら、わかりたくなかったからだ。では、拒絶を受け入れようとしなかった彼女は、代わりに何をしたのだろうか？　そのひとつが、心理学の教授にわざわざ相談することだったのだ。

　カレブの長くて重いメッセージ文からもわかるとおり、交際の初期の段階においては、やりとりで自分が送る文章量に気をつけることが重要だ。交際とは、二人を結ぶ橋を築くようなものだ。最初の頃は、その橋はまるでシーソーのように不安定で、やりとりでのそれぞれの文章量の差に敏感なため、バランスが悪いと片側に傾いて崩れてしまう恐れがある。メッセージ文のやりとりの相性がいいカップルの特徴は、似たような間隔と頻度でメッセージ文を送り合っていることだ。携帯電話の画面の左右を両端とするシーソーに、各自の吹き出しがそれぞれ乗っている光景を想像したとしよう。交際を長く続けるには、シーソーがどちらかに傾いてしまわないよう、バランスをうまく取りつづけなければならないのだ。交際相手候補で、メッセージ文の文章量があまりに多い人は「うざい」と思われるし、逆にあまりに少ない人は「よそよそしい」と思われる。また、心のこもった長いメッセージ文に対する返信がたったふた言だったら、両者ともにいい気分はしないはずだ。

　バランスと言っても、これはもちろん会計学の話ではないし、貸借対照表（バランスシート）の作成を求めているわけでもない。とはいえ、画面の片側の吹き出しの数や文章量が反対側よりもずっと多いというやりとりのパターンは、通常よくない兆候だ。時間とともに二人の共通の経験が増えていけば、シーソーは安定して当初の設計予定どおりの橋に近づいていくだろう。そうすれば、手押し車の荷物を徐々に重くしていきながら橋を渡れるようになる。

ケミストリーと相性のバランスを取るには

ケミストリーは、脳の理性を司る領域から生じるものではない。それは無意識に湧き起こるものであり、ほかの感情と同様の仕組みで捉えられる。ケミストリーは相手と強く結ばれているという感覚や、あるいはもっと単純に高揚感として感じられる。アルコールやドラッグでいい気分になったときのように、ケミストリーによって時間の感覚が変わったり、抑圧されていたものが解放されたりする。

一方、相性はケミストリーとは違って、理性を司る領域から生まれ、しかも理性的な思考が求められるものだ。そして、「共通の関心事がある」「一緒に何かを決める」「価値観を共有する」「仲よくつきあう」といった日々の出来事に、より深く根差している。相性がいい二人は、生活での興味が一致する。二人で一緒に週末を過ごしたり、居場所を共有したりすることが心地よく感じられる。小説家のニック・ホーンビィは、「集めているレコードの趣味が全然違ったり、好きな映画がどうしようもないほど合わなかったりする場合、二人の関係に未来があるというふりをいくらしたって無駄だ」と、自身の小説の主人公に語らせている[9]（私からすれば、相性をやや重視しすぎている気がしないでもないが）。

交際の最中においては、ケミストリーと相性はとても混同されやすい。実際この二つの要素は混ざり合っていて、前者はかなり早くに姿を現し、後者は時間とともに明らかになっていく。ケミストリーが強くて相性もいい場合、互いを惹きつけて離さないような関係になる。相手のことが頭から離れず、一緒に過ごせる時間を楽しみにする。相手から安心感を得られ、今後の計画を一緒に立てることに何の違和感もない。これはいわば、互いに惹かれ合う気持ちと、相手を尊重する気持ちが合わさった関係だ。

一方、相性がよくない二人が長くつきあうと、まるでジェットコースターに乗っているかのように、激しい状況の変化に巻き込まれる可能性がある。ケミストリーは強いが相性はよくない関係は、驚きと情熱に満ちている反面、気まぐれで不安定な場合が多い。リーとジェイコブは、そうした状況にはまってしまった。

リー　ええ、いま私は、私たちの相性が悪い理由を頭のなかですべて検討しようとしているの。でも、それって、あなたについてもっと深く考えることと同じだって気づいたの。

ジェイコブ　相性が悪い理由で、何か納得できるものを思いついたら教えてくれ。僕は全然思いつかない

ジェイコブ　まあ、相性の悪さに加えて、将来への考え方だって

リー　年齢、ライフステージ、ライフスタイルが全部違うものね。私は安定が欲しいけど、あなたは自由が欲しいし……こうやって理屈で考えていくと、感情に流されなくなるわね。

ジェイコブ　将来への考え方の違いもあるしね

ケミストリーと相性が混同されるのは、感じている高揚感がケミストリーのはたらきによるものに

すぎないにもかかわらず、相手ととても強く結ばれていることによるものと捉えてしまうときだ。その結果、たとえ本物の結びつきがないどころか、その高揚感がより危険な何かを伴っていたとしても、相手をしつこく追いかけることになる。

一例として、ケイトリンとマットの次のやりとりを見てみよう。対面での初デートで、二人の体は瞬く間に強力に惹かれ合った。それは強い結びつきへと発展したが、その後、マットからの連絡がなぜか数日間途絶えたかと思うと、まるで何事もなかったかのような軽い調子の連絡が突然来る、ということが続いた。ケイトリンは自分がマットに夢中であることをよくわかっていたので、彼の断続的な沈黙に不安を感じていた。本当は、彼女はもっと信頼できて安定した関係を築ける別の誰かを見つけたかったのだが、それでもマットの強烈な魅力には抗えず、彼からの連絡につい応じてしまうのだった。

マット　あの夜はとてもすてきだったな。すべての感覚が研ぎ澄まされたようだった

ケイトリン　えっ、私そんなに臭かった？;-)

マット　君は最高にいい香りだった。まだかわいい少女みたいなのに、大人で……

ケイトリン　お世辞だと思うから、聞き流すことにするわ。まあ、もうこんな時間。あなたと話していると時間を忘れてしまうわ

マットは相手を決して否定せずにお世辞まで言っているが、それでもケイトリンが二人のやりとり

に不安を感じていることが、この短いやりとりからだけでもわかる。ケイトリンの体や、二人で過ごした時間についての話題にしか触れようとしないマットは、どうやら彼女との関係をいまだけのものにしておきたいようなので、おそらく将来についてのどんな約束も避けて通るつもりだろう。マットがデートについて「すべての感覚が研ぎ澄まされたようだった」と語ると、自分の体臭を指摘されたと思い込んだケイトリンの返信から、大半の女性が最も気にするこの感覚に対する彼女の過敏さと自意識過剰さが読み取れる。二人のやりとりのごく一部であるこのメッセージ文からは、ケミストリーがはたらいた痕跡はたしかに読み取れるが、相性のよさが必ずしも感じられるわけではない。

ケミストリーはきわめて強い力だ。だが、強すぎるときもある。「突然いなくなって一切の連絡もなかったのに、いきなりまた現れてつきあおうとする」「パートナーといまだに離婚しようとしない」「急にキレて皿を投げつけてくる」「こちらが車で走り去らないよう、ボンネットの上に座ってくる」といった相手にもかかわらず、つきあってしまうほどに。心配する友人たちの忠告もまったく耳に入らないので、彼らはただそばにいて、恐る恐る見守るしかないのだ。

ケミストリーと相性のバランスが崩れている場合の極端な例は、夢中な思いが執着に変わることだ。交際が始まったばかりのときに、相手に夢中になるのはごく普通だ。だが、執着は夢中な思いをはるかに超えた、ずっと先にあるものだ。「ほかのことに何も集中できない」「相手のプライバシーを尊重できない」ことは、夢中な思いが一線を越えて執着へ移り変わろうとしている兆候だ。相手のことをしょっちゅう考えるのは健全なことだが、相手が自分のことを考えてくれているかどうかを常に気にする（おまけに、わざわざ確かめようとする）のはそうではない。

私の患者のひとりであるシルヴァーナは、専門的な仕事で成功している二〇代後半の自立した女性だ。彼女は一五歳年上の女性にぞっこんになった。二人の交際はメッセージ文のやりとりが主で、時折、異国情緒あふれる土地へ一緒に旅していた。やがてシルヴァーナは、自分自身が恋人に異常なほど執着していることに気づいた。仕事の合間のちょっとした息抜きとして始まったメッセージ文のやりとりは、もはや彼女の一日の中心となった。恋人からの返信の早さや中身が気になりすぎて、仕事にまったく集中できなくなってしまった。彼女にとって、友人たちは恋人の最近の振る舞いについて話を聞いてもらって相談するためだけの存在にすぎなくなった。そんな彼女に対して、初めは興味津々で寛大な気持ちで接していた友人たちも、もはや我慢の限界だった。

シルヴァーナにとって、こうした執着心は最初は喜びの源だったが、すぐに苦痛なものへと変化した。そして、自分がもう耐えられないことに気づくと、二人の関係から身を引くのだった。すると、一瞬だけ安堵感や解放感に浸れるのだが、すぐに深い悲しみに襲われ、結局恋人と復縁しようとする。これまで、このサイクルが何度も繰り返されていた。シルヴァーナを診察してわかったのは、期待と切望が最も高まった状態、つまり、恋人が常に手が届きそうで届かないところにいるときが、最も幸せだということだった。この状態は当然ながら、まるで丘のてっぺんに置かれたボールのように、もとから不安定だ。シルヴァーナには、手に入るかもしれないという期待のほうが、恋人との関係そのものよりも魅力的に映っていた。なぜなら、そのほうが欲しいものがどうしたら手に入るかを永遠に考えつづけられて、満足できない別のものを受け入れて生きずにすむからだ。これは、執着心の強い完璧主義者がよく陥る罠(わな)だ。

その一方で、相性がいいかどうかはまったく関係なく、ケミストリーの強さだけでうまくいく例もある。ただしこれは、互いの肉体的な魅力とその結果としての結びつきをただそれだけのものとして受け入れ、二人の関係には越えてはならない制約があることもわかっていて、しかも従来の恋愛関係につきものの罠をものともしない、という場合に限られるが。ジャレドとダグは、互いへの激しい欲望にまつわる漠然とした境界線をきちんと理解していると同時に、二人の結びつきにおいて明確に定められた境界線も受け入れている。

ジャレド　すごくよさそうな案だな。思わず興奮してきたよ。😈

ダグ　僕も!!!

ジャレド　俺を誘ってくれてありがとう。ウ~ワンワン！

ダグ　だって、君が僕好みのセクシーなパパのひとりだっていう、あのときの僕の言葉は本音だから😁😈

ダグ　ウォー。ありがとう、色男君。光栄だよ😈💕

ただし、感情面での結びつきを最小限に留めた「ケミストリーだけ」という関係に承知のうえでなろうとするのは、とりわけ、浅瀬での割り切ったつきあいに慣れていない人にとっては一筋縄ではいかないものだ。浅瀬の海水はたしかに温かいが、勢いよく飛び込んだらつま先を底にぶつけてしまうかもしれない。辛い別れを経験したばかりのティナは、見るからにぎこちなく、この浅瀬へ入っていった。

ティナ　今夜飲みに行きましょうよ

バート　なぜ君の電話を逃してしまったんだろう？　不思議だな……

ティナ　私たちは深い仲になってもいいんじゃないかと考えていたの ;)

バート　試してみてもいいと思うよ……

バート　合うかどうか👍

ティナ　まさにそういうこと👍😉

バート　よし乗った。あくまでセックス中心で😜

ティナ　今夜はどう？

バート　今夜は無理なんだ……別の日まで待ってもらえるかな？

ティナ　:(

バート　申し訳ない。遠方から友達がやってくるんだ

バート　とっとと帰るわけにはいかないよ

バート　たとえ、ものすごく退屈なセックスをしているような気分になりそうでも

ティナ　そうなんだ

バート　晩ご飯も一緒の予定なんだ

バート　ほんとにつまらないセックスするようなもんだよ。あーあ。

ティナ　そんなに悲観しなくてもいいんじゃないかしら。何が起きるかわからないわよ。
ティナ　そんなに嫌なら、私と飲みに行くのを延期したりしないでしょ？　あなたのお友達は、退屈だけどいい人なんでしょうね。
バート　わかった。じゃあ、二週間後はどう？　週末の旅行で、明日から出かけるんだ
ティナ　じゃあ、今夜楽しんできてね（ため息）。

ティナは、軽いノリでやりとりしようとしていた。ただ気晴らしをしようとしているだけなんだから、と自分自身に言い聞かせながら。だから、断られても別に大したことはないはずなのに、それでもティナはバートの反応に明らかに傷ついてがっかりしていた。彼女の誘いを断って二週間後に会うのを提案したバートの対応は、いいほうに解釈すれば「深い仲になるのをためらっている」、悪いほうに解釈すれば「ティナに興味がない」ことを示している。明らかに、バートはこの程度のお楽しみのために、はめを外す気にはまだなれないようだ。

相性はまったく関係がない、ケミストリーだけの関係が地雷になる恐れがあるものだとすれば、ケミストリーがまったくはたらいていない、相性がいいだけの関係は果たしてどんなものだろうか？新奇性探求度が低く、損害回避度が高いタイプの人は、めくるめく気分が押し寄せるケミストリーを避けることを賢明にも選んで、「相性はきわめてよく、ケミストリーは低い相手」という、より安全で予測可能な道を進む。晩ご飯やイベントに出かける計画を一緒に立てたり、あるいは交際が進展して、お互いスウェットパンツ姿で塩キャラメルアイスを食べながら、好きなテレビシリーズを観ると

いう心地よい夜を過ごしたりできる、相性のいい人をパートナーに持つのはいいものだ。シングルの人の大半は、ここまで相性のいい相手でなくても、喜んで妥協するという経験があるはずだ。一方、ケミストリーが感じられない相手とつきあうのは、ゆっくりと死ぬのを受け入れるのと同じくらい先がないと思う人もいる。

ケミストリーは弱いが相性はきわめていい相手との交際を選ぶ人たちに話を聞いたところ、交際を続けようという理由が理性に基づくものだと認める人が多かった。たとえば、スコットは自身のほぼセックスレスな結婚生活について、次のように語っている。「つきあいはじめた頃、彼女といると、とてもくつろいだ気分になれることに気づいたんです。セックスしなくてもロマンチックな気分になれました。一緒にいると自然体の二人でいられたので」

このタイプのカップルがやりとりしているメッセージ文は、彼らからしても意欲に欠けていると思えることもあるようだ。

アニー　ところで、いったいどうしたの？　やることが多くて困ってるの？

スティーブ　人生はショックなことばかりさ……もう嫌になるけど、それでも最後まで何とかやりとげようとして食らいついてる。そんななか、君がたとえほんの少しでも僕を気にしてくれるのが嬉しいんだ。もしよかったら、来週末会おうよ。

アニー　いいわね！　楽しそう。

アニー　そうだ！　じゃあ、土曜の午後に一緒にのんびりするのはどう？　二回目のデートね。

計画を立てるわ。

スティーブ　わかった。ちなみに、どんな案を考えてるの？　場所はマリン？　それともサンフランシスコ？

アニー　マリンで自然のなかを散歩するのはどう？　それともこの辺りでハイキングするのは、もう飽きちゃったかしら？

スティーブ　いい案だね……あとは、街なかをぶらぶらしながら、何かテイクアウトして公園で食べるのもいいんじゃないかと思って。前回みたいに。すぐ近くにいいジェラート屋もあるし。

アニーはスティーブの返信の熱意のなさにひどくがっかりしたが、それでも彼を離したくはなかった。彼は穏やかないい人で、彼の隣にいる自分の姿を思い描けたからだ。「私は少し運動したかったし、いつもならハイキングとかのあとでジェラートを食べようと提案するんですが、今回は彼に従うことにしました」と、アニーはのちに私に打ち明けた。

アニーもスティーブも、このやりとりに情熱や創造性をほとんど盛り込めなかったようだ。だが、二人はともに満足できるような、具体的な計画を立てることだけで十分なのだ。もしかしたら、二人の相性のよさは、ケミストリーのなさからきているのかもしれない。これは映画のようなストーリーとはとうてい呼べるものではないが、それでもうまくいく可能性は十分ある。

一方、相性のよさという頼れるものがない（つまりケミストリーもなければ、相性もよくない）カップルの場合、交際が長続きする可能性はきわめて低い。こういう場合、メッセージ文のやりとりは、何の釈明もなければ別れの挨拶もなく、いきなり途絶えてしまうものだ。だって、話すことなど特に何もないではないか？

二度目のデートのあと、パトリシアはニールに関心が持てないことを、本人に面と向かって時間をかけて入念に説明した。するとその後、次のようなメッセージ文が届いた。

ニール　やあ。君の思いや気持ちを率直に教えてくれてありがとう。でも、僕たちはお互いについてすべて話しつくしていたと思っていたから、ああいう話を改めて聞かされて驚いたと言うしかないな。あれは辛い話し合いだったし、僕の気分を害したときの君は明らかにジョークを言ってるとわかったけれど、もうこれ以上つきあわないのなら、なぜわざわざあんなに長い話をしなければならなかったのか、僕には理解できないんだ。あの話し合いの大事な目的は、二人で前に進むために問題を解決するということじゃなかったのかな？　もしそうじゃないとすれば、ここで改めて受け入れるし、もう返事はいらないよ。僕は君が好きだから、今回のことは驚きだったし、とても残念だ。

ニール　やあ。昨日携帯を友達の家に忘れちゃって、いまようやく取りにいってきたところなんだ。今日、あとで話せないかな？

ニール　無理みたいだな。まあ、いいか。僕は君と連絡を取り合おうと頑張ったけど、明らかに君は連絡を取り合うのが苦手みたいだね。これまでつきあった経験のなかで、今回の終わり方が一番変だったのは間違いない（おそらく今後も、これより変なつきあいを経験することはないと思う)。幸運を祈るよ。お元気で。あと、次の彼氏にはもっと優しくして(あるいは、少なくとももっとちゃんと連絡を取って)あげて。うまくいくことを心から願ってるよ。

皮肉なことに、ただ突然一切の連絡を絶つよりも、時間をかけて自分の気持ちをニールに伝えようとしたパトリシアの振る舞いが、かえって彼を混乱させてしまった。明らかに、ニールは捨てられたのだ。そして、その事実を受け入れようとしないなかで、彼は自己愛性パーソナリティ障害の特徴を露わにしていく。ニールにとって相手から拒まれるということは、たとえ大きな声ではっきりと話されても、理解する気にはとうていなれない外国語のようなものだった。そして、間違いや誤解だと称して現実を偽ろうとし、しかもそれらを決して自分のせいにはしない。この例では、すべてを「連絡を取り合うのが苦手」とされたパトリシアと、「変な」状況のせいにしている。どうやら、蹴りをくらって道端にうずくまりながら見上げているニールには、「パトリシアはサッカーがすごくうまいんだろうな」という感想しか思いつかないようだ。

もちろん、突然いなくなって一切の連絡をしないのは、関係を放棄したも同然であり卑怯でさえある。大抵の場合、残されたほうはわけがわからず、何が間違っていたんだろうと悩んでしまう。だが、なかなか納得できない相手にきちんと説明して別れようとするほうが、さらにひどい事態を招いてしまうこともある。なぜなら、別れたい理由をすべて正直に話してしまうと、相手をただひたすら傷つける恐れがあるからだ。「フィーリングが合わないから」は、相手のプライドが若干傷つく程度かもしれないが、「あなたのキスのやり方が嫌だから」は、深い傷を残しかねない。ただし、交際が先に進めば進むほど、身を引くにはよりいっそうの勇気が必要になる。関係を終わらせるのが早すぎたという後悔は、深みにはまって抜けられなくなったときの後悔とは比べものにならないのだ。

手綱をしっかりと握る

ごく初期のチャットで頭を覗かせていた力関係は、交際が進展するにつれて本格的に姿を現してくる。それに伴って、地位、立場、序列の問題も当然出てくる。自分の家族、友人たち、自分を取り巻く社会での相手の立場を検討するようになる。さらに、これがおそらく最も重要だと思われるが、過去の恋愛相手との関係も考えるようになる。これらはどんな関係においても持ち込まれる人為的な産物であり、その寿命が尽きるまで、さらにはそのあともずっと、その影響力を受けつづけるものだ。それは、力関係に必要な力が詰められたトランクであり、そのなかには独自の言語が存在している。

人が自身を取り巻く社会について詳しく語るとき、事実を歪めた内容が含まれてしまうこともある。第三章で取り上げたとおり、ストーリーを語ることは繰り返しの作業であり、語られるたびにある部分がより詳しくなったり、逆に削られたりするものだ。語っているときに自分を実際よりよく見せようとする、または卑下しようとすることは何度もあるし、時系列はその時々で変わるし、言葉の選び方も毎回変わる。それは必ずしも、わざと嘘をつこうとしたわけではない。自分自身のいまの気持ち、誰に話しているか、そして意識の領域を超えたところでの要因といったものが混ざり合って、そうなってしまうのだ。

とはいえ、私たちが語るストーリーで、どんな目立つ動詞、語彙、構文よりも多くを明らかにするのは、またしても代名詞による地味なはたらきだ。そう、代名詞とは脳があまり意識せずに処理する言葉ではあるがメッセージ文でも大量に使われている、あの「ステルス語」のひとつだ。自分自身を取り巻く社会をどのように語るかによって、そこでの自分の立場が明らかになることもある。

仕事について語るとき、上級管理職や経営陣は、〝us〟（私たちに）、〝we〟（私たちは）、〝our〟（私たちの）という、「私たち」に関する代名詞をちりばめる。[10] これは出しゃばっているわけでは決してなく、彼らは実際に組織を代表して話しているのだ。一方、部下たちは自分の担当範囲の仕事について、〝me〟（私に）、〝I〟（私は）、〝mine〟（私の）で語る。また、家族や友人たちという集団でも同じことが言える。この「私たち」が、「私たちが入っている読書クラブ」「私たちが所属しているサッカーチーム」「私たちの両親」といったなかのどれを指していようと、「私たち」という言葉を使うことで自分のなかに安心感が生まれる。それに対して、一人称単数代名詞には、それとない不安感がつきまとう。ただし、ある集団での立場が上だからといって、それは必ずしも別の集団での地位の高さを意味するわけではない。そして、最も重要な点は、代名詞の使い方はある集団における「その人の現在の立場」のみならず、「その人が希望している立場」も示していることだ。

ジェームズ・ペネベーカーは機能語の分析研究で、代名詞の使われ方を前述の「互いへの気配り」のみならず、「力関係」「権力」「社会的地位」「性別」の指標ともみなした。[11] そうして明らかになったのは、立場や地位が上の人々（男性、高齢者、上流階級）は、より高い割合で「名詞群」を使っていたことだ。名詞群は冠詞、名詞、前置詞の組み合わせでできていて、より長くて難解な言葉を入れることが好まれる。一方、女性、若者、社会階級が低い人々は、「代名詞・動詞群」をより多く使う。代名詞・動詞群は、人称代名詞（特に、一人称単数代名詞 I, me, my）、非人称代名詞、助動詞（am, be, have, will, would, should）、そして自分の考えを示す言葉からなっている。

次の二つの文の違いを考えてみよう。

“I can't believe you didn't call last night — I wish you would have.”（「昨日の夜、電話してくれなかったなんて信じられない。電話してきてほしかったな」）

“Not calling after promising to do so is inconsiderate.”（「約束をしたにもかかわらず電話をかけてこないのは、配慮に欠ける」）

力関係で自分が上の立場にいると思っている（意識的であれ無意識であれ）人は、自身の考えを二番目のように表明する可能性が高い。こうした人物について、ペネベーカーは「自分ひとりで物事を判断して、他人の意見を無視する傾向が高い」と分析している。

「つまり、力関係で自分が下の立場にいる状況では、ほかの人に注意を向けることが最良の策です。一方、もしトップの座にいるのであれば、目の前の課題に細心の注意を払うべきなのです」と、ペネベーカーは指摘している。[12] 実は、群れをなして暮らす動物も似たような振る舞いをしていて、たとえば、群れのリーダー犬は周囲への警戒を怠らず、下位の犬たちはリーダーに注目している。[13]

力関係において自分がほかより下だと感じている人々に一人称単数代名詞の使用が浸透している点について、ペネベーカーは「『私』という言葉は自己注目の指標であることから、どんな人も映し出せる万能の言葉です。ですから、この言葉は、うつ病にも、地位にも、人をだますことにも強く結びついているのです」と分析している。ペネベーカーによると、一人称単数代名詞を使うことは自分自身に注目していることであり、しかもほかの人の下位に置かれていると、ますます自分に注目するそうだ。恋愛関係で力関係と立場が確立されると、支配する側は「私たち」や「あなた」をよく使うようになり、従属する側の人は自意識が強ければ強いほど、「私」を使う頻度が高くなる（ちなみに、前章でも取り上げたとおり、人は嘘をつくとき「私」という言葉を省くことが多い。「皮肉なことに、立場が上の人のほうがだまされやすいのです」とペネベーカーは指摘している。「力関係で上にいる人は、自分が返信する内容にもっと用心深くならないといけないかもしれません」）。

メッセージ文における力関係と相性を本当に理解するには、どんな一時点のメッセージ文を見るよりも、一連のメッセージ文のやりとりを経時的に追っていくほうが重要だ。こういった力関係は個々の状況の影響を非常に受けやすいので、シンスライスするのが難しいからだ。ある時点では片方が手綱を握っているかもしれないが、別の瞬間には相手に手綱を渡している可能性もある。こうした変動を観察するのは、恋愛関係において力関係の上下がもたらす影響を測るうえでの重要な手段になる。

それでも、さほど変化のない傾向もある。男性は、冠詞の〝the〟と〝a〟を多く使いがちだ。[14] また、冠詞の使用は、権力や権威も意味している。これは、冠詞は言うまでもなく特定性を有していて、指示や命令を出すことと密接な関係があるからだ。驚くべきことに、男性ホルモンの一種であるテストステロンを与えられた人は、これらの「男性的な」機能語をより多く使うようになるという。しかも、冠詞を多用するのは、より計画的できちんとしていて、情緒がより安定していて、真面目で、政治については保守的で、高齢な人も多い。さらに冠詞の使用は、より改まっていて説得力があると同時に、率直さに欠けていると思われる文体とも相関性がある。一方、物語を語るような文体で「ともに」や「一緒に」といった言葉を多用している人は、より積極的で社交的な傾向が強い。

次のエレンとラリーのやりとりでのラリーのメッセージ文は、明らかに物語を語るような文体だ。

エレン 今夜は、カストロシアターで『イージー・ライダー』を観てきたの。観たことある？

ラリー おはよう。申し訳ない。あのメッセージが送られてきたときは、僕はもう寝ていたんだ。『イージー・ライダー』か……最後に観てから、もうずいぶん経ってるな。僕の記憶によれば、実際の映画は構想の優秀さには届かなかったってとこかな。この映画のサウンドトラックは大好きで、「もし全国を巡る旅に出るなら、バイクにもっとすごく大きなガソリンタンクをつけなきゃ駄目だな」なんて考えていたことを思い出すよ。それに、社会を分裂させる方法ではなく、ともに協力し合える方法を見つけようとしていた、人がお互いに親切で世の中がもっとわかりやすかったあの時代に思いを馳せてしまう。僕はあと二五年早く生まれていたほうがよかったんじゃないかと、いつも考えさせられているんだ……

エレン あなたって、あの映画のデニス・ホッパーの役と、たしかに共通点があるわ。仲間と焚火を囲んでいるとき、デニスが「なぜ、誰もが俺をあんなに怖がるのかわからないな」と語ると、ジャック・ニコルソンが「どうしてみんなが君を怖がるかというと、君は自由の象徴だからさ」と答えるの。それに対して「自由の何が問題なんだ？　アメリカとは、すなわち自由じゃないか」と言い返すデニスに、ジャックはこう言うの。「あれは真の自由じゃないから。本物は危険なんだ」って

ラリー　君の指摘は、まさに正しいと思うよ。大抵の人にとって、真の自由は震えあがるほど恐ろしいものなんだ。どうしたら「大して怖くないから、僕と一緒にバイクに乗って仲間になろう」と彼らを説得できるか考えないといけないな。一五分後に電話会議があって、そのあとも出ないといけない会議などなどなどなどなどがあるんだ。またあとで連絡する。じゃあ

ラリーは、男性が典型的に使用する改まった言い回し（たとえば、「あれは不朽の名作だ」など）を使わずに物語を語るような文体にしたどころか、「電話会議」「会議」といった、硬くて偉そうに聞こえる言葉をあざけるようなことまでやってみせている。

こういったメッセージ文を見ていくと、やりとりしているカップルのコミュニケーションスタイル（「他人行儀でどちらかが高圧的」「熟考や分析をよく行なう」「とりとめのない話をだらだら続ける」など）についての洞察が得られる。文体は思考スタイルの反映であり、それぞれの思考スタイルが似ているカップルは、うまくいく可能性が高くなる。

リスクのバランスを取る

交際において、二人の関係がしっかりと確立される前の段階でずっとうごめいている感情は、拒絶されることへの恐怖だ。つきあいはじめるときの自信の度合いは、人それぞれだ。どんな新たな恋愛関係も先行きは当然不確かなため、不安が生じる恐れは十分ある。つまり、新たな恋愛の舞台に足を踏み入れたら、不安を感じることに慣れなければならない。これはとりわけ、関係が終わることを失敗とみなしがちな人、あるいはもっとひどいことに、ほかの誰かのせいと思いがちな人にとって、まさに重要だ。二人の関係づくりに熱心に取り組むことは、こうした不安を和らげようとすることにもつながる。

拒絶されることへの恐怖は、防衛行動をいくつも引き起こす場合がある。相手を惹きつける自信がない人は、拒絶されることから身を守るために、相手をからかったり、失礼なことを言ったり、素直ではない皮肉な褒め言葉を投げかけたりせずにはいられなくなることもある。こうした振る舞いは、ポップカルチャー文学では奨励されており、なかでも一九九〇年代の文化現象にもなった、エレン・ファインとシェリー・シュナイダーの著書『THE RULES』（ベストセラーズ、二〇〇〇年）では、「気になる男性の気を引こうとするのではなく、それどころかあえて無関心を装ってみる」というアドバイスが女性たちに送られている。[15] 同様に、ニール・ストラウスの著書『ザ・ゲーム』（パンローリング、二〇一二年）では男性たちに「ネグ」のテクニックが披露されていて、これは女性にほぼ侮辱に等しい皮肉な褒め言葉を使って不安にさせることで、男性からのアプローチを受け入れてもらいやすくする手法だ。[16] 両書ともに不安と支配を重視していて、相手を無視することがその人の関心を引く最善の方法だと指摘している。

相手の交際スタイルから読み取れる特徴のなかでおそらく最も重要なのは、「その人が覚悟しているリスクの程度」と「そのリスクが状況によるもの（外的な要因によるもの）と捉えているのか、それともその人自身の自我や自尊心によるもの（自分に問題があるとする）と熟考しているのかの、どちらの割合が高いのか」だ。あなたが「健全な愛着スタイル」を持つ相手を求めているのなら、「褒めるのがうまく、しかも弱みをさらけだしてくれる。ただし、タイミングが早すぎたり、あまりに大げさだったりしていない」という人を探せば、うまくいく可能性が高いだろう。ともに理解し合える親密で確かな関係が築けるはずだ（これについては、あとの章で掘り下げていく）。オスカー・ワイルドの喜劇『真面目が肝心』（角川書店、一九五三年）で登場するアルジャーノンも、「恋愛を恋愛たらしめているものは、不確実さだ。もし僕が結婚するようなことがあれば、もちろんそんなことは忘れるつもりだが」と語っているように。[17]

嗅覚をフルにはたらかせる

ここまでは、交際をいくつかの要因に分けて、そのなかでも「ペース」「互いへの気配り」「相手を理解し、相手に理解してもらえたという思い」「コミュニケーションスタイル」「力関係」「リスクを引き受けようとする気持ち」といった、メッセージ文を分析して読み取れるものを取り上げてきた。まだ残っているのは、言葉を超越している要因だ。カーラとグスタボの次のやりとりは、そうした要因で過小評価されているもののひとつに関してだ。

カーラ　自分が変なのはわかってるけど、あなたが私の家に忘れていったTシャツの匂いを、ずっと嗅ぎつづけているの。

グスタボ　職場にまで持っていかないかぎりは、別に変じゃないよ。で、どんな匂い？

カーラ　あなたの匂いよ。ものすごく染み込んでる！

グスタボ　まあ、それはそうだろうね。で、僕はどんな匂いがするの？

カーラ　どう言ったらいいのか。表現するのがあまり得意じゃないんだけど。マフィンの匂いかな。あとは革の匂い。

グスタボ　革の匂いがするマフィン？　なんかいいね

カーラ　革とマフィンのようないい香りがする、いい男の匂い。ところで、私はどうかしら？　どんな匂いがする？

グスタボ　あまりよくわからないな。たぶん主にシャンプーの香りだと思う。

カーラ　この香り、気に入ってくれてるといいんだけど。だって、このシャンプーは一本二九ドルもするから。

グスタボ　ああ、もちろん。すごくいい香りだ。

世間一般では、異性を恋愛対象とする女性の大半は、才覚があって地位の高い男性に惹かれると思われている。だが、レイチェル・ハーツ博士は別の見解を抱いている。ブラウン大学で嗅覚心理学の研究を専門とする認知神経科学者で、『あなたはなぜあの人の「におい」に魅かれるのか』（原書房、二〇〇八年）の著者でもある彼女の研究によると、女性が男性に性的な魅力を感じるかどうかを判断するためのさまざまな要因で、最も重要なのはその男性の匂いだそうだ。[18] ただ、その匂いを言葉で表すのは、ひと苦労だ。神経科学者たちは、すべての感覚のなかで言葉で説明するのが最も難しいのは嗅覚だと考えている。

それに関して、ハーツ博士はさらに興味深い研究を行なっている。博士は、鼻で感じているものと、口で言い表そうとしているもの（グスタボとカーラの場合は、指先で伝えようとしているものになるが）の関連性について調べている。そこで判明したのは、匂いについて語ることは自分自身の気持ち、記憶、知覚に明らかに影響を及ぼすという点だ。嗅覚の強みのひとつは、嗅球が大脳辺縁系（脳の本能や情動を司る中枢）のすぐ近くに位置していることだ。まさに、感情に浸れる場所ではないだろうか。

つまり、その大半が言葉に浸食されていない、言葉では表現できないほどこのうえなく幸せな空間に、嗅覚は存在しているというわけだ。リンゴを目にしたり、リンゴをかじっている音を聞いたりすると、「リンゴ」という言葉をはっきりと連想する。一方、リンゴの匂いは、無意識の思考、鮮やかな記憶、強烈な感情の引き金となって、私たちの精神を、それがまるで形而上的な風船であるかのよううに時空を超えて舞い上がらせる可能性を秘めている。ところが、その匂いに言葉のラベルをつけてしまうと、風船が破裂して地上に一直線に落ちてしまうことがハーツ博士の研究で示されている。鼻の並外れた認知的自由は、口から次々に出る現実的な言葉によって、いとも簡単に奪われてしまう。たとえば、飛行機に搭乗したとき、目にする光景、音、そして主に匂いによって、ワクワクする気持ちが込み上げてきたり、あふれるほどの記憶が蘇ってきたりするかもしれない。だが、それを「ジェット燃料と、アスファルト舗装から立ち上る排ガスの匂い」と頭のなかで表現してしまうと、先ほどのワクワク感や記憶は急速に薄れてしまい、その代わりに「化石燃料」といった名称が頭のなかを占めることになる。

「あなたの匂いよ。ものすごく染み込んでる！」というカーラの言葉は、Tシャツを顔に当てたら彼のすべてが思い出されるという、まさに彼女が感じたとおりのものだった。だが、その匂いを言葉で表すよう迫られたとたん、カーラが感じていた彼の大半が色褪せてしまった。彼女に残されたのは「革とマフィン」という、彼を十分に言い表せていないラベルと、それらに関連しているものだけだ。言葉のラベルは、それがつけられたものの匂いを嗅ぐとそのラベルどおりに感じられるという、嗅覚の錯覚を引き起こすこともある。たとえば、カーラには、グスタボは革とマフィンが合わさった匂いをいつも放ちつづけているように思えてしまうかもしれない。たとえ、そんな匂いがしていなくても。グスタボにとっては、気の毒な話だ。このように、言葉は匂いに対して強力な影響力を発揮する。

ただし、これは匂いについて話したりメッセージ文を送ったりすべきではない、ということではない。いい香りがすると相手に伝えるのは、きわめて親和的な振る舞いだ。だが、受け取った側は、その言葉をあまり突き詰めて考えないほうがいいだろう。さもなければ、言葉で言い表せないケミストリーが多少存在していても、うまく活かせなくなってしまうかもしれない。

第六章　親密になるためのやりとり

アルバート　昨夜の僕たちは、すっごく激しかったね！
マリカ　（笑）。たしかにそうだったわね
アルバート　ずっと、くっついていたし
マリカ　ずっと、いちゃいちゃしたし
アルバート　ずっと……しつこいかな
マリカ　（爆笑）

つきあいはじめたカップルがより親密な関係へと進んでいくと、二人の視点が「私」から「私たち」へと移る。

「代表者としての『私たち』を使う権利があるのは、王様、編集者、そして体内にサナダムシがいる人だけだ」一九世紀のこの機知に富んだ言葉はマーク・トウェインのものと称されているが、同年代

のほかの多くの名言と同様に、実際はトウェイン作ではないのに誤ってそうされた可能性もある。ただし、*Mark Twain's Notebook*（マーク・トウェインの筆記帳）に書かれている、「成長するあらゆるもののなかで、愛が最もすばやく成長するように思えるが、実は最も遅いのだ」という言葉は、本当にトウェインによるものだ。その愛の成長は、二人の「私」が自分たちのことを「私たち」と呼びはじめるというかたちで具現化する。

自分たちのことを「私たち」と呼ぶようになると、さまざまな希望を「イエス」（ちなみにフランス語の「イエス」は〝oui（ウィ）〟だ）とかなえてもらえる。いろいろな願いが聞き入れられ、相手の住処にも自由に出入りできるようになって、キーホルダーの鍵の数も増える。二人でリスクを取ることもある。何らかの間違いを犯して、相手に許してもらうこともあるだろう。二人にとって、以前は権力を持つ代表者が自らを指すための呼び名でしかなかった「私たち」は、親密になった二人が自らを指す「私たち」へと変化した。そうやって二人の関係は深まるのだ。

だが、そうした深まりは、「私たち」を別の意味に変化させることもある。たとえば、「私たち、あのレストランをとても気に入ったわよね？」という、相手を息苦しくさせる「私たち」。あるいは、「私たち、あなたの洗濯物をもう本当に洗わないと」という、相手に文句を言うための「私たち」。そして、さらにひどくなると、「私たち」が決して「私たち二人」を指すのではなく、「私」や「あなた」を意味するようになる場合も出てくる。言葉には当然意味があるが、その言葉の意味が二人のあいだでいつの間にか変わっていき、しかも本人たちもその変化にはっきりと気づいていないこともある。それでも、自分自身の携帯機器に保存されている会話の宝庫を見返せば、その変化が見て取れる。

アビバ　昨日は楽しかったわ。飲みに行ける、新たなお気に入りの場所ができちゃった
アビバ「私たちの」バーね
スコット　僕は君と出かけるのがすごく好きなんだ。なぜかわかる？
アビバ　えっ、どうして？
スコット　だって、僕たち二人が一緒にいると、そこにいるみんなに注目されるからさ

二人でデートしたお店を、複数の所有格である「私たちの」をつけてアビバ自身が呼んだこと、そして、二人がカップルとして認識されるべき存在という意味でスコットが「僕たち」を使ったことから、アビバには二人の関係が新たな段階に進んだように感じられたのだった。

カップルにおける「私たち」とは、どういうものなのだろう？　心理療法士のエステル・ペレルは、著書『セックスレスは罪ですか？』（ランダムハウス講談社、二〇〇八年）で、「愛は、『降伏』と『自律』という二本の柱に支えられている。『一体感』を求める思いと、『独立』を求める思いが共存しているのだ」と指摘している。[2]ペレルはさらに、「恋愛関係を続けていくには、相反する考えや思いをうまくまとめ、安心と冒険のどちらも手に入れたいという自らの願望に対処しなければならない」と論じている。そういう点では、恋愛関係を深めるとは二人で問題を解決するというよりも、二人でパラドックスに対処するという意味合いのほうが強そうだ。愛という欲望のかなりの部分を占め

ているのは、切なる思いだ。私の友人であるウィリアムは、この思いについてまとめた次のようなメッセージ文を送ってくれた。「当然ながら、愛とは私たちがいくら頑張って解こうとしても、真の解決策が存在しない永遠の問題だ。人は自分自身が求めているると思っているものさえ、本当は欲しくないのだ。切なる思いがすべてだ」また、精神分析家のジャック・ラカンは、「愛とは、自分自身が持っていないものを、それを欲しいと思っていない誰かにあげることだ」と結んでいる。[3]

ペレルによると、〝intimacy〟(親密さ)という言葉を分解すると、〝Into-me-see!〟(私の心を見抜いて!)と読めるという。私たちは恋人に対して、「私の心の奥深くまで覗き込んで、私を完璧に理解してほしい」と願うが、これは自分自身の願望というコインの片面にすぎない。つまり、互いの考えや行動を完全に理解し合いたい「私たち」とは、完全なる自由を求める「私たち」の裏面にすぎないのだ。私たちは、孤独を感じない程度に一緒にいたいと思うと同時に、自分自身が感じられる程度に別々でいたいと思っている。

これはある意味、エリク・エリクソンが提唱した発達課題を、手短にまとめたようなものだ。著名な心理学者のエリクソンが人生の各段階を分析して要約した、この発達課題の研究は非常に有名だ。[4]エリクソンによると、幼年期の最初の課題は母親との信頼関係を築くことであり、成功すると希望を獲得できる。信頼のあとに続く発達の第二段階での課題は、自律性を確立して自分の意思を獲得することだ。当然ながら、大人の恋愛関係の場合は、信頼関係の構築は通常一生続くプロセスだ。幼年期の「完全なる信頼」に対する成人期の「時間をかけてゆっくりと育まれる信頼」は、会話やメッセージ文のやりとりに反映される。そうしたやりとりが展開されるなかで、恋愛関係が損なわれたり強化されたりする。

本章では、メッセージ文に出てくる、愛、同調、そして信頼を伝える言葉を調べていく。

ラブランゲージ

ゲーリー・チャップマンの著書『愛を伝える5つの方法』（いのちのことば社、二〇〇七年）は大きな反響を呼び、長きにわたってベストセラーとなっている。[5] チャップマンの理論は、科学的な根拠に欠けているところもたしかにある。だが、それでも私の患者たちから聞いた話によれば、チャップマンの考え方は彼ら自身の恋愛関係でのコミュニケーションやつきあい方をチェックするのに役立つそうだ。チャップマンの同書によると、誰もがみな第一と第二の「ラブランゲージ（愛を伝える言語）」を持っていて、両者ともにその人が好む愛情の表現方法や、愛にまつわる経験を示している。ラブランゲージとは、「肯定的な言葉をかける」「充実した時間を一緒に過ごす」「贈り物をする」「相手のために何かをしてあげる」「スキンシップをとる」という五つの方法だ。チャップマンは、相手がどんなふうに愛を伝えているか（どんな伝え方を好んで、どんなものを好まないか）をよく観察すべきだと論じている。そうすることで、逆に相手があなたにどんなふうに愛を伝えてほしいと思っているのかがわかるので、相手が理解できる「言語」で愛を伝えられるからだ。たとえば、あなたの夫は、あなたの留守中に洗濯物をたたむことで帰宅したあなたに彼の愛情を感じてほしいと思ったとしても、あなたが夫にただひとつ求めていたのは洗濯室のカウンターで激しく抱いてもらうことだった場合、それはすなわち二人が異なる「言語」で話しているという意味だから、どちらもがっかりすることになるはずだ。

ラブランゲージの魅力は、簡単でわかりやすいことだ。いくつかの質問に答えるだけで、自分自身の恋愛関係でのコミュニケーションの問題がすべて解決できる、というのは魅惑的に違いない。「彼は『相手のために何かをしてあげる』タイプじゃないのね。だったら、ゴミ捨てに行ってくれないのも当然だわ」というように。チャップマンのラブランゲージでは、自分がどんなかたちの愛情を必要としているのかを自分自身に尋ねるだけで、対立が解決できるというのだ。しかも、チャップマンのこの理論は、自分の弱さに向き合わなくてすむようにうまいことできている。「関係がうまくいかないのは、自分が望むものを恋人が理解できるかたちに置き換えられていないだけであって、自分に何かが欠けているわけではない」と思えばいいのだから。

当然ながら、愛というものには、いつか相手を失望させるかもしれない日が来るという辛い側面がある。どんなに相性が完璧で、互いへの情熱がどんなに激しい二人であっても、相手が望むすべてを満たすのは不可能だからだ。そこで、この辛い真実を直視するよりも、「愛とは、つまるところ、適切な『言語』で伝えられるかどうかだ」という考えに惹きつけられるのは、決して不思議なことではない。

ラブランゲージの科学的な有効性については賛否両論だが、それでも、「(パートナーおよび自分の)愛情の伝え方に注意を払い、それに応じた振る舞いをするよう努める」という考え方は、広く受け入れられている。つまり、「自分は愛されている」とパートナーが感じるのはどんなときなのかを理解し、それと同じ方法で愛情を示そうとするのは有意義な試みだということだ。たとえば、コストコで一年分のトイレットペーパーを買うことにパートナーが幸せを感じるのであれば、たとえあなたはその時間とお金を街なかを一緒に探検するといったことに使いたいと思っているにしても、パートナーの希望どおりにすることが正解なのかもしれない。だが、もし二人のラブランゲージがほとんど、またはまったく重なっておらず、両者が常に「外国語」で話さなければならない場合、二人の関係にはもっと重大かつ根本的な問題が潜んでいる可能性がある。

ここまで見てきたとおり、チャップマンの「言語」はあくまで暗喩だ。「肯定的な言葉」以外は、実際の言語ではなく愛情の表現方法だ。では、パートナー間のメッセージ文のやりとりには、彼ら独自の「お国言葉」があるのだろうか？

メッセージ文でのラブランゲージ

メッセージ文をチャップマンのラブランゲージに関連づけることは、もちろん可能だ。褒め言葉が入ったメッセージ文をもらうことを生きがいにする人もいれば、興味深い記事へのリンクが貼られたメッセージ文を好む人もいるだろう。一日に二〇通のメッセージ文をもらわなければ相手とのつながりを感じられない人もいれば、よく考えて作成されたメッセージ文を一通だけもらえるほうがいいと思う人もいる。うまくいっているカップルのメッセージ文のやりとりで目にするラブランゲージを、いくつか紹介しよう。ちなみに、必ずしもチャップマンが提唱する五つだけとはかぎらない。

次のやりとりのサムのメッセージ文は、「褒め言葉」や肯定的な言葉が中心になっている。

サム　あの編み込んだヘアスタイルの君は、超絶美しかったよ。僕は（まだ）君に特別なお願いをする立場ではないのはわかってるけど……次回会うときも、また同じヘアスタイルで来ていただけないでしょうか

ニーナ（笑）。あれは三〇分もかかったの。あなたはたぶん、子どものときにボー・デレクに抱いたあこがれの気持ちを、ふたたび抱きたいだけじゃないかしら。彼女は美しかった……私はあんなにキレイになれないわ。

サム　ああ、僕のことは、まさに君の推測どおりさ。君こそ一〇点満点の『テン』だよ

サム　いや、君は彼女並みにキレイさ。

サム　僕は君のダドリー・ムーアになることを熱望しているんだ。僕を「アーサー」と呼んでくれ。

ニーナ　わかったわ。じゃあ、最高にイケてるイギリス英語の発音でしゃべってみて

サム　それって、メッセージ文でどうやったらいいんだろう？

〔ボー・デレクは、一九七九年の映画『テン』で一〇点満点の美女を演じた女優。ダドリー・ムーアはイギリスの俳優で、『テン』『ミスター・アーサー』などの映画に出演〕

褒め言葉や肯定の言葉は、「あからさま」または「さりげない」、「直接的」または「暗喩的」、

「見た目について」または「それ以外の特徴」に分類できる。もらった褒め言葉がどういったものなのかに注目すれば、送ってきた相手のことや、その人がどの程度のリスクを取る覚悟があるのかがわかるかもしれない。ユーモアと同様に、相手からの褒め言葉がどんなタイプなのかを見極めることで、相手の考え方がわかる場合もある。

「君はセクシーだ」という男性からのメッセージ文は、直接的な褒め言葉だ。一方、「君の瞳は、海の青だ」には暗喩が使われている。相手の見た目に対して暗喩的な褒め言葉を使うのを好む男性は、大半の女性が理解しやすい愛の言語を話している。女性はこうした褒め言葉を思いつく男性をより知的とみなし、もっと親密になろうとする可能性が高い。また、「かわいい」などの、上から目線の褒め言葉を嫌悪する女性もいる。そんな彼女たちは、もっと大胆なものを望んでいるのだ。

その点、ロベルトはまさに求められている大胆さを示せたようだ。

ロベルト　君が遅れてきたこと、全然気にしていないよ。僕は君を待つのがすごく好きなんだ。君が現れる直前にすべてが白黒になって、そして一面が鮮やかに彩られるあの瞬間がね。だって、ねえ、君が部屋に足を一歩踏み入れると、部屋じゅうが君の存在に気づくのさ。

ポーラ　あなたの文章がセクシーすぎるから、メッセージ文を印刷して、その紙を体じゅうにこすりつけたくなったほどよ。あなたの言葉選びのセンスはすてきだわ。

チャップマンの「充実した時間を一緒に過ごす」に相当する二つ目のラブランゲージは、「リフィング（反復する）」というものだ。これは特に理由も目的もなく行なわれる、とりとめのない気さくな雑談だ。数分空き時間があって、特に何も言うことはないけどしゃべりたいときに次のようなリフィングが始まる。

ラシード　あ～あ、仕事なんてやってらんないよ
エルザ　仕事って何の役に立つのかしら？
ラシード　まったく何の役にも立たないね
エルザ　もう一度言ってみて
ラシード　まったく何の役にも立たないね～
エルザ　そうそう、ニワトリの羽みたいにね～
ラシード　そんなこと言ったから、お腹が空いてきたよ。昼ご飯まだなんだ
エルザ　も～ばかなんだから！　今朝サンドイッチを持っていけるよう用意してあったでしょ
ラシード　もう犬が食っちゃっただろうな
エルザ　たぶん、猫のほうよ。あの子のほうが賢くてすばやいから

こうしたおふざけのような、面と向かってしゃべっているような速いリズムでのメッセージ文の積極的なやりとりは、ほかにやりたいことを後回しにしてでもオンライン上で一緒に過ごしたいという

二人の気持ちの強い表れでもあるので、互いに関心があることがわかる。リフィングはある意味パフォーマンスであり、即興演奏に近い。リフィング中の人は、自分から会話を終わらせたりログアウトしたりするのも気が進まなければ、相手のメッセージ文で会話を終わらせるのも好まない。
次のメッセージ文のやりとりは、シーラとフランクのリフィングの一部だ。

シーラ　私は、カトリックの大家族の penultimate（下から二番目）の男子とつきあうのが好きなの。だって、彼らは悪いことが起きても、それを笑いに変える方法を知っているから
フランク　えっと、僕はカトリックの小家族の penultimate の子どもだよ。
シーラ　それって、二人兄弟の上ってこと？
フランク　白状すると、〝penultimate〟の意味がわからなくてググったんだ。するとどうやら、「下から二番目」という本来の意味よりも、「一番下」という間違った意味で使われることが多いみたいで。つまり、僕は二人兄弟の二番目なんだ。
シーラ　私は「下から二番目」っていう意味で言ったんだけど。
フランク　君のが正しいよ。でも、僕はずっと、弟じゃなくて一人っ子になりたかったし……
シーラ　いましゃべっているあいだに、あなたをもう三回もググらせてしまうなんて面白いわ。でも別にいいんじゃない？
フランク　僕が三回しかググってないとでも？
シーラ　だって、あなたがググったって言ったのは、たしか三回だったもの。別に隠しカメラを

しかけているわけじゃないから、それ以上はわからないわ。隠しカメラはもっとつきあったあとのほうがいいかなと思っていたから。

フランク　（笑）。そうか、僕は次のデートでそれを期待していたんだけど、でも別にいいさ……

シーラ　次のデートのカメラは、隠されてないわよ

フランク　（笑）

シーラとフランクのこの冗談めいたやりとりは息が合っていて、面と向かっての会話ではなかなかできない内容にまで及んでいる。こうしたやりとりでは、中身云々よりは、むしろ親密で力強い関係を築くことのほうが大事なのだ。二人は互いを楽しませ合っていて、こうしたメッセージ文のやりとりにおいてさえ一緒の時間をともに大切にしていることを態度で示している。リフィングは現実世界での充実した時間の安っぽい代用品では決してなく、ただ単に異なる性質のものであり、対面での会話とは別のかたちのやりとりを生み出すものなのだ。

メッセージ文での三つ目のラブランゲージは、興味深い話を読んだり、面白い画像を共有したりできるリンク先を送ることだ。これは、「私はあなたのことを考えている」「あなたと何かを共有したい」ことを、必ずしも会話を始めなくても相手に伝えられる方法だ。こうしたメッセージ文を通じた共有は、「スプーンフィーディング（手取り足取り教える）」（直訳すると「さじで食べさせてあげる」）と呼べるだろう。この場合、カップルの片方あるいは二人ともが、相手の個人的な「ソーシャルメディア情報提供ツール」になって、二人に関する今日一日のあらゆる出来事の最新情報を常に教えてあげ

たいと思っている（「写真もあるよ！」「GIFアニメもあるよ！」「インターネットで広まっているネタだよ！」）。それは二人が年を取っても続いていく（「体が痛いよ！」「体が辛いよ！」「ちょっとした不満がいっぱいだよ！」）。相手にとっては楽しいかイライラさせられるか、あるいは両方だ。ただし、情報を送りつづけてくる相手に対して、「あなたはなぜ、私の個人的な『ソーシャルメディア情報提供ツール』になっているの？」と返信するのはまずい。

オーディはラリッサにスプーンフィーディングされると、ユーモアで返している。

ラリッサ　お店についたわ。
ラリッサ　［写真］
ラリッサ　［写真］
オーディ　赤いやつがいいな。試着してみてくれないかな？
ラリッサ　［写真］
オーディ　タイトでいい感じ。僕好み。
ラリッサ　え〜。なんか自分がソーセージに見える。
ラリッサ　［写真］
オーディ　それって、アヒ柄？
ラリッサ　マヒマヒ柄よ

オーディ　「まぁ……アヒ？」を二回繰り返すと「マヒマヒ」になるね
ラリッサ　（笑）

〔「アヒ」「マヒマヒ」はハワイ語で「キハダマグロ」「シイラ」の意味〕

一方、ジョシュはマディから送られてくる最新情報に、ややうんざりしているようだ。

ジョシュ　ベイビー、君から写真がどんどん送られてくると、臨時ニュースが次々に入ってきたときのように目の前のことを中断しなきゃならなくなってしまうんだ。
マディ　ごめんなさい……ただ、楽しいことをシェアしたくて。
ジョシュ　ああ、わかるよ。それに、あの子犬がかわいいのとか、自然が美しいのとかもわかる。でも、もう少し抑えてくれないかな？

チャップマンのラブランゲージの「相手のために何かをしてあげる」も、「手を差し伸べる」「心の支えになろうとする」というかたちで、メッセージ文を通じて示すことができる。メッセージ文におけるこの四つ目のラブランゲージは、「ナッジング（そっと促す）」と呼ばれることもある。その最も簡単な例は、思いやりあふれる短い確認応答だ。その目的は会話をすることではなく、自分がそばにいることを相手に確認してもらうことだ。

ミーリング　いま、何やってるの？
ドノヴァン　恋愛映画を観てる。『Love, Romance & Chocolate（愛とロマンスとチョコレート）』っていう
ミーリング　おおっ。ロマンチックな男が、ロマンチックな映画を観てるのね。
ドノヴァン　僕はありふれた恋愛映画が好きなんだ
ミーリング　だから、あなたってこんなに優しくてすてきなのね
ドノヴァン　おおっ。ありがとう 😘 君は愛しくてセクシーだよ。

ナッジングは実際会って助けようとしたり、役に立とうとしたりするかたちでも示せる。

ラス　楽しそうなお誘いありがとう！　ぜひ行きたいよ。でも体調が悪くて。昨夜は一二時間ほど寝てた。今日は一日ふらふらしながら、のろのろと仕事していたよ。だからできるだけ早く帰宅して、また横になろうと思っていて。
ゾーイ　誘いのことは気にしないで。早くよくなってね！　何か持っていきましょうか？
ラス　近いうちに、君をすてきなディナーに招待させてもらえればと思ってるよ 😌

次のマーカスとアンジーとのやりとりのように、ナッジングは相手を安心させる言葉をかけるという方法でも示せる。

アンジー　私たちの計画の唯一の問題は、私がいま借りている部屋が、また貸しを禁じられてるってこと
アンジー　私が荷物を運び出していたら、近所の人たち全員に見られるだろうし
アンジー　まあ、友達がただ滞在しているって言ってもいいかもしれないけど。うーん
マーカス　僕はちっとも心配していないよ
マーカス　君の話を聞いていると、あの大家は近所づきあいがなさそうじゃないか。
マーカス　それに、あいつはひどいやつだよ
マーカス　あんなに問題のある部屋を君に貸すなんて
アンジー　（笑）そうよね

メッセージ文の五つ目のラブランゲージは、「ヌッキング（こっそりいちゃつく）」と名づけよう。ヌッキングはメッセージ文のラブランゲージのなかで、性的な親密さに最も関係している。それは「あなたに会えるのが待ちきれない」「XO（ラブ&ハグ）」といった、簡単なメッセージ文の送信で示すこともできる。あるいは、二人だけの呼び名や愛情表現が使われることもある。もっと過激なものは、いわゆるセクスティング〔性的なメッセージ文や写真、画像のやりとり〕に相当する。真剣につきあっているカップル間でのセクスティングが、セックスによるコミュニケーションの度合いを高めることも示されている。こうしたセクスティングを行なっているカップルは、互いへの愛情の度合いや、

恋愛関係での性的な面に対する考えが一致している可能性がより高いと思われる。

クリス　君の体が恋しいよ。君に触れたり、一緒に寝たり、抱き合ったり、セックスしたりするのも。金曜の深夜に戻るから。XO

カラ　あーあ、私もあなたが恋しいわ。金曜は何時頃帰ってこれそう？

クリス　たぶん夜中の一二時くらい。起きてるかな？

カラ　あなたのためなら、もちろん！

メッセージ文で、大事な告白がなされる場合もある。そういうときは、「いまひとり？」で始まることが多いかもしれない。メッセージ文を誰かに見られることもなければ、遠く離れた場所にいるパートナーと話していることも誰にもばれないだろうが、次のような内容は互いにひとりきりのほうがやりとりしやすいはずだ。

コンスタンティン　やあ。奇妙なことがあって。君に伝えなきゃならないと思ってさ。

テレサ　ちょっと待ってて

テレサ　お待たせ。どうしたの？

コンスタンティン　今朝、あることが起きて。それが何だか自分だけの経験じゃないように思えて。君と一緒に経験してるっていうか。つまり、二人の経験みたいで。

テレサ　えーっ。ちょっと言葉ではとうてい説明できないんだけど、私も同じように感じたの。
コンスタンティン　信じられないな
テレサ　信じられないわ
コンスタンティン　じゃあ、どうする？
テレサ　もう一度試してみたいわ。
コンスタンティン　そうだね。そのあと、さらにもう一度。君はすごいよ。
テレサ　あなたがすごいのよ。
コンスタンティン　じゃあ、僕たちがすごいんだ
テレサ　そうね

自分がどのラブランゲージを好むかにかかわらず、重要なのは二人のやりとりでのラブランゲージとの相性だ。たとえば、ニコルは相手からのリフィングやヌッキングに愛情を感じるが、自分のスプーンフィーディングが多すぎるときがあると反省している。次のメッセージ文のやりとりでは、ブレイクはまずニコルのスプーンフィーディングをからかい、その後は愛情を込めたリフィングやヌッキングで彼女を楽しませようとしている。

ニコル　今朝は六時半に起きて、自転車のZ4インターバルトレーニングを九〇分間やりおえたところ。何リットルも汗をかいた気分。今朝はまるでホットヨガならぬ、ホット自転車みたいだ

ったわ。

ブレイク　のめりこんでるね。僕はいまIBTを三〇〇cc摂取したところ。これからベッドルームに戻って、もう一度レム睡眠をとることにするよ。

ニコル　IBTって？　先生、あなたの医学用語がわかりません。おやすみ、ゆっくり眠ってね

ブレイク　アイリッシュ・ブレックファスト・ティーのことさ

ニコル　Tは紅茶のことかなって思ったんだけど、アイリッシュっていう種類は知らなかったわ。ところで、「ADATでBRATする」（できるかぎりバナナ、米、リンゴ、トーストの食事に進む）よう忘れないでね

ブレイク　トランプやティーボウのような政治家やスポーツ選手に、「つまらない仕事も真面目にやれ」って言いたいけど、いまの僕に比べたら彼らはちゃんとやってるよ。

ニコル　（笑）うまいこと言うわね。

ニコル　じゃあ、TAMWYM（マスターベーションするときに私を思ってね）で

ブレイク　君がどんなふうに男に口で触れるのかを思い出しながらするつもりさ（君もTAMWYMで）

〔バナナ（Banana）、米（Rice）、リンゴ（Apple）、トースト（Toast）の頭文字からついた「BRAT」食は、胃腸炎のとき勧められる療法。「ADAT」は「可能なかぎり次の段階の食事に進む」という意味〕

恋愛関係の専門家である心理学者ジョン・ゴットマンの「恋愛関係をうまく築くための理論」は、チャップマンの五つのラブランゲージに比べて、より科学的で複雑な捉え方をしている。[6]「ラブマップ（愛の地図）」の作成を提唱しているゴットマンの解説によると、恋愛関係を築くということは、自分自身の内面世界の地図を相手と共有することだという。この暗喩的な地図には、自分の過去の経験と悩み、現在の関心事、そして将来への希望といったものが記されている。交際が始まったばかりの時点では、この地図はまだ詳しくないかもしれないが、関係が深まるにつれて詳細がつけくわえられ、重要な出来事が記され、地形の陰影起伏が描かれるようになる。最初はパートナーのそれぞれが自身の精神地図を持っているが、二人が寄り添って人生がともに築かれるようになると、二つの地図も重なり合っていく。

カップルの片方が相手のラブマップについて知る方法として当然考えられるのは、質問することだ。だが、これは信頼関係を築くうえで本質から最も遠いやり方であり、相手の地図のほんの一部しか見ることができない。より深い信頼関係を築くためには親密な会話が必要であり、しかも、ゴットマンはカップル間のやりとりを調べることで、二人の信頼関係の強さを数学的に判定できるという。さらに、「同調ランゲージ」を通じて築かれた信頼関係は、より信頼度が高くなるとも論じている。[7]

マリッサとダンの次のやりとりでは積極的に同調が行なわれていて、信頼関係が盛んに築かれているようだ。

ダン　今日僕を励ましてくれてありがとう。もうストレスだらけなんだ。会社がヤバいことになっていて、僕は金曜に遠方に出張しなければならなくて。僕にとって一番大事なのは君なんだけど、今日の僕の君への態度はあまりよくなかった。申し訳ない。

マリッサ　連絡ありがとう。わかったわ。もし私があなたに多くを求めすぎているのなら、こちらこそごめんなさい。たとえ、大変なことがいろいろあるときでも、私は二人一緒の時間は楽しく過ごしたいと思ってるの。もし、あなたが落ち込んでいたり、悩みで苦しんでいたりしているときは、いつでも相談に乗るわ。それか、ただ黙って話を聞いてもらいたいと思ったら、そう言ってね。できるかぎり助けになりたいから。

マリッサ　いろいろ大変なときなのに、私に向き合おうとしてくれて、しかも私と会えて嬉しいって言ってくれてありがとう。私に会うのが嬉しくないのかなと思ってしまうと、とても辛い気持ちになってしまうから。

ダン　了解。今日の僕は不機嫌で、しかも言ってることとやってることがめちゃくちゃだったね。本当に申し訳なかった。君は、僕を楽しい気分にさせるのは自分の務めだと思ってくれているみたいで、とても感謝してる。実際、君と会うだけでも僕は幸せな気分になるんだ。ただ、僕が気もそぞろだったり、不安そうに見えたりしても（結構よくあることだけど）、それは君のせいじゃないし、君に対して不満を抱いているというわけでもないんだ。それに、君の気持ちを無視しようとしているわけでもなくて、君が悲しんでいるのもよくわかってる。ただわかってほしいのは、たとえ僕が楽しくなさそう、乗り気じゃなさそうに見えても、僕は君に会えるのが嬉しいっ

てこと。XO

マリッサ　ありがとう。そして、あなたの気持ちを確かめられて嬉しい。ありがとう。もしかしたら、私が気にしすぎなのかもしれないわ。あなたと一緒にいるのが大好きなの。これからもずっとうまくやっていきたいな。

ダン　僕たちの思いは、完璧に一致してるね。

マリッサとダンは、メッセージ文で同調するためのお手本のようなカップルだ。二人は互いの話に積極的に耳を傾け合い、自分にとって相手が重要な存在であることを確かめ合い、しかも相手に安心感を与えられるような、隠し事が一切ない返事を送り合っている。さらに、相手の精神状態を寛容に受け入れて共感を示し、相手が見せてくるさまざまな感情を身構えることなく受け入れて対処する。

ゴットマンによると、同調には六つの要素があり、それらすべての頭文字を取ると「ATTUNE（同調する）」になることから、とても覚えやすいという。[8] 順に挙げると、Awareness（注意を向ける）、Turning toward（向き合う）、Tolerance（寛容になる）、Understanding（理解する）、Non-defensive responding（身構えずに応える）、Empathy（共感する）となる。

これらの要素はすべて言葉を通じて示せるが、それでも適切な言葉を選ぶだけでは不十分な場合もあると認識しておくことが大切だ。言葉の数は限りあるが、同じ言葉を使って異なる文脈の文章をつくろうと思えば、いくらでもつくりだせる。つまり、たとえば「ああ、それは大変そうね」という台詞は理屈のうえでは同調を示しているが、言い方やタイミングによっては共感を表す台詞と捉えられることもあれば、相手を突き放した素っ気ない台詞と思われることもある。

ネリー　今朝起きたら、のどが痛くて。もう最低の気分よ。しかも、やらなきゃいけないことがたくさんあるのに。

マイク　それはかわいそうに（Poor you）

ネリー自身も自分がちょっと泣き言を言っていたのはわかっていたが、それにしても「それはかわいそうに」という返事はどう捉えればいいのだろう？　気の毒に思ってくれたのか、それとも、多少遠回しに「いきなり愚痴を言うのは止めて」と言ったのだろうか？　おそらく、マイクは「うわ〜、本当にかわいそうだね（you poor thing）」や「ダーリン、かわいそうに（poor darling）」と言ったほうがよかった。使われている言葉はほぼ同じでも……意味はまったく違ってくる。このように考えると、同調を示すために大事なのは何を言うかではなくて、どんなふうに文章を組み立てて伝えるかではないだろうか？

前の例とは逆に、アメリカ西海岸の山火事の最中にマットから送られてきた次のメッセージ文に対して、マリアは彼ときちんと向き合うことで同調を示している。

マット　いま仕事から帰ってきたんだけど、あの煙で頭と鼻がやられてしまったみたいだ

マリア　😌

マリア　何かいるものない？　あなたのことが心配だわ
マリア　そちらに行きましょうか？
マット　大丈夫さ。本当に。頭痛薬とダイエットコーラを飲んで、ひと眠りさえすれば回復すると思う
マリア　わかったわ

相手を気の毒に思うのはいい心がけだが、次の例でジャスティンが絵文字を駆使したように、ついやりすぎてしまうこともある。

スー　とっても不安でたまらないの
ジャスティン　どうしたの？　ハグしてあげるよ
スー　もう周りの人たちのストレスが大きすぎて。職場じゅうがキレてて。
ジャスティン　よしよし😊💕ぎゅっと力強くハグしてあげる🤗🤗🤗どうしたら笑顔を取り戻してもらえるんだろう☺君のその美しい顔に😍😚

ジャスティンの返事は心から気の毒がっているというよりも、「僕は笑顔になれるような、楽しい気持ちしか受け止められない」と相手に思われそうだ。「理解する」「身構えない」そして「共感する」については次章でより詳しく掘り下げるが、ここではメッセージ文を通じて同調するための第一

段階である「注意を向ける」「求めに応える（向き合う）」「寛容になる」について見ていこう。

前章で取り上げたとおり、相手に注意を向けることは、その人に関心があることを明確に示すものだ。それは言語スタイルの一致や、ミラーリングというかたちで表れる。また、相手に応える速さにも表れる。何組ものカップルの関係を初めから終わりまで追跡調査してきたゴットマンによると、うまくいくカップルは相手が話したいと思うタイミングにすぐに応えられるよう互いに注意を払っていて、たとえばどちらかが話したいように見えたら、もう一方はほかの人と電話中でもすぐに切ってしまうそうだ。[9] または、これがメッセージ文でのやりとりの場合なら、パートナーがチャットしたいときに自分もすぐに電話を手にするということだ。

ゴットマンはつきあいはじめたカップルを観察し、その後何年もかけて長期的な追跡調査を行なっている。彼の「ラブラボ（恋愛研究所）」では、調査対象のカップルがいかにして相手からの「気配り」「愛情」「肯定」、そして相手との「つながり」を求めるのかについての観察と分析が行なわれている。ゴットマンによると、「求め」とは「感情コミュニケーションの基本単位」だ。[10] 求めは言葉やジェスチャーというかたちで面と向かって行なわれることもあれば、メッセージ文を通じて行なわれることもある。そうした求めはわかりづらいものもあれば、あからさまなものもある。文面にはっきりと示されているものもあれば、裏に隠されているものもある。だが、どんなかたちにせよ、求めとは「私に注目して」という思いを伝えるための手段なのだ。

著書『ゴットマン式コミュニケーション術』（パンローリング、二〇二一年）で、ゴットマンは次のように記している。「大事なことは、会話における親密度の高さではないのかもしれない。それどころか、二人の意見が合うか合わないかさえ、大したことではないのかもしれない。おそらく最も重要なのは、二人が何を話していようと、何をしていようと、その最中にいかにして互いに注意を払い合っているかだ」

パートナーの片方が求めた場合、考えられる相手からの対応は「向き合う（求めに注意を払う）」「背を向ける（求めを無視する、または見落とす）」「真っ向から反対する（求めをあからさまに拒絶する）」の三通りだ。拒絶は求めた側には辛そうではあるが、求めを拒絶されることは、少なくとも両者が向き合っての議論や話し合いの機会になる。一方、求めが無視されたり見落とされたりして何の反応もない場合は、求めたほうはひとりぼっちで傷つくことになる。

二七〇ページのマリッサとダンのメッセージ文のやりとりの例では、どちらとも思いやりと理解を相手に求めながら、相手の求めにも応えている。それに対して次の例では、ブレットはアリッサの求めに背を向けてしまっている。

アリッサ　明日はお天気がとてもよさそうよ。過ごしやすい夜に、外で食事するのがとっても好きなの。ヨーロッパでのことを思い出すわ。

ブレット　そうだね、君はあちこち旅行に行ってるからね

ブレットにとって、「ああ、じゃあどこに食べにいきたい？」と答えるのは決して難しいことではなかったはずなのに、彼は求めを見落としてしまった。まあ、率直に言えば、求めを無視したのだろ

う。

よりあからさまな拒絶である次の例では、デビッドはジャックソンの求めに真っ向から反対している。

ジャックソン　今月後半のレイクタホでの民泊の空き状況を、エアビーアンドビーでチェックしたよ。どうしても気分転換が必要なんだ。もう、燃え尽きちゃってる気がしてしかたがなくて。

デビッド　秋にレイクタホに行くって、どうして？　雪があるときならまだしも……

ラブラボでカップルを観察し、二人の互いへの対応を解読しつづけてきたゴットマンの研究結果によると、最も関係がうまくいっているカップルたち（ゴッドマンは彼らを「達人カップル」と呼んでいる）は、ラブラボでの時間の八六パーセントを互いに向き合うことに費やしていた。[11] 一方、達人たちとは逆の「失敗カップル」は、滞在時間の三三パーセントしか互いに向き合っていなかった。

また、達人たちは小さな求めを頻繁に行なうと同時に、相手の小さな求めにも頻繁に応えていた。私たちはたとえ自分がパートナーの求めにあまりうまく気づけなくても、相手が自分の求めに注意を払ってくれていないことについては無意識に記憶している。自分の求めが何度も却下されてしまうと傷つくのみならず、ほかの人に代わりに応じてもらおうという気にいつしかなるかもしれない。

次の例では、サイモンがミシェルの沈黙に応えている。実はミシェルにとって、この沈黙はいわば「受け身の求め」だ。彼女がサイモンからのここ数回のメッセージに返信しなかったため、彼は優しく返事を促している。

サイモン　いつもより静かなんだね。どうしたの？

ミシェル　ごめんなさい。『シリコンバレー』でアーリックが言っていた、「それまでは、追い詰められた野生動物と同じ行動をとらなければ駄目だ。つまり、相手の予想もつかないような動きをして、周りのすべてをやみくもに攻撃するんだ」というようなことをしてしまって

ミシェル　ちょっと途方に暮れてしまって、うろたえてしまっただけだから。あなたに失礼な態度を取るつもりもなかったし、あなたを傷つけるつもりもなかった。私はあなたのことも、私たちの関係もとても大事に思ってるわ。ただ一時的に自分の殻に閉じこもってしまったんだと、いまになってわかったわ。これはわざわざあなたに話すことじゃないのかもしれないけれど、話すほうがいいかどうか考えていたの。

〔『シリコンバレー』はアメリカのテレビドラマシリーズで、アーリックは登場人物のひとり〕

サイモンは返事が来ない苛立ちをぶつけるようなことはせず、ミシェルの気持ちをそっと聞き出そうとした。自分の不安を語っているミシェルのなかで、サイモンへの信頼が強くなったのではないだろうか。ミシェルがサイモンへの返信で語った、うろたえる気持ちは、相手との関係がよりはっきりとしたかたちを取りはじめるときに多くの人が感じるものだ。このうろたえる気持ちの原因は、相手をまだ十分信頼できていないことかもしれなければ、自分の自由が奪われてしまうのではないかとい

う不安によるものかもしれない。

「三人目の私」

二人だけの世界に住んでいるカップルもいる。彼らは車の希望ナンバーのプレートをお揃いにしたり、共有のメールアドレスをつくったり、お揃いのパジャマを着たりしている。そして、二人の仲のよさを、高速道路沿いの看板広告のように大々的に世間に見せつける。そんな彼らがあまりに目立つので、ほかの人たちは自分が何か特別なものを逃しているんじゃないかと不安になってしまう。だが本当のことを言うと、そういったいつもぴったりとくっついている関係は、見た目ほどうまくバランスが取れていないものだ。こうした関係では、どちらか一方が相手により強くしがみついていることが多い。

「タンゴは二人じゃないと踊れない」たしかにそうだし、恋愛関係の専門家の多くも恋愛を「二人だけのつながり」と捉えているが、それには落とし穴もある。二本だけの柱で支えられている建物は本質的には構造が不安定なため、どちらかに傾きやすい。また、コインの両面は常に互いに反対側を向いている。ここで「二人だけ」を意味する言葉として使われている〝bivalence〟の語源は、「相反する感情」を意味する〝ambivalence〟と同じだ。つまり、二人が踊っているのは、体をぴったりくっつけて手足の動きを完璧に合わせなければならないタンゴでは決してなく、もっと不安定でぎくしゃくしていて、互いのつま先を常に踏み合っているようなものだ。

そんなわけで、これまで使い古されてきたこうした愛の暗喩には、もう引退してもらおう。二人がどちらかに傾きすぎて崩れることがないような寄り添い方の最善策は、もうひとつ要素を取り入れることだ。私はこれを「三人目の私」と呼んでいる。三人の「私」はつながっていると同時に別々で、恋愛関係のかたちのなかで最も強くて長続きするものだ。どの「私」も互いに協力し合うと同時に、全体を損ねることなくそれぞれが成長することもできる。この構造によって、両パートナーが互いに手を取り合いつつも、それぞれの手を大きく伸ばせて、しかも関係の発展に貢献できる。三脚と同様に、この構造はそれぞれの脚の長さに関係なく立ちつづけるが、どの脚もすべて最長まで伸びたときに最大限の高さと安定を実現できる。

「三人目の私」を受け入れるということは、「私とあなたの二人だけ」という考え方を捨てて、二人の関係を「私とあなたと私たちの三組」として考えることだ。ここで対象としているのは、すでに互いについて発見し合って、互いをよく知っているカップルだ。彼らがこの新たな発想を受け入れることで、どちらもそれぞれ成長しつづけられると同時に、二人の関係に新しい何かを取り入れることへの不安を感じることなく次の発見に向けたワクワク感も保ちつづけられる。

では、こうした状態のカップルであるかどうかは、二人のどんな言葉から読み取れるのだろうか？ゴットマンの研究からわかるのは、恋愛関係のこうした健全性はカップルがただ互いに耳を傾け合えるかどうかから通常読み取れるということだ。たしかに、私たちは自分にはコミュニケーション能力が当然備わっていると思いがちで、自分がパートナーの話をうまく聞けないこと、自分の話をうまく伝えられていないこと、パートナーとうまく向き合えていないことに、まったく気づけないときもある。

それに、相手の話を聞くことに加えて、二人の関係を活気あふれる豊かなものにすることや、想像力と可能性の炎を燃やしつづけることも重要だ。恋愛関係の専門家であるエステル・ペレルは、自身の性的なものに必ずしも限定されていない「エロチックな知性」を持たなければならないと論じている。[12]ペレルは「エロチシズム」を、「パートナーと共有するために、自分のなかで培わなければならない生命力、エネルギー、または成長力」と独自に定義している。このエネルギーこそがパートナーとの結びつきを何度も強めるために必要なものであり、さらには「三人目の私」の成長に不可欠なものでもある。「三人目の私」は安心と予測可能性を糧にしているが、それだけでは生きつづけられないのだ。

次のカップルの例では、たとえ別々の経験をしていても、お互いにつながりを感じていることが二人の会話から読み取れる。

マーラ　ニューオリンズはどう？　今夜あなたに会えなくて淋しいわ。旅は順調かしら？

エリック　やあ。エトフェを食べて、もうヘトヘトだ。おやすみ。XOX

マーラ　Laissez les bon temps rouler（楽しい時間を過ごそう）……もうジムに行かなきゃ。よい朝を。私の分までベニエを食べてきて。XO

エリック　今日も忙しかったよ。全然連絡できなくてごめん。

マーラ　大丈夫、わかってるわ。それにあなたがそちらで元気にやってるってことさえわかれば、私もいつもどおりにやっていけるわ。私とあなたは同じタイプだから。たとえ離れていても、自分ひとりの力でベストを尽くそうと努力している。ねえ、私はこれからもずっとあなたを愛しつづけるわ。

〔「エトフェ」はニューオリンズ名物の煮込み料理。〝Laissez les bon temps rouler〟はニューオリンズでよく使われるフランス語の挨拶。「ベニエ」はニューオリンズ名物のドーナツ〕

マーラとエリックの言葉は、それぞれが自由を探究するためのゆとりをつくりだしている。互いを追い詰めて詳細を聞き出そうとしたりせず、心理的な距離を確保できたり謎めいた部分を残せたりする余地を互いに与えている。それゆえ、二人は互いを自分とは別の、どこか未知な人物とみなせるようだ。さらに、遠く離れていることを新鮮な関係を保つために活用しているようにさえ見える。

やりとりのなかで本物の自分自身を出せないカップルの場合、二人のコミュニケーションがべたべたしすぎてしまうこともある。テレビドラマ『となりのサインフェルド』の「スープナチには逆らうな」という有名な回では、ジェリーとその彼女は胸が悪くなるほどの甘い声で、「シュムーピー」という二人だけの愛称を何度も呼び合っていた。[13]「君はシュムーピーだね」「いいえ、あなたこそシュムーピーよ」というように。そこで登場人物のひとりであるジョージが、苛立ちのあまり「そういうことをするやつらは逮捕されるべきだ」と言ってしまうのもわかる気がする。

ニックとルースも、その道を辿るかどうかの瀬戸際にいるようだ。

ニック　君のあらゆる部分をいままさに夢想してるところさ
ニック　いや、「ほぼ」をつけくわえるほうがいいな
ニック　君のほぼあらゆる部分
ニック　このほうがずっといいな
ルース　「足」は入ってないわよね
ニック　って言われると思ったんだよ。だから「ほぼ」って言ったんだ。
ルース　そうね、ごめんもう寝ちゃいそう。明日も早起きしないといけないから。
ニック　ああ、わかったよ。君をとってもとってもとっても愛してるよ
ルース　も～おばかさんなんだから。私も愛してる。おやすみ～愛しいあなた
ニック　おやすみ～僕のかわいいベイビー
ルース　<3
ニック　<3

〔<3はハートを表している〕

この例を見ると、たしかに同じ言葉を繰り返すことで安心感が得られるのがわかる。恋人が投げかけてくれた、頭をなでてかわいがるような言葉を投げ返すことで、居心地のよさを感じた経験は誰もがあるだろう。だが、「もし、反復と親近性を通じて親密さが強くなったのであれば、エロチシズムの感覚は反復によって麻痺してしまっているはずだ。エロチシズムは謎めいたもの、目新しいもの、

予期せぬものによって、大きく膨らんでいく。愛とは手に入れることだが、情熱とは求めつづけることなのだ」というペレルの言葉に耳を傾けるべきではないだろうか。[14]

ということは、「信頼」と「一体感」と最もうまくバランスが取れるのは、「成長」と「自律」だ。最も発展したかたちの恋愛関係とは、内面においても外側に向けても成長しつづけるものだ。そして当然ながら、成長には「寛容さ」「共感」そして「理解」が必要だ。

このことについて、一八九四年生まれの詩人E・E・カミングスは、偶然にもまるで将来のメッセージ文のかたちを予測するような詩にしている。[15]

あなたと私は

あなたと私を

ただ合わせた以上の存在だ（な

ぜ

な

ら　それは「私たち」だから）

第七章　愛と平和と理解すること

サラ　よかった、気分がすっきりしたわ
サラ　一生懸命褒めてもらって、私の話を聞いてもらって、私が正しいって言ってもらえて。すっごくいい気分
サラ　そうしてくれた、あなたにお礼を言わなくちゃ
アダム　それって、僕に皮肉を言ってるんだよね
サラ　そう
サラ　皮肉＋
アダム　（笑）

アダムは多少思いやりに欠けるときがあるので、サラは彼をからかおうとした。アダムは、受け取った短いメッセージを必死に読み取って、どうやら皮肉を言われているらしいと判断したようだ。彼

女が本当に皮肉を言っているかどうかは別として、メッセージ文から皮肉を読み取ろうとするのは実際難しいものだ。手がかりとなるような、皮肉めいた表情、ねっとりとした口調、声の高さの変化、といったものがわからないからだ。この例ではサラが茶目っ気を発揮して「皮肉」に「＋」記号をつけたことで、二人のあいだの緊張がやや解けたようだ。彼女は前の二人に戻るための完全なる和解を認めたわけではないが、その方向に向かうきっかけづくりをしたのだ。

レフ・トルストイが記した文のなかに「幸せな家庭はどれもよく似ているが、不幸な家庭の不幸さはそれぞれ異なっている」というものがある。[1] 小説『アンナ・カレーニナ』（新潮社、二〇一二年など）の有名な書き出しであるこの一文から、この小説の題名と同じ名前の法則が導かれることになった。生態学や経済学といった実にさまざまな分野で活用されているこの「アンナ・カレーニナの法則」とは、「失敗する原因はいくらでもあるが、成功するためには一定の主要な基準を満たすことが不可欠だ」というものだ。要は、的を外すのは簡単だが、的に命中させるのは難しいということだ。

では、アンナ・カレーニナの法則は恋愛にも応用できるのだろうか？

本章でこのあと掘り下げていくが、円満な恋愛関係は、たしかにみな共通の原則に基づいて成り立っている。前章では、同調という概念についての考察に取りかかった。本章ではさらに考察を進めて、パートナーの内面世界を理解し尊重したいと思う熱意や、そうするために必要な能力、そしてその思いをメッセージ文にどう表せばいいのかを探っていく。そして、互いの気持ちに敏感な関係づくりに役立つ、重要なメッセージ文の要素が何であるかを見ていく。こうした点に配慮して作成されたメッセージ文は、受け取ったパートナーの心のなかに「自分を理解してもらえた」という気持ちを生み出すはずだ。

カレン　ときどき（というか、いつも）、私は自分が脆くて不安を抱えていると感じるの

カレン　あなたが神経質になる＝私が不安になる

ブライアン　ああ、ちゃんと聞いてるよ。申し訳ない。これからはもっと気をつけるようにする

☹

カレン　私の話を聞いてくれてありがとう。あなたを落ち込ませるつもりはなかったのよ

ブライアン　大丈夫。これからは、もっとちゃんとできるよ。僕はもっと気配りできるようにならないと駄目だね。

この例では、カレンは自分が安心できるようメッセージ文を通じて求めている。ブライアンは自分が彼女をもっと安心させなければならないと認めている。このやりとりには、「私は～感じる」「（僕は）聞いてる」「（僕は）できる」「僕は～ならないと」「（僕は）～気をつけるようにする」というように、自分の気持ちを伝える言葉がたくさん使われている。ブライアンは「認識する（注意を向ける）」「向き合う」「身構えずに話を聞く」という、同調するための重要な基本原則を実践することで相手に応えようとしている。

では、あなたは、恋愛関係で自分自身をどんなふうにさらけだしているのだろうか？　自分自身の恋愛関係について、どんな期待を抱き、どのようにしたいと思っているのだろうか？　愛とは自分の

欲求や理想を誰かに投影することだとみなしている人もいる。それはつまり、相手の気持ちを「植民地化」することだ。こうした愛のかたちにおいては、自分の激しい愛情は、実際のパートナー本人ではなく、自分がパートナーに求めているイメージに対して向けられる可能性が高い。だが、理想を追いつづけると、目の前の現実が見えなくなってしまう。愛とは対話でしかありえないので、こうした独白は愛とは呼べないのだ。

恋愛は私たちの心のなかや文化であまりに高い地位に祭られているため、恋愛が社会によってつくられている部分がいかに多いかを、みな忘れてしまいがちだ。私たちは「真実の愛の物語」を聞かされて育ってきた。そう、「死が二人を分かつまで、決して枯れることのない情熱でいつまでも幸せに暮らしましたとさ」という物語を。「自分にぴったりの相手が見つかりさえすれば、真実の愛を手に入れられるだろう」というお告げはとても心強いが、これがあてにならないことがいずれわかる。「いつまでも幸せに暮らしましたとさ」は、本当なのだろうか？　その疑問は、科学ですぐに解明された。永遠に続く情熱は、生物学的に不可能なのだ。あのプラトンも、「恋愛は深刻な心の病だ」という言葉を残している。

ミネソタ大学の研究者であるエレン・バーシェイドとエレイン・ウォルスターは、心理学の「テルマ&ルイーズ」と呼ばれている。二人は「情熱的な愛」にまつわる疑問の研究に専念してきた。この狂おしくなるほどの感情を「優しさと性的な感情、高揚感と苦悩、不安と安堵、愛他心と嫉妬心が共存しているために気持ちが混乱している、激しい情動状態」と的確に表現したこの二人の研究者は、情熱的な愛をより正確に測定するための「熱愛尺度」を開発した。[2]二人はさらに、「情熱的な愛とは、相手と結ばれたいという強い願望を抱いている状態」と定義すると同時に、その状態は思考、感情、行動傾向、パターン化された生理的プロセスが混ざり合っているものであることも示した。

熱愛尺度のスコアが高かった被験者に愛する人の写真を見せて、そのときの脳の様子を磁気共鳴機能画像法（ｆＭＲＩ）で調べたところ、被験者の脳活動は「執着とさえ呼べる非常に強い欲求」を示しており、そういう意味では依存症患者のものとよく似ていたという。[3] この脳活動のパターンには、ドーパミンやノルアドレナリンの分泌量増加といった、神経化学的な裏づけがある。

心理学者のジョナサン・ハイトも、著書『しあわせ仮説』（新曜社、二〇一一年）で「情熱的な愛はドラッグである」と指摘している。[4] そしてどんなドラッグも、長く使っているといずれ効果が薄れてきて、「ハイの状態」になれなくなる。それは脳が順応して、耐性を獲得するからだ。つまり、心的平衡が伴われるかどうかに関係なく、生物学的平衡は回復する。ハイトはさらに、「情熱的な愛による歓喜に満ちた日々を手に入れられたのであれば、その情熱が薄れる日が必ず来る。通常は恋人同士のどちらかが、まずその変化を感じる。それは二人一緒に見ていた夢から覚めて、まだ眠っているパートナーのよだれを目の当たりにするようなものだ」と述べている。頭のなかの想像では美しい城を築いていたとしても、目の前にあるのは修理が必要な家か、かつては住まいがあった跡地でしかない。その光景を目にしたある人は、腕まくりをして修復に取りかかりたいという熱い思いに駆られるかもしれない。また、ある人はここから逃げ出したいと思うかもしれない。恋愛には幸せな結末など決してない。あるのは幸せなプロセスだけなのだ。

というわけで、恋愛関係がうまくいくための共通要因、すなわちある種のアンナ・カレーニナの法則は、「情熱的な愛が生まれたときにつくりあげた、『相手を理想化したイメージ』を持ちつづけることではなく、『相手に理解してもらえたという感覚』『相手にいつも見つめられているという感覚』が得られる心の交流を大事にする」ことだ。自分の内面を相手に深く見つめられると、互いのあいだに引かれていた境界線が薄れ、日々の生活での孤立感、自分の思考に囚われているという感覚、相手の内面を覗き込むのは絶対に無理だというあきらめは消え去っていく。つまるところ、私たちを救ってくれるのは、こうした親密な関係なのかもしれない。

　こういった理想化されていないかたちの愛、いわばC・S・ルイスが「自らがかけた魔法を見抜けると同時に、魔法が解けた相手に幻滅することもないという不思議な力を持つもの」と表現した愛を手に入れるには何が必要なのだろうか？[5]　長続きする愛を育むために必要なものはいくつもあるが、真っ先に思い浮かぶのは三つの主要な基本要素だ。

気持ちを感じる

カミラ　今夜ザ・グリークで思いっきり楽しんできてね！　うらやましいわ。トム・ペティの大ファンだから。

ネイト　君の分までトムに声援を送ってくるよ

カミラ　「私にはどんな気持ちかわかる」って伝えてね

ネイト　なぜなら「君のハートはあまりに大きくて、このバークレーの町を押しつぶしてしま

う」からね

カミラ　たぶん、そこまでは大きくないと思うわ。でも、人に共感しやすい性格がすぐに出てしまうことが多くて。

ネイト　まあ、共感力は過小評価されがちだよね

ネイト　赤いキンキーブーツもそうだけど😊

カミラ　よく覚えておくわ

ネイト　日常のちょっとしたことがね……

〔「ザ・グリーク」はコンサート施設「グリークシアター」の通称。トム・ペティはアメリカのロック歌手で、『ユー・ドント・ノウ・ハウ・イット・フィールズ（君にはどんな気持ちかわからない）』というヒット曲がある。ネイトのメッセージ文に出てくる「君のハートは……」も、トム・ペティの曲の歌詞を引用している〕

イギリスの心理学者エドワード・ティチェナーの研究の大半は死後忘れ去られてしまったが、それでも彼は一九〇九年に「共感（エンパシー）」という言葉をつくった人物としていまも知られている。[6] 簡略化されたギリシャ語と、「感情移入」を意味するドイツ語 Einfühlung をかけ合わせてできた〝empathy〟（共感）は、やがてひとり歩きを始め、二〇世紀の通俗心理学で最もよく使われる用語となった。そして今日では、「英語圏の人々はこの造語が一般的になるまで、それに相当する感情的な結びつきをどうやって持てたのだろう」とただただ不思議に思えてしまうほど、広く使われている言葉になっている。

だが、この言葉があろうとなかろうと、長続きする愛を育むための第一歩であるこの「共感」の気持ちを、私たちは生まれつき抱けるようにできている。この気持ちは、たとえ意識的に抑えようとしても自然に浮かんでしまうものなのだ。人は生まれた直後から愛着を抱くようにできていて、愛する人との絆をしっかりと結ぶことは、個人としての成長においても種としての進化においても大きな役割を果たす。それに加えて、状況に応じて共感する方法を学んで身につけることもできる。相手にどんなふうに共感すればいいかを知ることは、「情熱的な愛」を「与える愛」に変えるための手段のひとつだ。

ティチェナー以降、「共感」という言葉はさまざまな感情や状態を表すために使われてきた。共感の欠如あるいは過度の共感は、自己愛性、境界性、反社会性のパーソナリティ障害といった、精神疾患の症状とみなされる場合もある。ただし大事なのは、外に表わす共感と、内面にある本質的な共感を区別することだ。通常よく使われている「共感を示す」という表現には、思いやりのある行動が関わってくるが、「共感を示す」ことと「共感を抱く」ことはまったくの別物だ。たとえば、困っている人を気の毒に思う気持ちは、どちらかといえば「共感」よりも「同情」や「哀れみ」から生じるものだ。

円満で長く続いている恋愛関係には、「同情」や「哀れみ」は必ずしも必要ではないが、「共感」はなくてはならないものだ。逆に、日常での場面において、共感を示すことは文化的や社会的に、あるいは専門的な業務において不適切なため、よしとされない場合もある。たとえば、小隊に辛い訓練を課すのをためらっている新兵訓練係の軍曹や、大きな手術で切開の準備が整っているにもかかわらず迷っている執刀医というのはどうだろう。そんなことは、決してあってはならない。だが、恋愛関係には共感が絶対に必要だ。共感から生じる、発展を促す強い原動力が体内を巡っていないカップルが、長続きすることは決してない。

ザック　電話でちょっとしか話せなくてごめん。君も来てもらえるとよかったんだけど、今回は男だけで行くんだ。

フェリシティ　参加できないのは全然構わないわ！　邪魔者になりたくないし。でも、そのことをもっと早く教えてほしかったなと思って。もう休暇申請を出してしまったから。

ザック　えっ、そうだったんだ！　申し訳ない。僕のせいだ。実は僕も、この前の週末の予定について、妹に同じことをされたんだ。僕はいろんな計画を立てたのに、行くのを止めたって言われて。妹にはまだ腹が立っているよ。

ザックはフェリシティの予定が狂ってしまったことを謝罪して気の毒がったのみならず、彼が別の状況で同じような気持ちになったときの話を例に出すことさえした。それでも、ザックは彼女の疎外感を察して共有するタイミングを逸してしまった。たとえば、「『仲間外れにされた』なんて決して思わないで」と伝えていれば、フェリシティは「ザックは自分の味方で、自分を理解してくれている」と感じたのではないだろうか。

「共感」の一般的な定義は、「他人の気持ちを自分のことであるかのように理解し感じる能力」である。これは「思いやり」や「同情」とも呼ばれる「共感的関心」とは微妙に異なるものだ。共感は相手の「気持ちを察する」が、気持ち自体を共有するわけではない。また、気持ちを共有することは関係を築くうえの大事な一歩ではあるが、共感の場合は共感する側が相手を支える行動をとることは前提とされていない。共感のパラドックスとは、共感は相手を支えるためのものにもなれば、相手に対抗するためのものにもなるということだ。つまり、共感の性質について重要な点は、通俗心理学で大いに使われている「共感」の意味に含まれていない部分も理解することだ。

共感は経験の共有を促すことから、相手の痛みを自分のもののように感じるうえでも、相手の喜びをともに味わううえでも、感情コミュニケーションのさまざまな面で大きな役割を果たしている。カリフォルニア大学サンタバーバラ校の心理学者シェリー・ゲーブルと、共同研究者であるロチェスター大学のハリー・レイスは、パートナーの一方がもう片方のよい知らせにいかに反応するかを見れば、この二人の関係が長続きするかどうかをかなり正確に予測できることを突き止めた。

この結果は次のようにして得られた。ゲーブルと研究チームはつきあっているカップルを何組も観察して、各カップルが相手のよい知らせと悪い知らせにどう反応しているかを調べた。すると興味深いことに、相手の悪い知らせに対する反応よりも、よい知らせに対する反応のほうが、そのカップルが長続きするかどうか予測するための、より正確な判断材料になることが判明した。これはもしかしたら、悪い知らせを受けた人を支えるのはごく自然にできることだが、相手の成功を祝うのは心理的にそれほど簡単ではないときもあるからかもしれない。それでも、山頂で見捨てられたと感じるのは、溝に投げ込まれたと感じるのと同じくらい辛い場合もある。

パートナーの成功を祝うことにつきまとう不安の原因は、自信喪失、後ろめたさ、嫉妬、腹立たしさなど、挙げればきりがない。そうした感情を抱いてしまうと、パートナーを祝おうとする意欲が薄れてしまいがちだ。

〝What Do You Do When Things Go Right?〟（物事がうまくいったとき、あなたはどうするか？）と題された論文では、よい知らせに対する反応を、研究者たちが「受動的否定型」「能動的否定型」「受動的肯定型」「能動的肯定型」の四つに分類している。[7] 受動的否定型の反応は、「話をそらす」「話題を変える」というように無関心なものだ。メッセージ文では「まあ、別に」などが相当する。能動的否定型の反応は、相手から聞かされたよい出来事に対して好ましくない点を指摘したり、問題点を見つけ出したりするものだ。次の例を見てみよう。

エレナ　ねえ、聞いて。チームのリーダー役の候補に、私がなってるの！

テッド　でも、それって君の仕事が増えるんじゃないの？

受動的肯定型の反応は言葉が少なく、しかもありきたりな応援で、一緒に喜ぼうとする気持ちが抑えられている。

マーニー　自分のウェブサイト用に思いついたデザインがとってもよくて、すごく興奮してるの

ジョン　それはよかった🙌

能動的肯定型の場合は、相手の幸せがまるで自分のものであるかのような熱意のこもった反応を示し、感極まったり相手に質問を浴びせたりする。

ベッキー　ついに仕事のオファーをもらえたわ。私が「今日の一番人気」だったの！
ラルフ　ベイビー、君は一〇年にひとりの逸材さ。本当にすばらしいよ。この日のために君がどんなに努力していて、どんなに大きなストレスを抱えていたかを僕は知ってるから。詳しいことを聞くのが待ちきれないよ

当然ながら、四種類の反応で真の共感を最もうまく示せるのは、能動的肯定型だ。この反応によってカップルは二人で喜びを味わえるし、このよい知らせが二人の絆をさらに深める機会になる。ゲーブルによると、カップル間の能動的肯定型反応は二人の関係の質の高さと関連していることが、より大きな満足感、信頼、親密さ、そしてより深い結びつきによって示されたという。
つまり、「共感とは暗い状況のときだけ持ち出されて、軟膏や絆創膏として使われるもの」といった考え方は、二人の関係を確実に危うくする。また、仕事、友人たちと過ごす、ケーブルテレビ会社に電話する、といったほかの日常の場面では、相手に共感すべきかどうかは状況によってさまざまだが、大切なパートナーに対しては共感のスイッチを常にオンにしておくのが唯一の正しい方法だ。相手の気持ちの細かい変化をくみ取って、いつまでも共感し合えるようになれるただひとつの方法は、

相手の感情にほぼ常に注意を払いつづけることだ。これこそが、同調の本質なのだ。

　メッセージ文で感情を表現するための微妙なニュアンスを読み取ろうとする（さらには、伝えようとする）のに、誰もが苦労したことがあるはずだ。対面で共感を抱くのを難しく感じるのであれば、デジタルの世界ではなおさらそう思うかもしれない。メッセージ文は、誤解されやすい。なぜなら、書かれたメッセージ文というものは、読み手にとって書き手が意図したとおりに「聞こえない」ことがあるからだ。そして、人間の脳は、不足分の情報を既成概念で補ってしまう。共感は会話から生じるし、メッセージ文のやりとりは会話の一種ではあるが、互いのためになるような共感を抱くには、メッセージ文の背後には自分も含めた「人」がいることを忘れないようにしなければならない。メッセージ文から送り手の感情を察するスキルは、当然ながら自分自身の過去の経験や、ものの見方によってある程度決まるし、現在どんな状況にいるのかによっても変わってくる。そのため、感情を表している同じメッセージ文を、みなが同じように解釈することはない。

　ジェイムズはマッケンジーとの会話が白熱したあと、沈黙を続けていた。そこで彼女は、ジェイムズにどうしているかと尋ねた。すると、彼は次のように答えた。

ジェイムズ　ただ、自分を見つめ直している

　この短いメッセージ文を見たマッケンジーは、拒絶された気分になりそうだった。「見つめ直す」という言葉から、ジェイムズが彼自身の周りから彼女を排除しようとしているかのように思えたのだ。

だが、拒絶された気分のままに返事をするとジェイムズを傷つけてしまいかねないと考慮したマッケンジーは、次のように返信した。

マッケンジー　あなたの気をもっと楽にできればいいんだけど

ジェイムズ　ありがとう。君のその気持ちは十分伝わってくるよ。僕は対立が苦手なんだ。みんな怒りで熱くなったりせず、ただ批判するっていう環境で育ってきたから。

マッケンジー　私もしょっちゅう批判されて育ってきたわ。前は、批判されて当然なんだと思っていたけど、いまはもうそんな過去は忘れようとしているの。そんなわけで、安心できる言葉をあなたにかけてもらえると嬉しいんだけど。お願いできるかしら?

ジェイムズ　もちろんだよ。僕の沈黙を誤って批判と捉えるようなことは、もうしないでほしいな。二人ともそういう経験を十分してきたんだから。XO

感情が露わなメッセージ文を読んだとき、大事な意味を持っていそうなひと言にこだわって、相手が言わんとしていることが何なのかを、そのひと言だけで決めつけてしまいがちだ。だが、前後の言葉や文も見て、それらの言葉の本当の意味や、その背後にいる相手の本心が何なのかを考えるほうが、二人の関係に役立つはずだ。どんな恋愛関係においても、関係を深めていくなかで、相手の脆さや、いまだ忘れられない過去の辛い記憶について理解できるようになるし、同様に相手からも理解してもらえるようになる。相手がそうした辛さを乗り越えるための支えに自分がなれるか、あるいは、相手をさらに傷つけてしまうのかは、自分自身の対応にかかっている。マッケンジーは、ジェイムズが落ち込んでいて、立ち直ろうとするために彼女と距離を置いている（「自分を見つめ直す」）と察した。そこで、「あなたが過去のことで傷ついていたとしても、私はそばにいるわ」とうまく伝えることで、彼女はジェイムズの信頼を勝ち取れた。

この例の状況のように、コミュニケーションがうまくいかない可能性があることを考えると、文字でやりとりするテクノロジーの問題点は簡単にいくつも挙げられるだろう。では、感情的になりがちな会話や、大きな争いになりかねない会話を、メッセージ文を通じて行なうことの利点はないのだろうか？　考えられる利点のひとつは、やりとりしているどちらの側も、自分自身が安心できる場所に身を置いていると実感できることだ。要は、相手の震え声や、相手が目を合わさないことなどで、やりとりに支障が出てしまう恐れがないということだ。互いが同じ場所にいないことで、対立や緊張の激化を防げる場合もある。もうひとつの明らかな利点は待ち時間があること、つまり、相手がメッセージを書いているときと、自分が返事をするときには時間差があることだ。その時間を有効に使えば、より慎重な返事を作成できる（ただし、避けられているのではないかと相手に思われるほど長くはかけないこと）。

それでも、メッセージ文のやりとりに問題点があることには変わりはない。メッセージ文では感情的な表現を抑えられる一方で、面と向かってなら言えないような相手を傷つける言葉を投げかけたり、もっと踏み込んだ会話を相手から求められても、はねつけたり話をそらしたりもできるからだ。相手に共感するという、私たちが持って生まれた性質は、モバイル機器の利用によって抑えられてしまっているのかもしれない。
次の例では、タマラとの計画をほぼ直前にいきなり中止したオースティンは、踏み込んだ会話を求められたり批判されそうになったりするのを、かわそうとしている。

タマラ　いまサンフランシスコ空港の上空で待機していて、もうすぐ着陸するわ。明日のデビッド・バーンのライブは大丈夫よね？
オースティン　仕事の予定があるのを忘れてて。行けなくなってしまった。僕の分までバーンを存分に楽しんできてほしいよ。あと、水曜の君の予定がどんな感じなのか教えて。
タマラ　水曜日は運がよければ、「不注意のカリスマ」にご臨席いただけるのね。
オースティン　不注意は僕の十八番みたいだな。あまり披露したくないけど。僕は次に何を見落としてしまうんだろう？　またやらかすかと思うと、怖くて震えあがってしまうよ。
タマラ　まずは、私を空港まで迎えに来てくれるはずだったことかしら。このタクシー、灰皿のなかにいるみたいに煙草臭いわ。
オースティン　いまタクシーに乗ってるの？　それはまた刺激的で楽しそうだね。

電話なら非難の応酬や白熱した議論になったかもしれない状況だったが、メッセージ文でのやりとりだったことから、オースティンはタマラをがっかりさせる可能性を軽く見ていた。彼は本来なら場にそぐわないユーモアで、責任逃れをしたのだ。

ただ実際には、共感と理解は、会話を行なう手段よりも、その二つが生まれる余地をつくろうとする気持ちの強さにより大きく左右される。互いに共感し合えるやりとりは善意、つまり相手のためになりたいと心から願う気持ちがなければ成り立たない。やりとりの目的が、「相手を説得する」「自分に意に沿うよう相手の気持ちを操る」「どちらが正しいかを決める」といったものであれば、当然ながら共感は二の次になる。共感は安心できる場所だからこそ生まれるものであって、罠や袋小路では無理な話だ。

互いを敬う

長続きする愛のひとつ目の必要条件が共感だとしたら、二つ目は「互いへの尊重」だ。ジェイクはディランの母親に紹介された。その後の二人からは信頼、共感、そして互いへの尊重の気持ちがあふれていて、幸せいっぱいのようだ。

ディラン　僕がなぜあんなに君に夢中なのかがよくわかったって、母が言ってたよ
ジェイク　ワオワオワオワオ
ジェイク　ものすごくありがたい言葉だね
ディラン　なぜなら、君は感じがよくて、話しやすくて、親切ですばらしい人だからだって
ディラン　しかもハンサムだしね、だって（笑）

ディラン　だから今回のことは、とてもうまくいったよ
ディラン　母の前でも、ありのままの君でいてくれてありがとう
ジェイク　ワオ、ディラン
ジェイク　僕にとって、今回のことは何よりも嬉しいよ
ディラン　よかった
ジェイク　君をとっても愛している
ディラン　もう、ばかだなあ
ディラン　次は君の家族と会う番かな
ディラン　世界のほかのどんな場所にいるよりも、君と一緒にベッドにいることを選ぶという自分の気持ちに、改めて気づかされたよ
ジェイク　ああ、僕も。そしてそれが実現しているなんて
ジェイク　しかも、実現したらこんなに幸せだなんて

〝respect〟（尊重・尊敬）という言葉は、「周囲を見回す、振り返る」「考慮する」「休息や猶予を与える」を意味するラテン語が語源となっている。著書『クルーシャル・カンバセーション』（パンローリング、二〇一八年）の共著者たちは、「尊重は空気のようなものだ。そこにあるかぎり、誰もそのことについて考えようとしない。だが、なくなってしまうと、みなそのことについてしか考えられない」という的確な表現をしている。[8] どんな恋愛関係においても、パートナーである相手のこと

が理解できなくて、それゆえ相手の気持ちに共感できないときもあるが、それでも相手を信頼、尊重して受け入れるよう努めなければならない。

カップルの分析を専門とするジョン・ゴットマンは、「意見が対立しない恋愛関係など、おとぎ話だ」と著書のなかで強く訴えている。実際、どんなカップルにおいても、生じる意見の不一致の大半は解決できないまま不一致として残りつづける。こうした考え方の相違に陥るのは簡単なことだ。一方、相手の選択を尊重しつづけるのは、努力が必要だ。共感を表すときに前向きな肯定が重要（悪い知らせをともに嘆くのみならず、よい知らせを一緒に祝う）であるように、パートナーに対して肯定的な感情を多く示せば示すほど尊重し合える関係が長く続く。そこで重要なのは、自分がパートナーを大切に思っていることを、パートナー本人に気づいてもらえる方法を見つけることだ。そのためには、「相手に敬意を抱きつづける」「称賛に値する、相手の資質を重視する」ことが大事だとゴットマンは指摘している。[9]

「自分にぴったりの相手であれば、高い尊敬の念しか抱けないはずだ」と考えたくなるものだ。だが、パートナーと激しい言い争いをした経験がある人ならわかるように、相手を尊重することは必ずしも自然にできるものではない。意見が合わないときは、相手を尊重する気持ちを保ちつづけるために、かなりの努力が必要な場合もある。シカゴ大学で行動科学の教授を務めるニコラス・エプリーは、著書『人の心は読めるか？』（早川書房、二〇一七年）で「カップルは互いに相手の好みをわかっていると思っているが、実際の正解率はわずか四四パーセントにすぎなかった」と指摘している。[10]長く続いているカップルでさえ、実際とはかけ離れた思い込みを抱いているそうだ。

では、パートナーの考え方が自分とは異なっているときでさえ、パートナーの考えを理解し尊重するにはどうすればいいだろう？　また、そういう尊重の気持ちを、メッセージ文を通じて強められる方法はあるのだろうか？　ウィンストン・チャーチルは、イギリスとアメリカを「共通言語によって隔てられている二つの国」と表現した〔諸説あり〕。それと同じような状況に陥っているカップル間の隔たりを埋める策を見ていこう。活用できる建設的な手法は（少なくとも）四つある。

四つの実践方法

ゴットマンは「非難」「侮辱」「拒絶反応」「防御」を「（苦難をもたらすとされる）ヨハネの黙示録の四騎士」と呼び、詳しく解説している。会話で用いられるこれらの手法は二人の関係にじわじわとひびを入れて壊してしまうため、カップルにとっては命取りだ。これらの破壊的な要因については、次章で掘り下げる。やるべきではないことについて見ていく前に、ここでは尊重の気持ちを促進するための四つの実践方法を順に紹介しよう。

ひとつ目の方法は「好奇心を高める」ことだ。情熱の炎が「この人のことをすべて知りたい」という飽くなき欲望を燃え立たせていた日々が過ぎて、相手を長く知れば知るほど、「自分はこの人のすべてを理解している」とよりいっそう思い込むようになる。そうした思い込みを捨て去るには、もっと好奇心旺盛にならなければならない。メッセージ文で、相手に質問しよう。相手のメッセージ文の文面がいつもとは違う感情的なものだったり、距離を感じさせられたりするものだったら、そのことにいち早く気づこう。自分の携帯電話の画面をムードリング〔体温や「気分」で色が変わる指輪〕、メッセージ文をリングの変化する色のようなものとみなそう。そうして、相手からのメッセージ文に込められた感情が熱すぎたり冷たすぎたりしたときは、好奇心をはたらかせよう。「あの人は、なぜこんなことで大げさに騒ぎ立てているんだろう?」ではなく、「分別のあるあの人が、なぜこんなことを言っているのだろう?」と、自分自身に問いかけよう。パートナーからのメッセージ文の文面のみならず、その言外の意味まで捉えて、それらに対して余計な判断はせずにありのままに受け止めよう。

シャーロット　いまメールしたわ。昨夜の話し合いについて、今日ずっと考えていたの。
レキシー　いま読み終えたわ。あなたは、「いまは何もかもがあまりに辛くて先が読めないのに、不安を抱えながら愛を選ばざるをえないというプレッシャーを感じる」と書いていたわね。
レキシー　でも、愛を選ぶことは問題なのかしら?
シャーロット　ええ。いや、そうじゃないわ。ただ、私の心の奥底に不安が積もっていて、どうしても追いやることができないの。自分が大丈夫なふりをしながら、あなたから約束や誓いの言葉を引き出そうと何度も試しつづけている。私はずっと、芯が強いふりをしつづけようとしているの。
レキシー　私があなたにプレッシャーをかけてしまっているのかしら?
シャーロット　違うわ。私自身の問題なの。どうすることもできない力強い何かを、何とかしようと必死になっているだけ。

シャーロット　私は変わり者だって知っておいてもらえれば。野蛮なサキュバスの一種みたいな。

レキシー　へえ〜。その言い方、何だか好きだわ！

〔「サキュバス」とは、寝ている相手に淫らな夢を見させてエネルギーを奪う女悪魔〕

レキシーはシャーロットを安心させられる言葉自体はかけていないのだが（もしかしたら、かけられないのかもしれない）、シャーロットに問いかけながら、彼女が気持ちを吐き出せるような心の余裕を与えようとしている。そうして、シャーロットは恋に落ちたときにつきものである感情の渦に巻き込まれていて苦しんでいることを打ち明けた。

二つ目の実践方法は、「我慢強くなる」ことだ。返信する前に、ひと呼吸するよう心がけよう。感情がうまく抑えられていないと、メッセージ文が激しいものになってしまいがちだ。感情の急激な高まりやアドレナリンの放出を自分のなかに感じたら、そういった感情の波が頂点に達して収まるのを待ってから返信しよう。一般的には、怒りを感じているときはメッセージ文を送らないのが最善の策だ。

次のやりとりの例では、ケイトの抗議や非難がどんどん激しくなっていく。ケイトは彼女に対するカルロスの扱いがずさんだと感じていた。彼女が期待していたほど、カルロスが二人の関係に熱心ではないというのが理由だった。カルロスが二人のあいだに一定の距離を取ろうとしたことで、ケイトは冷静さを取り戻してやや穏やかになった。

ケイト　一体全体何が気に入らないのかわからないんだけど。あなたには「ものすごく」傷つけられたわ。ここ数日間のあなたの振る舞いで、もう信じられないほど傷つけられた。私のことを尊重しようという気持ちが、あなたからまったく感じられなくて、ものすごくショックを受けているの。一体全体何がどうなってるのか、私にも教えてちょうだい。

カルロス　ケイト、もう止めてくれ!!!　君はどうしても何もかもをややこしくて辛いものとして捉えたあげく、僕に弁明を求めたり、僕をろくでもない人間扱いしたりしてしまうんだな。僕は冷静に答えられるよう信じられないほど懸命に努力しているんだけど、もう僕の手には負えなくなってきた気がするよ

【その後しばらく経ってから】

ケイト　きつい言い方をして、ごめんなさい……あのときはついカッとしてしまって……もうだいぶ落ち着いてきたわ……私にとってあなたはとても大事な人だってことはわかってほしいの。でも、いまの私はとても傷ついているし、あなたに常に侮辱されているこの状況は、もう耐えられないの。もうどうにかなってしまいそう。こんなに弱くてごめんなさい……でもいまの状況はあまりに納得できなくて……私は何も間違ったことはしていないわ……だからなぜこんな目に遭うのかわからないし、しかもますますひどくなるなんて……私はあなたをとっても愛してる……二人がこんな状態になっているのはとても辛いけど、私たちをこんなふうにしたのはあなたなのよ❤😕もうメッセージ文を送るのを止めるわ。ごめんなさい

ケイトは自分を見つめ直す時間をとったことで、ただ大騒ぎで非難し返すのではなく、自分の弱さや苛立ちを露わにするというかたちで返信できた。

三つ目の実践方法は、「相手を理解しようとする」ことだ。受け取ったメッセージ文の内容が、まるで自分が話の途中で割り込んだかのようによくわからなくて困惑した場合は、パートナーの思考をもっと前から辿ってみよう。私たちの脳には、「物語る」機能がついている。相手がその問題のメッセージ文を作成するときに、頭のなかでどんなストーリーを本人自身に語っていたのかを、自分も理解できるかどうか試してみよう。パートナーの思考を、共有させてもらおう。相手のストーリーを引き出す手法は、「相手の文章を真似たかたちのメッセージ文で返信し、さらなる情報を引き出す」という、前に取り上げたミラーリングと同じだ。パートナーの意見を自分の言葉で繰り返す、この「言い換え」という単純な手法は、緊張を確実に緩和させる。たとえ意見の不一致の真っ最中であっても、「相手に聞いてもらえた」とパートナーに思ってもらえることは、「相手に尊重されている」とパートナー本人が感じるようになることに大いに役立つ。

不機嫌で内にこもっていたリンは、そのあとマルコムと次のようなやりとりを行なった。マルコムは、なぜリンがイライラしているのかを完全に理解していたわけではなかった。それでも、リンの弱さをちゃんとわかっていることを訴えながら、彼女のイライラをただ理解しようとするのみならず、それが何によるものかを彼女自身に教えようと試みている。マルコムとリンはそれぞれの個人言語（あるいは共通の「二人言語」）を話しているかもしれないが、マルコムがリンに伝えようとしたのは、「自分の気持ちを誰かに見抜かれてイライラするよりも、自分のなかの否定的な感情を受け入れるべきだ」ということだ。

リン　ジャーダが家に来たの。彼女は私の気持ちをすべて見抜いていたわ。そのことが癪に触って。でも晩ご飯をつくってくれたのは、嬉しかったけど。

マルコム　服の袖のところに君の気持ちが書かれたワッペンがたくさんついていたからといって、仕立屋のせいにしちゃ駄目だよ。

リン　袖のことは仕立屋の責任のはずよ。それに袖に問題がなければ、仕立屋をちゃんと褒めるつもりよ。

マルコム　何てことだ。袖のワッペンで気持ちがすべて露わになってしまったこの女性は、新たな仕立屋を雇ったんだな。

リン　それってどういう意味？

マルコム「君は自身の気持ちを他人に知られるのが嫌だ」っていう意味。

リン　あら。たしかにそうね。じゃあ、私があなたを愛してることは知ってる？

マルコム　そんなのあからさまだよ。

リン　いま、袖を確認したわ。そのワッペンはまだちゃんとついてるから。

〔二人の会話の基になっている慣用句〝wear heart on one's sleeve〟は「感情が顔に露骨に出る」という意味だが、直訳すると「胸の内が袖に示されている」という意味になる〕

四つ目の実践方法は、「相手を受け入れる」ことだ。パートナーの意見を受け入れるということは、必ずしもそれに同意するという意味ではない。自分の意見と比べるのは問題ない。ただし、相手の意見に「誤り」というレッテルを貼るのではなく、「私の見方はそれとは違う」と言おう。そして話がまとまらなければ、寛容さを発揮しよう。これはメッセージ文では「相手の話題を中断させない」「無関係な発言をしない」といったことに相当していて、つまり、相手が話しているのを無視しないようにすることと同じだ。ユーモアを発揮するのもよい戦略だ（特に、第四章で取り上げたなかの「親和的ユーモア」であればなおよし）。

次の例は、ファティマが翌日思いがけなく時間が空いて会えるようになったことをジャレドに伝えたにもかかわらず、その後いっこうに返信がなかったあとのやりとりだ。

ファティマ　今日の夕方の授業をキャンセルしたって連絡したわよね？

ジャレド　昨日の午後五時三六分にね。

ファティマ　返事してくれたっけ？　ここに来れるの？

ジャレド　こんなのは僕たちのやり方じゃないよ。君が予定が空いてるって連絡してきて、僕がそれに応じるのなんてさ。

ファティマ　ねえ、「僕たちのやり方」ってどういう意味？

ファティマ　わかったわ。じゃあのちほど。それに明日も会えるわ。あと、ごめんなさい、ジャレド。たとえあなたが不機嫌で意地悪なときでも、私はあなたを愛しているの。

ジャレド　「僕たちのやり方」っていうのは、二人で相談するってことさ。それに僕はいつも不機嫌で意地悪なんだ。

ファティマ　たしかにね。でもそのほうがセクシーだわ。

ジャレドはやや受動攻撃的ではあったが、ファティマの求めに応じた。ファティマはそんなジャレドの態度を軽くかわして、そこが彼の魅力なんだと返した。ファティマはボス面をするし、ジャレドは不機嫌で意地悪だが、二人はいがみ合うのではなく、うまくつきあっていく方法を編み出そうとしている。

GGG……寛大であること

ここまでは、長続きする愛の三つの基本要素のうち、「共感」「互いへの尊重」の二つをじっくりと見てきた。三つ目の「寛大さ」は、私たちに生まれつき備わっているものだということが、科学的研究で明らかになっている。寛大な振る舞いは、セックスをしたときや食べ物を摂取したときと同じように、ドーパミンやオキシトシンの分泌を促し報酬系を活性化させる。つまり、愛と寛大さは、切っても切れない関係にある。

また、寛大さは人に生理学的のみならず、精神的にもよい効果をもたらすこともわかっている（ボランティアを行なうことと、寿命が延びることには関連性がある）。だが、恋愛においては、関係が深くなっていくにつれてパートナーへの寛大さが失われがちだ。パートナーの振る舞いや言葉に対してバイアスのかかった見方をして、何らかの思い込みを抱いてしまうのはよくあることだ。もっと前向きになって、広い心で寛大な見方をするように心がければ、より息の合った関係が築けるだろう。そういうわけで、メッセージ文で寛大さがどんな役割を果たしているのかを考察するのは大事なことだ。

相手のことを善意でもって捉える（パートナーの振る舞いや言葉を、寛大な気持ちで解釈する）ことが、円満な関係を長続きさせる鍵だ。この寛大な愛のかたちを実践するためには、二人の関係を自分中心に考えるのを止めて、自分が気づいていない問題にパートナーが取り組んでいるかもしれないことを認識するほうがいいだろう。

ウォーレン　最近、君は僕に冷たい。ここ何度か、ただ元気かどうかを尋ねたかったり、ただ君の声が聞きたかったりして電話しても、君は迷惑そうだった。それに、僕からのメッセージ文で仕事に集中できないと不満も言われたし。もしかして、何もかも抱えすぎて、どれを手放していいのかわからない状態なんじゃないかな。

ジョアンナ　私はいま、あなたが想像もつかないほど不安でいっぱいなの。今夜、電話で落ち着いて話してもいいかしら？

ウォーレン　もちろん、話せるさ。君とものすごく話したいよ。君をただ抱きしめていたいよ。

ウォーレンは、ジョアンナを最大限に好意的に理解しようとしている。ウォーレンのジョアンナに対するそういった捉え方を見ると彼がお人よしに感じられるかもしれないが、彼のそうした姿勢は寛大さと思いやりによるものだ。

セックスコラムニストのダン・サヴェージは、自身が推奨している「セックスパートナーが互いのために取るべき理想的な姿勢」を広めるために「GGG」という頭字語をつくった。[11] サヴェージによると、これは「セックスがうまく（Good）、パートナーの性的な興味に寛大であり（Giving）、理にかなった範囲内で何にでも挑戦する意欲がある（Game for）」という意味だそうだ。たとえば、自分がその気になれないときもセックスが盛り上がるよう努め、パートナーが興味のあることに挑戦する意欲を持ち、パートナーの性的空想を受け入れるということだ。そうするうちに、パートナーの変わった趣味に自分もはまるかもしれない。結局のところ、自分自身の性的欲求を満足させるには、パートナーに頼ることが大半だからだ。

また、サヴェージが推奨しているこの姿勢には、科学的な根拠もあることが明らかになっている。長期間続いているカップルを対象としたある研究では、調査の初期段階でパートナーの性的欲求に応えようとする意欲がより高かった被験者は、調査の終盤においてパートナーとの関係に対する満足度や献身度がより高かったことが判明した。[12] さらに、被験者のGGGの実践度が高ければ高いほど、パートナーへの性的欲望を長く維持できる可能性が高いことも示された。相手の求めに「イエス」と言うことには、それなりの利点があるのだ。

ただし、GGGの考え方は、二人にとって実際のセックスだけには留まらない。セックスについて話しているときにも、会話のなかに取り入れることができる。そうした会話においても、実際のときと同じくらい寛大になれるよう心がけるべきだ。自分自身の性的空想を相手と共有しようとするのは、デリケートな問題になる恐れがある。パートナーの一方が「観測気球」を上げてみて、相手がそれに手を伸ばすかどうかを見る方法もある。次の例では、ライオネルがまさにそれを試みている。

ライオネル　元カノとは、どうしてもうまくいかなくなってしまって。

シェリー　それはどうして?

ライオネル　初めてのときは、楽しく盛り上がったんだけど(これって、三人でのつきあいについて初めて話したときのことだよ)。でも、改めて切り出すと、「私は嫉妬が抑えられないと思う」って言われて。そしてついに、「ほかの人とも会うんだったら、あなたとはもうつきあいたくない」って言われちゃったんだ。

シェリー　何事も最初はワクワクするけど、先に進むと引き返せない気がして怖くなるのよ。元カノとのことでは落ち込んだ?　それとも彼女に打ち明けたことですっきりした?

ライオネル　半々かな。ところで、いまどこにいるの?

シェリー　まだベッドのなか。

ライオネル　君はどんな冒険をしたいのかな?

シェリー　あなたとの時間を満喫できるのを嬉しく思ってるわ

ライオネル　僕はセックスに関して隠し事をしたくないんだ

ライオネル　僕をその気にさせるものについては、（1）後ろめたさを感じたくない（2）まるで初めて体験するかのようにワクワクする気持ちを君と共有したい

ライオネルとシェリーが、「三人でのつきあい」や「ノンモノガミー」〔この場合は、「複数の相手と同時進行する」こと。「非一夫一妻制」という意味もある〕について初めて話し合ったこのやりとりには、パートナーと性的空想を共有する際に高まる一種の緊張感がはっきりと表れている。あくまで想像上ではほかの相手について語り合うことはワクワクするほど楽しいかもしれないが、実際に複数の相手とつきあうとなると状況が複雑になって混乱しかねない。つきあっている相手と同時進行で別の人を探すことに本気で興味を抱いている人もいれば、ただそうした話題を主に性的興奮の材料として利用する人もいる。恋人がほかの相手についての性的な空想を語るのを聞くのは楽しいが、実際にほかの人とそういった関係になってしまうことを想像すると不快になる人は多い。こうした性的空想を本気で実行したいのかどうかをはっきりさせておかないと、修復不可能なほどの不和を招きかねないことが簡単に予想できる。

嫉妬が忍び込んできたら

マテオ　Yo estuve hace más the 20 años...y luego otra vez hace menos de 10, en Acolman（僕はアコルマンには二〇年以上前に行ったことがあるよ……それから一〇年ほど前にもう一度ね）

マテオ　おおっと……

シルビア　これ、本当は誰に送るつもりだったの？

シルビア　で、何について話してるの⁇

シルビア　⁇

マテオ　心配しなくていいよ。友達のリカルド宛だから。彼と一緒にメキシコに行ったときのことを話していたんだ。

〔「アコルマン」はメキシコの町〕

嫉妬は、恋人の浮気を疑ったり、それが事実だと気づいたり、あるいはほかの誰かに乗り換えられるのではないかと不安になったりしたときに生じるものだ。要は、強い関係を築いたにもかかわらず、恋人の心がまさに離れているのに気づくことだ。怒りや悲しみといった、恋人の不貞を疑ったときに起きる別の感情と嫉妬との違いは、嫉妬には執着心がつきものだという点だ。つまり、嫉妬している状態は、情熱的な愛を抱いている状態と驚くほどよく似ているのだ。どちらも瞬時に人を呑み込んでしまうが、どちらもひどく脆い。また、愛は「この人は完璧だ」、そして嫉妬は「この人は自分のもの」という、いつかは醒めることになる思いを少なくとも無意識に人に抱かせることで存在しつづける。嫉妬も情熱的な愛と同様に中毒性があり、それに溺れてしまった人は、いまの状態を保とうとしてますます「摂取量」を増やしてしまう。

どちらの状態も、不安によってなおいっそう燃え上がる。そして、愛が確実なものとなると、当然ながら情熱は消えてしまう。また、嫉妬については、フランスの文学者フランソワ・ド・ラ・ロシュフコーが、「嫉妬は疑念によって増長する。そして、疑念が確信に変わると、嫉妬は狂おしいほどのものになるかあるいは消え去ってしまう」と語っているとおりだ。[13]

自分自身が嫉妬に囚われてしまったと思ったら、「なぜ嫉妬心を抱きつづけなければならないのか」「嫉妬が二人の関係にどんな役割を果たしているのか」「嫉妬がないとどうなると思われるか」と自らに問いかけてみよう。

エイミーは、どうやら嫉妬にうまく対処できたようだ。

エイミー　あなたはメッセージ文を書くのが上手ね。とても楽しいわ

ギャビン　僕は上手なメッセージ文を送ることにかけては、大いに自信があるんだ。

ギャビン　まずは、短い文章から始めて、徐々に長くしていくんだ

エイミー　秘訣を披露してくれるなんて驚いたわ。でも、私たちのやりとりが楽しいのは絶対にそれだけではないことは、私だけでなくあなたもわかっているはずよ。

ギャビン　もちろん、特別な技やそれをどの程度使うかというのもあるけど、それは決して伝えられないんだ。経験でわかるものだから。

エイミー　アルゴリズムみたいなものよね？

ギャビン　僕はどちらかというと、そろばん派かな。しかもたくさんあればあるほどいい

エイミー　複数使いたいってこと？

ギャビン　そう、ひとつじゃ物足りないかも

エイミー　ああ、そういうことね。私は「自分が所有すべき自転車の数は『N＋1』台である。ただしNとは、いま現在所有している自転車の台数」っていうジョークをよく言ってるんだけど

ギャビン　僕は「N＋1」の可能性を、進んで受け入れるよ

エイミー　じゃあ、あなたのそろばん好き（とはいえ、まだ詳しく検討できていないし、理解できたわけじゃないけど）を活かして、私たちの仲がご破算にならないようにしてちょうだい。

ギャビン　（笑）。複数のそろばんでもいいかな？

エイミー　複数にするかどうかは、専門家であるあなたにいったん任せるわ。おやすみなさい。

ギャビンが「複数の相手と同時につきあいたい」という欲望をほのめかしているこの一連のやりとりで、エイミーはたとえ嫉妬を感じていたとしても、それをメッセージ文に一切表していない。そして、ギャビンとのやりとりが今回で終わらないよう、彼が暗に示しているものを今後理解しようとする姿勢を見せた。そうすることで、エイミーは彼と連絡を取りつづける可能性を残したのだった。

〝compersion〟（コンパーション）という言葉は、ポリフィデリティ（多夫多妻制）生活共同体「ケリスタ」によって一九七〇年代につくられた。ヒッピー文化発祥の地であるサンフランシスコのヘイト・アシュベリー地区に置かれたこの共同体では、「体制に同調しない」「性的な自由の尊重」というヒッピーの理想が取り入れられていて、「コンパーション」は嫉妬の対義語としてつくられた。この言葉は、「自分のパートナーがほかの相手とセックスすることに対して、自分の経験であるかのよ

うに喜ぶこと」を意味している。それ以降、「コンパーション」はポリアモリーを実践する人々に広く使われるようになった。

ポリアモリーを実践しているアメリカ人は、全体の五パーセントにすぎないと推定されているが、「合意に基づくノンモノガミー（ＣＮＭ）」を試そうとした人は二割に上るという。[14] 二〇一六年のある研究によると、ミレニアル世代で完全な一対一の恋愛関係を望んでいるのは、半数にすぎないそうだ。[15] 人生のある一時期、特に若いときは、一対一の恋愛関係や一夫一妻制を意味する「モノガミー」への支持が低くなるのはさほど不思議ではない。

クラリッサ　でも、ねえ教えて。あなたが女性が大好きなのはわかっているけど、あなたは本当に一対一のつきあいを好むタイプなのか、それともどちらかと言えばそうでないのかしら？

ヘンリー　モノガミー派かポリアモリー派かパンアモリー派かっていう類の質問は、若者向けだな。僕の年齢になると、ひとりの女性で十分すぎるよ。

ヘンリー　あえてソロモン王っぽく言えば、女性半分でいいっていう答えでどう？😅

クラリッサ　ちょっと聞いてみたかっただけよ。じゃあ、私はあなたとのつきあいでは半分余ってしまうわね。もうひとりとはそうじゃないけど。

〔「パンアモリー」は、相手の性別や性的指向などにまったくこだわらず、すべての人を対象にする恋愛のかたち。「ソロモン王」は、ソロモン王が赤ん坊の母親を名乗る二人の女性に対して、「赤ん坊を半分に切って分ければいい」という判決を下して二人を試したという聖書の話から〕

とはいえ、モノガミーにあまり興味がない人でさえも、自分自身が複数の相手を持つという考えには乗り気でも、パートナーがほかの相手と関係することについてはあまりよく思わない場合が大半だ。CNMを実践している人々において嫉妬は決して珍しいものではなく、それぞれが対処しなければならない。ただし興味深いことに、それでもパートナーに対する嫉妬の度合いは、CNM実践者のほうがモノガミー実践者よりも低い。[16]なかでも、ポリアモリー実践者（CNM実践者に含まれるが、ポリアモリー実践者は「愛すること」を重視していて、関係が長く続く場合が多い）のパートナーへの嫉妬の度合いはかなり低く、恋愛がうまくいっているパートナーに対して自分のことのように幸せを感じる、つまり「コンパーション」を抱くことができるという。また、嫉妬については、第一の関係の親密さを高めるために学んで活用できる、成長のための経験とみなしている人もいる。

CNMの推定実践率はかなり前のデータによるものだが、それよりさらに前の研究では、異性愛者の男女の少なくとも四分の一が、ほかの人とつきあう同意をパートナーから得ていることが判明している。[17]ただし、その同意に基づいて実際に行動を起こした人はごくわずかだったようだ。同性愛者の場合、こうした同意を得ている割合ははるかに高かった。最も高かったのは男性の同性愛者で、七三パーセントに上っていた。しかも、その大半が実際に行動に出ていた。興味深いのは、同性愛者のカップルと異性愛者のカップルはモノガミーの実践度は異なっているにもかかわらず、パートナーとの関係に対する熱意や満足度の高さはほぼ同じだということが複数の研究で示されているという点だ。

一方、不倫ははるかに多い。調査対象者の男性の二五パーセントおよび女性の一五パーセントが、

「昨年、結婚相手以外とセックスした」と答えていて、しかもアメリカ人の七割が、結婚してから少なくとも一度は不倫したと推定されている。[18] ところが、結婚しているカップルを対象とした調査で「配偶者は不倫をすると思うか」と尋ねたところ、「思う」と答えた人は少数だった（ほぼ八パーセント）。[19] どうやら、私たちは現実を知らずに、配偶者が貞節を守っていると思い込んでいるようだ。ちなみに、実際には離婚する人が多いにもかかわらず、自分たちが離婚すると思っている人は少ない。

精神科医としての診療経験からはっきりと言えるのは、浮気は、された側にとっては決して簡単に受け入れられるものではないということだ。浮気は二人の関係が壊れる最大の原因だが、傷つけられた側の多くは、「私がパートナーに本当に求めているものは何だろう？」「パートナーがほかの誰かとセックスした場合、私に対する愛情は減ってしまうのだろうか？」「パートナーが浮気相手のことを好きだったとしても、だからどうなんだろうか？」「誰かとつきあっているとき、その人は『私のもの』なのだろうか？　だとしたら、それはどういうことなんだろうか？」といった辛い質問を、自分に投げかける時間をとろうとはしない。

こうした思考実験が辛くて難しく思える原因は、「欠乏感」と「失うことへの抵抗感」だ。つまり、「パートナーという存在がなくなってしまうかもしれない（あるいは、ただ単に愛がなくなってしまうかもしれない）」「失うことから自分を守らなければ」と思ってしまうからだ。つまり、大半の人は、思い切り閉じられたドアの向こう側にこもることになる。少なくとも、突然ドアをこじ開けられて、現実と向き合わなければならない事態に直面するまでは。

ポリアモリーが恋愛の主流になることはまずないと思われるが、モノガミーな関係での嫉妬は、大半の人にとっては嫌というほどよくわかるものではないだろうか。私たちはときどき一歩離れて、パートナーを見つめ直すべきなのかもしれない。そうして、その人のありのままの姿を目にしながら、その人が独自に抱いている欲望や願望について考えるべきなのかもしれない。

ということは、恋愛関係で「愛と平和と理解」を見つけるための最善の策は、バランスの取れた関係を自らつくりだせるよう懸命に努力することだ。その関係とは、愛にあふれる親密さは大切にするが、その中心にいる相手を理想化しないものだ。特に関係が始まったばかりの頃は、相手を理想化したくてたまらなくなるものだが、決してそうしてはいけない。その代わりに、自分たちが育てたいと思っている関係づくりを重視しよう。そして、そうするにあたって、最高の自分、つまり「共感」「相手への尊重」「寛大さ」に最も満ちている自分を、二人の関係で出せることを目指そう。

本書の第一部では、どんな人と一緒にいたいかを自分自身に問うために、いかにメッセージ文を活用すればいいかを見てきた。第二部では、自分がどんな関係を築いているのかを知る、あるいはどんな関係を築きたいのかをより深く理解するために、メッセージ文を活用する方法を取り上げた。最後となる第三部では、会話のなかの真実を少し違ったやり方で探す方法を見ていく。私はこの方法を「スクロールする」と呼んでいる。過去のメッセージ文を振り返って見ていくことで、自分のコンフリクトマネジメントの方法〔対立に前向きに対処する方法〕がどんなものなのかが明確になる。それは二人の関係の転換点を知るための、手がかりとして役立つはずだ。もしその方法を知ろうとしなければ、すぐ手が届くところにある有力な教訓をみすみす逃してしまうはめになるだろう。トム・ストッパードが著書『トム・ストッパード　3――ローゼンクランツとギルデンスターンは死んだ』（早川書房、二〇一七年）で、「我々は橋に辿りつくと、それを渡ったあとに燃やしてしまう。我々の歩みを示すものは、煙の臭いの記憶と、あのとき目から涙がこぼれたはずだという思い込みだけなのだ」と綴っているように。[20]

第三部　スクロールする

第八章　毒になるメッセージ文

アニー　あなたがいま送ってきた動画、子どもには不適切じゃないかしら

ラス　最高なんだよ。すっごくセクシーでさ。

アニー　何の動画なの？

ラス　えっ、まさか見てもいないのに、けなそうとしてるのか?!

アニー　子どもの目の前で、この動画ファイルを開きたくなかったのよ

ラス　あっ、そう。そもそも、俺が送ったメッセージ文を、ほかの人に見せるべきじゃないね。メッセージ文っていうのは、一対一のプライベートなやりとりなんだから。それを誰かに見せるってことは、プライバシーの侵害だな。

アニー　ラス、あんたってくそったれだわ。私は子どもと外出中で、動画を見たら音声が聞こえてしまうのよ。他の人に絶対に見られたくないのなら、もうメッセージ文を送ってこないで

ラス　望むところだ。もう二度と送らないよ！

アニーとラスのこのやりとりでは、意地悪さや下品さが山火事のようにあっという間に広がってしまった。二人は相手に悪意があると瞬時に決めつけ、「けなす」「侵害」どころか、さらにひどい言葉まで使って批判し合った。子どもたちを不適切なメッセージ文から守るという大義名分があったにせよ、使われている言葉を見れば、もっと大人にならなければならないのは、むしろこの二人のほうだ。

メッセージ文が非難や侮辱の応酬へと急速に発展してしまうのは、こうした類のやりとりで陥りやすい典型的な罠であり、本章ではこの罠がどこに潜んでいるのかも含めて、これらのメッセージ文を掘り下げていく。こうした罠のパターンは、ついカッとなってしまったあとに、ようやく興奮から冷めて冷静に振り返らないと見えてこないものだ。だが、一連のメッセージ文を古いものから順にスクロールしていけば、明白な「開始点」を見つける方法を身につけることができ、やがてそうした印をあとからのみならず、やりとりの最中でも気づけるようになるだろう。

というのも、一連のメッセージ文はリアルタイムでのやりとりという主な役割に加えて、二人の関係にまつわるストーリーを保存するという役目も果たしているからだ。これはいわば、二人の関係の「健康状態」を記録しておくカルテのようなものだ。それらの記録のなかには、ほんのわずかな、病の兆候が隠れているかもしれない。転移性の末期がんを宣告されたとき、初期の「レントゲン」までスクロールしてみると、当時ははっきりとわからなかった腫瘍の影が見えるのではないだろうか？生じるパターンのなかには、あとになってようやく見えてくるものもある。

メッセージ文での言い争いは、メッセージ文での会話と、面と向かっての言い争いの双方の自然な延長線上にある。恋愛関係の専門家たちの大半は、画面という二次元の場所に喧嘩を持ち込まないようアドバイスするだろうが、指先で行なわれるこの喧嘩は完全には避けられないものだ。それに、すでに見てきたとおり、現実世界での言い争いよりも好都合な点さえある。とはいうものの、顔を突き合わせての口論とは違って、メッセージ文の吹き出しはすべて画面にずっと残りつづけて、いつでも読み返せる。「右から左へと聞き流す」ことはできないのだ。

返信する前に「読み返す」「まとめ直す」、さらには「書いた文章のスクリーンショットを、信頼できる相談相手に送って見てもらう」といった策は、どれも送り手の最悪の部分ではなく一番いいところを引き出すのに役立つはずだ。普段の私は精神科医として、こうした相談用のスクリーンショットを受け取る側だが、自分自身の恋愛がうまくいくように、信頼している相談相手のアドバイスに頼ることもあった。

前章では、尊重の気持ちを促進するための四つの実践方法を紹介した。これらは、ジョン・ゴットマンが著書 *What Makes Love Last?*（何が愛を長続きさせるのか？）で示した、「ヨハネの黙示録の四騎士」への対抗手段でもある。四騎士とは「侮辱」「非難」「拒絶反応」「防御」であり、恋愛関係で最も危ない先行きを示す兆候ばかりだ。人によってはほぼ無意識に取ってしまうこれらの態度を改めることができれば、自分自身もパートナーも大いに救われる。そういうわけで、恋愛関係のやりとりにおけるこの四つの習性をより詳しく調べて、それらがどのようなかたちでメッセージ文に表れるのかを見ていこう。

「侮辱」は、とりわけ不吉な兆候だ。侮辱は嫌悪感と密接に関連していて、パートナーを侮辱するのはパートナーのことを自分より下に見ているか、自分にはふさわしくない相手と思っているという意味だ。侮辱にはあからさまなものもあれば、暗に投げつけられるものもある。「あからさまな侮辱」は誰が見てもわかるものであり、侮辱された側はみな不愉快になる。

スコット　君が君の母親みたいに惨めなほど忘れっぽくなる前に、僕はこの関係を終わらせなきゃ。

ミリアム　私は最善を尽くしてるわ。ただ、一度にやらなきゃいけないことがたくさんあって。

スコット　君の家族の遺伝的欠陥に違いないな。何らかの精神的な問題だよ。君はどこかおかしい。

このようなあからさまな侮辱を浴びせられたら、通常もはや修復は不可能だろう。

一方、「暗に投げつけられる侮辱」は、軽妙または冗談っぽく聞こえたりする。ただし、それらの言葉は、確実に的を射ている埋め合わせの言葉（かつ侮辱を乗り越えられる言葉）がなければ、いつまでも相手の心に残るだろう。具体的には、否定的な言葉ひとつに対して、それを打ち消すような肯定的な言葉が少なくとも五つ発せられなければならないということだ。心にじわじわと染み込む否定的な言葉や、いつまでも残りつづける暗に投げつけられた侮辱の痕跡は、末期段階のよりあからさまな侮辱につながる初期症状だ。ゆえに、次の例のようなやりとりは、さらに多くの肯定的な言葉によって「中和」されなければ、二人の関係が損なわれはじめるだろう。

エラ　ねえ、その話すっごく面白いわ
サム　本当の話だからだよ
エラ　こういうとき、息子は〝lol〟（笑）じゃなくて、〝ne〟って打ってくるの。〝nasal exhale〟（鼻から吐き出す）の略なんですって。lolよりいいと思わない？
サム　lolっていうのは、以前はウェイターたちが〝little old lady〟（惨めな老婦人）を指すときに使っていた言葉なんだ。ひとりぼっちで食事して、チップを払わない老婦人のことだよ。
エラ　えっ、それって将来の私かも。
サム　そんなわけないよ。君はチップを払ってるし。
エラ　あなたのお墨つきをもらえて嬉しいわ
サム　あれっ、でもそれかもしかして、君が将来チップももらえないウェイトレスになるかもっていう意味だったのかな？

からかうことと暗に侮辱することは、まさに紙一重だ。第四章で見てきたとおり、攻撃的なタイプのユーモアは無神経だし、悪気があるように感じられるものもある。サムの返信は単にからかい混じりだったのかもしれない。だが、相手が傷つくようなこうした冗談は、二人の関係を駄目にしかねない。

暗に投げつけられる侮辱は、小さなジャブを何度も繰り返すかたちで行なわれる場合もある。これはまさに、「千の小さな切り傷で死に至る」というよく知られた言い回しのような事態だ。あるいは、パートナーが打ち明けてきた秘密、しかも本人にとってとても重大な秘密までをも攻撃材料として利用する場合もある。次の例では、ケリーはカイルに悪いところを直してもらいたくて、前に教えてもらった彼の過去の恋愛での失敗を持ち出したが、少々やりすぎたようだ。

カイル　僕は、君に正直でいたいと思っているだけだよ……いまの僕たちは、歯車がうまくかみ合っていない気がして……僕は二人の関係で居心地の悪さを感じたくないし、君にもそんな思いをしてほしくないんだ……

ケリー　それって、うまくいくための努力をせずに、ただ美味しい思いだけをしたいってこと？　そんなことできるのかしら？　これがあなたが過去の恋愛から学んだ教訓だとしたら、とんでもないわね！　恋愛に大きな期待を抱く前に、少し時間をとって考えるほうがうまくいくと思うわ！

ケリーは、「いまの君と僕は、互いに別々のものを求めているのではないか」というカイルが訴えたいことを検討することなく、彼がケリーを信頼して打ち明けた過去の恋愛での失敗話をすぐさま持ち出した。ケリーはそうすることで、カイルの前の恋愛でも、そして今回でも、非はすべて彼にあると言わんとしているのだ。

「非難」は侮辱に比べて、された本人も、より心当たりがある。そのため、非難された相手は侮辱されるよりは不快感を覚えないかもしれない。だがそれでも、非難も関係を壊しかねないほどの影響力を持っている。「千の間違いの指摘で死に至る」とでもいうようなものだろうか。シェアはラヴィと一緒にハイキングに行く予定で、彼がこのあと家に寄るのを待っている。だが、事前に正確な時間を決めていなかった。

シェア　何時に家を出る予定なの？
ラヴィ　すぐあとで連絡するよ。
シェア　どうして「すぐあとで」なの？　先延ばしにしているだけじゃない。あなたはいつだって、絶対に予定をはっきりさせてくれないのね
ラヴィ　頼むよ。いま友人たちと朝ご飯を食べてるんだ。あとで連絡するから。先延ばしにしてるわけじゃないよ。
シェア　わかったわ

ラヴィは予定を曖昧にしがちのようで、シェアを苛立たせたのは明らかに今回が初めてではないようだ。だが、彼に対するシェアの「先延ばしにしている」「絶対に予定をはっきりさせない」といった言葉は、この状況においてはあまりに非難めいていたかもしれない。代わりに、ラヴィとのあいだに一定の距離を取って、「わかったわ。じゃあ、午前一〇時までに連絡してね。よろしく」といった

返信をしたほうがよかったのではないだろうか。

非難と小言も、これまた紙一重だ。非難は自分が気に入らないことを伝えるのが主だが、小言は相手に何をしてほしいかを伝えるのが主だ。どんなカップルもいずれ、「片方が相手に対して繰り返し要求したら、相手がそれを無視する」という、小言への対処法を身につけることになる。やがて小言が激しく繰り返されるようになると、小言や非難を投げつけられている側の拒絶心が大きくなり、わざと言うことを聞かなくなってしまう。

「パートナーから非難されるかもしれない」「パートナーを失望させたことで責められるかもしれない」という思いが強くなると、拒絶心が大きくなりすぎて「拒絶反応」を示すようになる場合がある。拒絶反応が出た人はパートナーの言うことに耳を貸さなくなり、もう相手にしていないことをボディーランゲージや視覚的な手がかりで示そうとする。[1] メッセージ文では、拒絶反応は「返信が適時に来ない」「話題を変える」といったかたちで最もはっきりと表れる。大抵の場合、無視されている側は苛立ちが募っていく。一方、拒絶する側は、悪意があるように思えるほど泰然としていることが多い。

アンバー　ショーン・コネリー、安らかに

【返信来ず】

アンバー　電話したんだけど。今晩一緒にご飯食べない？

マイケル　感情的な関わりを避けることと、危険な誘惑については、すべて彼から教わったよ。

冥福を祈る

アンバー　じゃあ、その後ダニエル・クレイグが、あなたからそれを学んだってこと？
マイケル　栄光への道では、聖火をリレーするものだからね
〔ショーン・コネリーは初代、ダニエル・クレイグは六代目のジェームズ・ボンド〕

マイケルはアンバーの短いお悔やみのメッセージを利用して、コネリーの役柄についての解説へと話をそらした。アンバーは、自分がマイケルから避けられているのではないかという疑念については確信できたが、彼が晩ご飯に行く気があるのかどうかは読み取れないでいる。もしかしたら、マイケルは自分が晩ご飯の約束をしたいのかどうか、わからないのかもしれない。あるいは、「ノー」とは言えない性格で、相手の問いかけをかわすほうが楽なのかもしれない。

ジャスミンは話をかわそうとはしないが、ローマンが彼女を追い詰めようとしてきたときに拒絶反応を示した。

ローマン　取り急ぎの連絡なんだけど、僕は今夜から月曜の朝までだったら、いつでも空いてるから
ジャスミン　わかったわ。たぶんその予定だと私の都合とうまく合わないと思うけど、とりあえず話し合いましょうか。
ローマン　予定なんか、合わそうと思えば合うもんなんだよ。君は逃げたいから、いつも忙しいふりをしているんだ。それはもう止めないか

ジャスミン　忙しいふりなんかしてないわ。今夜はもう予定があるの。週の後半なら会えると思うけど
ローマン　君は何か僕に隠しているんじゃないのか……？
ジャスミン　いまは話す余裕がないわ

ジャスミンが会おうとしないので、ローマンはさらに彼女を追及して、隠された思惑があるのではないかと尋ねた。だが、このやり方では彼女から納得のいく答えを得られるとは思えない。
「防御」とはその名のとおり、口論のときに守りの姿勢に入ることだ。ゴットマンによると、防御には「当然の憤りを示す、反撃に転じる、罪のない犠牲者のように振る舞う」といったかたちがある。

ロリ　ベッド脇にあった、アイフォンの充電器を持ち帰ったりしていない？
リチャード　君の充電器は持っていないし、君の家を安宿として使わせてもらうほど困っていないしね
ロリ　ふうん。あの充電器、どこにいったのかなあ
リチャード　さあね。いきなり起こされて、充電器を盗んだんじゃないかって疑われるのは、いい気がしないよ。見つかるといいね。

明らかに、リチャードは警戒しなければならないと感じている。もしかしたら、ロリとの関係（あ

るいは過去の交際）で、攻撃から身を守らなければならないことが前にもあったのかもしれない。それゆえ、傍から見れば悪意がなさそうな質問に対しても、慌てて防御に入ったのではないだろうか。リチャードはロリの質問を実際よりも批判的に捉えたようで、彼は「安宿」「盗んだ」といった言葉を出しながら、自分が疑われたと大げさに騒いでみせた。そうすることで、自分をあまり責めないよう、嫌味を込めながらロリに求めているのだ。

苦悩のダンス

ここまでは、メッセージ文のやりとりでの問題がどちらか一方にある場合について取り上げてきたが、毒になるメッセージ文のやりとりがカップルの双方によってつくりだされるパターンもある。カップルにしかできないこのやりとりのパターンは、いわば「苦悩のダンス」だ。感情焦点化療法という心理療法を編み出した心理学者のスー・ジョンソンは、こうしたダンスを著書『私をギュッと抱きしめて』（金剛出版、二〇一四年）で「悪魔の対話」と呼び、カップルのあいだのちょっとした口論が互いをいじめ抜く密室での儀式へと発展していく危険性を、サルトルの有名な格言「地獄とは他人のことだ」を引用しつつ解説している。[2]

こうした苦悩のダンスでは、ペアの双方による非難の応酬が激しくなりすぎて、ついにはともに先手を打って攻撃するしか手段がなくなってしまう。大抵の場合、こういった展開では片方または両者が被害者ぶろうとする。

次のアナトールとソフィーのやりとりでは、アナトールがおずおずと（しかも愚かにも）前言を翻したことから、二人のあいだの緊張が急速に高まっていった。

ソフィー　今日はどんな一日だった？
アナトール　仕事もうまくいったし、いい一日だったな。君はどうだった？
ソフィー　私も同じよ。ここ二日間はめちゃめちゃ忙しかったけど、すべて終わったから週末はフリーよ
アナトール　だったら、君の疲れを癒しに行こうぜ
アナトール　君へのご褒美になるようなことをしよう
ソフィー　じゃあ、どこかにデートに連れてって
アナトール　明日の夜は？
ソフィー　別に大丈夫よ
アナトール　わかった
アナトール　たぶん行ける
アナトール　予定がまだちょっとわからないけど
アナトール　君がまさか「イエス」と言うとは思わなかったんだ
ソフィー　じゃあ、そもそもなぜ「明日の夜は？」って尋ねたの？
ソフィー　どうして私が「ノー」と答えると思ったの？

アナトール　だって、明日は土曜の夜じゃないか（大爆笑）。僕は何らかの予定が入ると思うんだ。まず間違いなく

ソフィー　えっ？　それなのに、なぜ私が明日の夜空いてるかどうかを尋ねたわけ？

アナトール　正直言って、君が「大丈夫」なんて答えるとは思ってもいなかったから、ちょっとしたジョークのつもりだったんだ

アナトール　でも、来週なら

ソフィー　結構よ。こんな馬鹿げたこと、もうたくさんだわ

アナトールがデートの誘いを撤回したとき、それでもソフィーはできるだけ大人な対応をしようと努めたようだ。だが、次の例では、クリスタに曖昧な態度を取って週末は男友達と過ごしたいと告げたジェフリーは、彼女に容赦なく攻撃される。

ジェフリー　僕をろくでなし呼ばわりしないでほしいな

クリスタ　いいえ、あなたは正真正銘のろくでなしよ。あなたのどうしようもないお友達と一緒に、ウェイトレスたちとやるのを楽しんできてね。どう考えても、そのお友達はあなたのこともあなたの幸せのことも、みんなこれっぽっちも気にしてないわ。あなたが私を投げ捨てて、また彼らにいい顔をするのをただ喜ぶんでしょうね。あなたは本当に馬鹿なやつね。私がこんなに愛してるって、そばにいたいって言ってるのに、そのあとすぐに、あなたはほかの誰かと出かける

計画を立てようとするんだから。何かのお祝いですって？　信じられないわ。私のことなんて、これっぽっちも尊重してくれないのね。

クリスタ　まあ、別にどうだっていいけど。もしかして、私とやりとりしながらアプリのほかの恋人候補も次々と全員口説いてたの？　本当に馬鹿みたい。ようやく本性が見えたわ。あなたは誰とも本気でつきあう気はなくて、シングルのまま、ただ女たちとやりたいだけなんでしょ。信じられない。本当にくそ野郎だわ。私を思いどおりに操ろうとするなんて、いったいどういう神経をしてるのかしら。

クリスタ　よい週末を

クリスタ　というか、よい人生を

クリスタ　もうどうでもいいわ。本当に馬鹿みたい

この手のダンスでは、二人の関係における互いの役割が暗黙の了解で決まることもある。たとえば、パートナーの一方が「頼りたがり」、もう片方が「自立している」という役割を与えられる場合もあるだろう。あるいは、片方が「感情をすぐ表に出す」自分、もう片方が「冷静沈着な」自分を演じているカップルもいるはずだ。そうして、自分も相手も与えられた役割にあまりに染まってしまうと、目の前の問題について喧嘩をするのではなく、喧嘩のための喧嘩をするようになるときがいずれ来てしまう。

ハーパーとランドンの関係は、情熱的だが不安定な愛の嵐に巻き込まれたようなものだった。ハー

パーは、一緒に暮らすという安心を手に入れたかった。だが、ランドンがまだそんな時期じゃないと思っているのは明らかだった。このことについてハーパーがやりとりしようとすると、ランドンは一緒に暮らす案について話し合うつもりもなければ、「彼女が必要としているもの」を与える約束をするつもりもないとまたしても告げたため、ハーパーはがっかりしている。だがここでは、二人の考え方の違いについての喧嘩が、やがて喧嘩についての喧嘩になっていく流れに注目してほしい。

ランドン　毎回この話を繰り返さないといけないのかな？　一緒に住むことが君に絶対に必要なことだとは思わないけど、君にとっては絶対にそうしたいことだというのは、よくわかったよ。

ハーパー　欲しいものはその都度変わっていくけど、必要なものは絶対に妥協しちゃいけないことは、すでに証明されてるわ。

ランドン　証明されてるって？　でも、さまざまな研究によると、人類は必要なものについて妥協しながら進化してきたことが明らかになっているんだけど

ハーパー　何について妥協しろって言うの？

ランドン　まずは、「必要なものは絶対に妥協しちゃいけない」っていう考えについて。

ハーパー　はっきり言ってちょうだい。あなたは何を妥協すべきだと思うの？

ランドン　一番大事なのは愛だ。これは妥協できない。でも、それ以外は妥協できるよ。

ハーパー　私はと言うと……

ランドン　君が妥協できないのは、三点リーダーを使うこと？

ランドンは妥協できるものとできないものを哲学的に定めることで、ハーパーが必要だと語っているものを合理的に片づけようとする。二人はそれぞれのやり方でやりとりを続ける努力はしているが、それと同時に互いを攻撃し合っている。ランドンはハーパーが「必要としているもの」を「単に欲しいもの」と決めつけて取り合わず、彼女の「証明されてる」という根拠の曖昧そうな言葉に思い切り反論し、途切れた文章をからかってみせた。一方、ハーパーは「私が必要としているものを与えてくれない」と非難することで、ランドンをひどい男に仕立て上げている。そして最後のほうになると、喧嘩の内容は一緒に住むかどうかよりも、どんなふうに喧嘩をしてやろうかが主になってくる。どちらも相手の考えの根底にあるものを理解しようとしていない。

失望をもたらす苦悩のダンスの別の例としては、カップルの双方が「追いかける役と逃避する役」の両方をこなすパターンがある。この場合、一方が相手を追いかけながら要求や非難を浴びせると、もう一方が避難しようとする。たとえるなら、車のフロントガラスのワイパーのようなものだろうか。片方が近づくともう片方が逃げ、次は逆の動きになる。エスメとケビンは、このパターンのダンスに苦しめられている。

エスメ　どうしても電話してほしいの。私だって大事な存在のはずなのに、自分をそう思えないの。私をそういう気持ちにさせたのはあなたよ。もうこんなことは耐えられないわ。

ケビン　話したくないいんだよ。君が不安なのはわかるけどさ

エスメ　いいえ、明らかにわかってない

エスメ　ねえ、もし電話ができないと言うのなら、メッセージ文くらいは送ってくれてもいいんじゃないかしら。いまのあなたの振る舞いは、ろくでもないわ。本当にひどすぎる！

ケビン　ひとりになれる時間が欲しいって言ったじゃないか。もう電話の電源を切るからね。

非難される側には誰もなりたくないのは当然だが、ケビンの逃避は非難を浴びせるのと同じくらい相手の心を打ち砕く。ケビンはエスメに対してただ心を閉ざすのではなく、「少しのあいだ離れるけど、そのうち戻ってくるから」と彼女に伝えるほうが、いい結果をもたらしたはずだ。

実はこのダンスにはさらにもうひと種類あって、それは「追いかける役と逃避する役」をもはや超えてしまった「逃避する役と逃避する役」パターンだ。これはボクシングの試合で激しく打ち合いすぎて疲れ切った両選手が、互いを摑み合ったまま長時間静止しているような状態だ。傍から見ると抱き合っているようだが、これは相手の攻撃を止めるための一時的なものだ。やがて二人は離され、リング内の各自のコーナーへと退却することになる。どうしようもなく強固な守りに入ってしまっているこの三つ目のパターンでは、互いにつながろうとするとカップルの両者ともにあまりに傷ついてしまうため、どちらも退却して静かににらみ合うしかない。

次の例では、先ほどのハーパーが、二人の関係づくりにランドンが熱心ではないと思われる点についてまだ続いているやりとりで、訴えと交渉を再開している。

ハーパー　自分が欲しいものは何なのか考えてみてよ。いちいち私の心を粉々に砕かなくてもできるでしょ。

ランドン　僕は人生を楽しんで、賢くなりたいんだ。そんなに贅沢な望みじゃないと思うけど。あと、君が存在すら知らなかったかたちで君を愛したいな。

ハーパー　じゃあ、妥協してもいいと思えるものは何？

ランドン　だから、愛以外のすべてさ。そこには、相手を尊重する気持ちも含まれてる。だってはっきり言って、君にはその気持ちがなさそうだから。

ハーパー　今度は私を侮辱する気なのね。私がいつあなたに無礼をはたらいたと言うの？

ランドン　無礼っていうのには、単にそれまでの尊重の気持ちを引っ込めてしまうことも含まれてるんだ。僕はそれを経験させられてる。

ハーパー　どうやら、「愛」についての定義が二人のあいだで決定的に異なっているようね。だから私の胸は張り裂けそうよ。

ランドン　君の胸が張り裂けるのと僕は無関係だよ！　だって、僕のすべては君のものだから！

ハーパー　そういうことじゃないんだけど。

ランドン　でも、僕たちはお互いに夢中じゃないか！　ひたすら現実的になるのは、普通は倦怠期に入りはじめてからだよ。

ハーパー　意見が合わないと、あなたは攻撃を始めるの。私はヘロヘロで何も言えなくなるような気にさせられてしまうの。

ランドン　そいつは本当にひどい性格みたいだね。そんなやつからは、のたのたせずに一目散に逃げなきゃ駄目だよ。DTMFA

ハーパー　それって何の略なのかしら？　でもこの略語の前の文章はすべて理解できるわ。Dump the motherfucker's ass（そんな下劣な男は捨ててしまえ）？　しかも、そのとおりだと思う。

ランドン　ass じゃなくて already だよ

〔"Dump the motherfucker already" は「そんな下劣な男はいますぐ捨ててしまえ」という意味になる〕

ここでのハーパーは、犠牲者役と、悪人を責める役の二役を演じている。ランドンはハーパーへの愛を宣言することで安心させようとしたが、彼女は信じられなかったようだ。というのも、ランドンは「僕たちはお互いに夢中じゃないか」という言葉を、ハーパーの根本的な悩みに対する盾として使用したからだ。さらに、「あなたは攻撃を始めるの」とハーパーから責められると防御に入り、「いますぐ捨ててしまえ」と持ちかけることで、彼女から責められたことを大げさに騒ぎ立てた。一方、ハーパーは軟化するどころか、ランドンの挑発に乗ってしまう。二人に欠けているのは、相手が本当に心から望んでいるものに対して耳を傾けようとする姿勢だ。

ここで指摘しておきたい重要な点は、これらのダンスではカップルたちはみな愛着障害による苦痛を感じていることだ。つまり、このダンスは、そうした苦悩に対する反応だったのだ。カップルはこのダンスでの相手の役割だけを問題とみなすよりも、ダンス自体を問題として捉えることで初めて、ともに感じている苦痛への理解を深めて苦悩に満ちたつながりの修復に踏み出せる。

当然ながら、これらの対立のパターンには、カップルで心理療法を受ければ対処できる。だが療法を受けなくても、これまでやりとりしたメッセージ文をスクロールしながら適切な洞察力でもって読み返していけば、両者それぞれにダンスのステップが見えてくることが私の経験上わかっている。議論の興奮から冷めているときにこの方法を使えば、自分が送っているメッセージ文に浮かび上がっているパターンを知るために役立つはずだ。この方法を試した患者の大半にとっては、パートナーのコミュニケーションスタイルに問題があることへの驚きよりも、その原因が自分にもあることへの驚きのほうが大きい。

修復する

二人の関係を壊しかねない、こうしたパターンに自分がはまっていると気づいたときに対処するための手段は、より具体的にどんなものだろうか？　その答えは、自分が自身に語るストーリーを理解するということに、ふたたび戻ってくる。自分の恋愛関係やパートナーについてのストーリーを自分自身に語っていることに気づいたら、そのストーリーはあくまでいくつかのストーリーのなかのひとつであって、唯一のストーリーではないと考えるようにしよう。ストーリーは事実とは異なる部分もあるので、どの部分が周知の事実で、どの部分が意見や仮定であるのかをより分けていくと、のちの分析に役立つはずだ。自分の見方が歪んでいるかもしれない箇所はどこだろう？　それを見つけるには、自分のストーリーのなかで毒になる言葉（非難や侮辱を浴びせた箇所）や毒になる語り（自分が犠牲者や悪者になっている箇所）を洗い出すことだ。そして次に、同じ内容を毒のない別の言葉で語れないかを考えてみよう。

イヴリンは、カールが浮気相手の女性とかなり深入りした関係になっていたのを知って傷ついている。そして、まずはありったけの非難の言葉を吐き出した。

イヴリン　結局のところ、あなたは誰に対しても誠実ではないのね。あなたはとりあえずその場を乗り切れたり面倒から逃れたりできるのなら、どんな言葉だってかけるし、どんな振る舞いだってする。でも、それはすべて自分がよく思われたいためだけのもので、ほかの人の気持ちや幸せなどちっとも考えてはいないし、ましてや本当のことを話すつもりもまったくないのよね。

カール　君の言うとおりだ。

カール　僕は弱い人間だ。しかも不真面目で、気が変わりやすくて。

カール　君と話し合える機会をもらえればいいんだけど。

イヴリン　あまりよく知らない人だけに優しくするのよね。見知らぬ人には花束を買えるけど、愛する人たちには何の贈り物もしようとしない。

カール　僕は好ましくない人間だ。すぐ守りに入る。優しくない。人を傷つける。信用できない。

イヴリン　それに、愛する人たちには誠実でいられない。本当にあなたを必要としているときに、あなたはそばにいない。

カール　でも、電話にはすぐに出る。コーヒー、朝ご飯、昼ご飯、晩ご飯をごちそうする。一緒

に過ごそうと誘われたら、いつだってＯＫする

イヴリン　苦笑い。たしかにね

カール　仕事より君を優先してきた。仕事に支障が出るほどに。

イヴリン　私だって、あなたのためにそうしてきたわ

カール　というか、優先している。いまだって。

カール　たしかに、君は僕を一番に考えてくれている。僕が君のことを一番に考えるよりもずっと強く。それについては反論できないよ。

イヴリン　日曜は辛かったわ。あなたがあの子にキスしているのを見るのは辛かったし、花束を買ってあげているのを見るのも辛かった

イヴリン　あんなくだらないことで、これまでのことがすべて台無しにされてしまったのが辛いわ

カール　すてきな何かを僕が台無しにしてしまったのは認めるよ

カール　ねえ、大丈夫かな。今日はもうよく休んで、明日話し合いを再開しよう。僕ももう寝ないと。

イヴリン　今回のことで、私はもう疲れたなんてもんじゃないわ。

イヴリン　何か元気が出そうなことを言ってちょうだい

カール　ごめん。愛しい人

イヴリン　ありがとう。あなたのそのたくましい首を絞めたいと思いながらも、それでもあなた

を愛してるわ。

カール　おやすみ。そして、僕に我慢してつきあってくれてありがとう

カールは、イヴリンの抗議から逃避したり、殻に閉じこもって沈黙を続けたり、守りの姿勢に入ったりすることで、彼女と例の「悪魔の対話」に容易く陥ってしまう可能性があった。だが、カールはそのようなことはせず、代わりに「感情同士の柔道」で巧みな技を披露した。イヴリンにあえて攻撃させ、しかも自分自身を面白おかしく批判することで、彼女との試合に積極的に参加したのだ。それによって、イヴリンは「自分の訴えに耳を傾けてもらった」と思うことができ、しかも多少なりとも自分を冷静に見つめることができた。さらに、カールは本当に退却する際には、ふたたびやりとりすることを約束している（「明日話し合いを再開しよう」）。カールは失望をもたらす苦悩のダンスを華麗にかわし、イヴリンの寛容さにも助けられて、関係の修復に乗り出せた。もし、カールが守りに入ってイヴリンの侮辱や非難を拒絶していたり、彼女の傷ついた心を軽視していたりしたら、イヴリンの攻撃がさらに激しくなって、二人は抜け出すのが困難な「追いかける役と逃避する役」の罠にはまってしまっていたはずだ。

その後のやりとりでは、イヴリンは今回のストーリーをもう少し好意的に語ることにしたようだ。少なくとも、彼女自身はそうすると言っている。

イヴリン　あなたが怒りについて言っていたことを考えていたの。私が例の怒りの泉の間近に常

にいる気がするって、思わないでほしい。克服しようとしてこの秋ずっと頑張ってみたけど、あの泉はまだ同じ場所にあって、でも私はそこに行きたくないの。あなたも私にそこに行ってほしくないわよね。私がそこに行けば、あなたは自分が誤解されているように感じるだろうから。そこでの私は、「あなたは自分が何も感じないようにしている」「私の気持ちに気づくこともなければ、敏感でもない」「あなたはただ自分の欲求を満たすためだけに、私を利用している」などと平気で言ってしまうだろうから。いや、本当にそうしてしまうと思う。だから、そういうことをする代わりに、あなたの小さなジェスチャーを愛情の表現として、そして、二人の関係を続けようとするあなたの努力を献身の表現として見ることにしたの。さらに、どんな理由であろうとこれがいまのあなたが精一杯できることであり、もし状況が異なっていたら、こういうことにはならなかったかもしれないって思うようにしたの。

カール　ありがとう。君の繊細さ、そして君が常に怒りの気持ちと隣り合わせだということを、僕はわかっているつもりだ。戦うか逃げるかの反応が、無意識にいきなり出てしまうことも。でも、君はそれを抑えようとものすごく努力しているから、「いったい私はなぜこんなことをやっているのかしら?」と口にしてしまうのも無理もない。君が言っていたように、君はこんな僕を懸命に受け入れてくれようとしているんだ。君が、もうこんなことはこりごりだと思っているのもわかってる。

認知行動療法での基本的な取り組みのひとつは、自分の思考とその思考から生じる感情を知ることだ。そのなかには、「自分自身の経験」「自分が見聞きしたものを、どのように説明するか」「自分自身やほかの人に対する考え」について自分が語るストーリーも含まれている。その目的は、否定的または不確かな思考を突き止めて、それらをストレスに満ちた状況に対する「新たなストーリー」「新たな気持ち」「新たな反応」につながるようつくりかえることだ。

当然ながら、これは自分でやらなければならないことだ。それでも、関係を修復するには、パートナーの語りを理解することにも時間をかけなければならない。パートナーのどんな思考やストーリーが、この対立状況につながったのだろうか？

修復には謝罪が必要なことは容易に想像できるし、たしかに謝罪は重要な役目を担っている。だが、もし謝りたくないのなら、その代わりとしてパートナーにこちらの意図がきちんと伝わっているかどうかを確認することが、修復に役立つだろう。自分の「意図せぬもの」を「意図するもの」と区別することは、誤解の解消につながる可能性が高い。

イヴリン　話してくれてありがとう。いまの状況は私にとっては決して楽なものではないし、あなたと違って、私は気持ちをうまく切り替えられないの。抗鬱薬（こううつやく）やお酒でどうやって苦痛を紛らわせればいいのかも、よくわからないし。それに、どうすればあなたを無視できるのかも、どうすればあなたのことを考えずにすむのかもわからないの。

カール　大丈夫だよ。気持ちに浮き沈みがあるのは、僕もわかってるから。君に会えなくて淋しいよ。また連絡し合えるのを楽しみにしてる。

ストーリーをつくりかえるうえで、大きな障害になりかねないのは不信感だ。脳が不信で満たされてしまうと、パートナーを見る目が曇ってしまう。この対処法のひとつは、パートナーを大きな信頼で包み込もうとせずに、特定の項目ごとに信頼を細かく振り分けることだ。たとえば、「パートナーの意図するものは信用するけれど、あるお願いをかなえてくれるかどうかについては信用していない」というように。その人自身を信頼するよりも、目の前の問題についてその人を信頼できるかどうかを重視するほうが、修復にはより効果的だ。

親密であることとひとりの自分であること

親密な恋愛関係に欠かせないものは、「信頼」、ありのままの自分をさらけだす「自己開示」、そして「相手への関心」だ。だが、まぎれもなく親密な関係を受け入れるということは、自分をさらけだしたことと、さらけだした自分の弱さから生じる激しい感情も、我慢して受け入れなければならないということでもある。親密な関係を維持するには、これまでの章で見てきたとおり、一貫した自己意識を持ちつづけることが必要だ。親密さを受け入れる能力と、恋愛関係において自律性と独立性を維持する能力は別物だ。この二つの能力は、対立に対処するうえでの重要な要素になりうる。

親密さには、さまざまなかたちがある。もちろん性的なものもあるが、一般的にはもっと広い範囲に存在している。互いの考えや見方をはっきりと示して共有する余地のある、知的なかたちを取る場合もある。共通の経験から生じることもある。その経験が強烈であればあるほど、そこから生まれる親密さはより深いものになる。こうした親密さのかたちには、時間と場所を共有することでつくられるものもあれば、時間、空間、あるいは秩序だった思考さえをも超えた感覚として存在するものもある。

「親密さ」と「ひとりの自分であること」は、綱引きで対抗しているようなものと思われがちだ。だが、実はそうではなく、「ケミストリー」と「相性」の関係と同様に、互いに異なる軸に存在している。それゆえ、互いに自立した生活をしながらきわめて親密な関係を築くということも可能だし、互いに依存しながらも親密な経験はさほど共有していないという関係もありうる。

グレゴリーとロージーは二人の関係において、一緒に過ごす時間や親密さに対する考え方が異なっているようだ。

グレゴリー　独立記念日の週末が近づいてきたけど、大丈夫だよね？　一緒に過ごすつもりでいるんだけど……

ロージー　「独立」記念日だというのに、なぜみんな「誰かと一緒にすごさなくちゃ」っていうプレッシャーに駆られるのかしら？

グレゴリー　（笑）

ロージー　私たちの関係を、私たちなりのやり方で築くのは駄目なのかしら？

グレゴリー　それは「私の指揮で」ってことだよね。君はいつもそればっかり言ってる。そうして残された僕は、君があまりに「忙しさ」や「ひとりの自分」を優先する性格だから、僕たちには二人で何かをつくりだす余裕が果たしてあるのだろうかって思ってしまうんだ

修復を試みるにあたり、パートナーとの親密さを深めようとする人もいれば、自分ひとりの時間を増やして充電する必要がある人もいる。これが対立の原因となることもある。そのため、カップルの双方ともに、自分が求めているものが何かを確認すると同時に、相手が求めているものに対しても敏感でありつづけなければならない。これはかなりの慎重さを伴うやりとりだ。うまくいけば、水の上を滑っているかのように泳ぐ二羽の白鳥のような優雅なものになる。一方、失敗すると二頭の豚が争っているかのような光景が繰り広げられてしまうだろう。

時間とタイミングのよさ

プリヤ　ママの犬のフロキシーが、昨夜死んでしまったの。死ぬ間際にママの手をひどく噛んだので、ママは今日手術を受けなければならないの

アジェイ　駄目犬だな！

アジェイの妻へのメッセージ文は、（a）ブラックジョークのようで面白い（b）不愉快（c）無神経（d）a～cのすべてが当てはまる、のどれに該当するだろう？　答えはおそらく「すべてが当

てはまる」だと思われるが、単純に言えば「駄目」（この「駄目」は、通常親しみを込めて「駄目犬だな」と呼ぶときの「駄目」とは意味が異なる）な返信であることについては、誰もが同意するだろう。もしかしたら、フロキシーはここのところ家族の重荷になっていて、子どもたちや甥や姪たちは、犬を手放すようプリヤの母親に勧めていたのかもしれない。だがそれでも、アジェイの返事は不謹慎であり、義理の母の心と体の痛みへの配慮が明らかに欠けている。

感想や意見を述べるのが、あまりに早すぎるときもある。だが、通常は遅すぎる場合のほうが多い。タイミングはすべてではないが、まったく無視していいものでもない。会話のやりとりでこうしたタイミングの悪さが目につきだしたり、相手の怒りや不機嫌さがいつもよりずっと長く続いたり、逆に中途半端に収まったりするのは、注意が必要な合図だ。

アジェイはただいつもどおりの、空気が読めない感想を放ったにすぎないのだろうか？　それとも、プリヤとのあいだに、もっと深刻な事態が起きているのだろうか？　それは時間が経てばわかるだろうが、実際にわかったときはもはや手遅れだったということにならないだろうか？

恋愛関係において変化は絶えず起きるものであり、しかも第六章で考察したとおり、変化は二人の関係を長く健全に保つうえでの重要な要素だ。心理的な距離や、近づいたり離れたりする速さは時間とともに変化するし、相手に対する好奇心、忍耐、理解、受け入れの度合いもそうだ。それでも、初期の関係がどんなものだったかを振り返って、二人の関係の現状を判断するための何らかの目安がほしくなるときもある。つまり、カルテが必要なのだ。

ここまでの七章分をまだ読んでいない方や途中しか読んでいない方は、カルテが何を指しているのかいまはまだ想像もつかないかもしれない。それ以外の読者の方は、メッセージアプリを開けば数カ月前、あるいは数年前のものも含めたすべてのメッセージ文のやりとりの最新履歴が目の前にあることを、もうおわかりのはずだ。最も簡易的なアプリの日付やキーワードによる検索機能でも、「やりとりの傾向を読む」「二人の雰囲気がどんなものだったのかを、大まかに振り返る」「かすかな、またはより大きな地殻変動が起きたのはいつだったかを調べる」ことは十分可能だ。より深く掘り下げて調べることで、パートナーの姿勢や考え方の変化のみならず自分自身の変化にも気づけるはずだ。

この例でカルテを点検したのは、アジェイのほうだった。そして、そこで発見したことを私に次のように教えてくれた。「僕はプリヤの母親を、昔からあまり好きではありませんでした。彼女とは、気持ちがまったく通じ合いません。彼女はアルコール依存症だし、客がいてもほったらかしで、ベランダで煙草を吸いつづけるような人なんです。でも、プリヤとメッセージ文のやりとりを始めたばかりの頃は、僕自身はあの女性にほぼほぼ無関心だったにもかかわらず、母親の心配をするプリヤの力になろうとしていたことに今回気づきました。フロキシーについての僕の例のメッセージ文は、ジョークのつもりでした。でも、読み返してみると、僕の気持ちに変化が起きて、『自分はプリヤと彼女の機能不全家族すべてにもううんざりしていて、逃げ出したい』と思うようになったのは、あの瞬間だったことがわかったのです」

大抵の場合、二人の関係における最大の変化（この例の場合では、足元にひび割れが発生していたこと）は、あとになってみないとわからないものだ。完全に呑み込まれてしまうまで、割れ目が目に入らないのだ。

ハーパーとランドンの関係も、難しい変化の真っただ中にある。かわいがっているペットの死が目前に迫っていて、しかも別れと復縁を何度も繰り返してきたなかでの再度の別れを経た直後の二人は、関係を続けたいのか、それとも与えられた役割にただどっぷりはまりたいだけなのか、はっきりしていない。

ハーパー　こんにちは。バオの病状と、覚悟しなければならないときのことについて話し合いたいんだけど。あの子の調子がとても悪いの

ランドン　その前にまず、僕たちはいまとても難しい状態にあるということを、わかってもらいたいんだ。もちろんバオのこともそうだけど、君が二週間前に僕に別れを告げたことや、そのあとの友好的でないやりとりのこともだ。僕が関わってしまうと、君が感情面で無理しすぎてしまう恐れがあることを、まずは考えてみてくれないかな。

ハーパー　あなたを愛してるわ。私はあらゆることに対して、感情面で無理してるわ。自分が愛しているみんなを失いかけてるんだから

ハーパー　もうほかに失うものは何もないわ

ハーパー　こんなふうに話し合いたくないのなら、それでもいいわ。ほかで何とかするから

ランドン　必要ならば手を差し伸べるつもりだ。ただし、適度な距離を取りながらのほうがいいと思う。たとえば、葬式のあとに僕と一緒に数日間過ごすのは、適切じゃないと思う。

ハーパー　そうね……やっぱりあなたと話していると感情がもたないわ。あなたは「君は僕の生

涯の恋人だ」「君を愛してる」って言ってたのに、私の犬が死にかけているときになったら適度な距離を取るとか言いだして……私が一定の距離を取ることは尊重してくれないくせに

ハーパー 馬鹿げた話ね

ハーパー 愛はどこに行ったの？

ハーパー 私の犬が死にかけているのに、距離を取るなんて

ハーパー いったい何てこと

ハーパー あとにも先にも、あなたから受ける仕打ちでいま以上に残酷なものはないわ。あの子が死んだら私は立ち直れないって言った直後に。あなたはこれまでに会った誰よりも冷酷な人ね

ハーパー いったい何てこと

ランドン 君はいまのようなことを、もうずっと言いつづけてきたんだ。だから、こんな大事なときに僕がそばにいると悪い影響しかもたらさないから、一定の距離を取るほうが痛みが少なくなることは君もわかってるじゃないか。

ハーパー あなたは私のことなんか、どうでもいいと思ってるんだわ

ハーパー あなたの言葉やあなたの「愛」なんて、何の意味もないわ。バオをひとりきりで埋葬するように、それらも埋葬してやるわ

ランドン 自分でも驚きなんだが、悪口雑言と誹謗中傷による猛攻を受けているにもかかわらず、君のことはとても大事に思っている。

ハーパー でたらめばっかり

ハーパー　そんな言葉、何の意味もないわ
ハーパー　中身が何にもないいんだから
ハーパー　嘘ばっかりで
ハーパー　さよなら
ハーパー　あなたを信じつづけた私が馬鹿だった

対立の最中においては、感情が高ぶったり信頼が失われていったりと何かと騒がしいため、互いに送り合っている信号に気づくのが難しい。二人とも混乱していて、争っている意味さえわからなくなってしまう。そんなときは、二人のメッセージ文のやりとりを見直すことで状況が把握でき、困難を乗り越えるための手がかりが見えてくることもある。

アイザック・アシモフは、「人生は楽しい。死は平穏だ。厄介なのは、生から死への過渡期なのだ」という名言を残している。[3] 次章では引きつづき、恋愛関係の過渡期について見ていこう。それはいわば、進行中の恋愛関係の道路地図に示された分岐点のようなものだ。

第九章　分岐点

トリシャ　ウィリーのパーティー用に買った私のグレーのパンプスが、来客用寝室のクローゼットにまだ入ってないか、見てもらってもいいかしら？

ザック　あの夜の君は、めちゃくちゃ綺麗だったな。結局ずっと家から出ずに、いちゃついたっけ

トリシャ　ええ

トリシャ　あなたが仕事で留守中に、取りに行ってもいいかしら？

ザック　君は結局あれを履かなかった。だから新品のまま箱に入ってる。もしかして、今夜履くつもりなのかな？

トリシャ　ええ

トリシャとザックのこの見ていて辛いやりとりで、トリシャはパーティー用の靴を取りに行くため

に、彼の留守中に家に入ってもいいか尋ねている。これは、ザックとは無関係な予定でその靴を履くことを意味している。トリシャにまだ思いを寄せているザックは、彼女の頼みを聞き入れた。トリシャの「ええ」という短い返事は、彼女が新たな道を歩みはじめたことをザックに初めて示そうとした言葉だったのかもしれない。

アナイス・ニンは、次のように綴っている。「愛が自然死を遂げることはない。愛が死ぬのは、その源をふたたび満たす方法を私たちが知らないからだ。愛は無鉄砲さ、過ち、裏切りでも死ぬ。愛は病や心の傷でも死ぬし、倦怠、衰え、色褪せることによっても死ぬ。だが、自然死することは決してないのだ」[1]それはつまり、本書で取り上げた研究者たちでさえ、対立の激化と愛の死を解説する際に「悪魔」や「ヨハネの黙示録」といった言葉に頼らざるをえないという意味だ。愛の死に苦しむ者にとっては、それは単なる恋愛関係の終わりどころか、この世の終わりなのだ。

私たちはみな、そうした感情の分岐点に立たされたことがある。ただし、大半の人は、あとになるまでその事実に気づかない。というわけで、一連のメッセージ文をスクロールして振り返ることは、二人の関係を蝕む病がいつ発症したのかを診断する（あるいは、必要なら検死解剖する）ために役立つはずだ。また、関係の「健康状態」がいつ好転したのか、つまり、愛が深まった瞬間を、目の当たりにすることもできる。要は、新たな段階の始まりである分岐点において、二人がいつ、どのように進んだのかを知ることができるのだ。

関係が変化するにつれて、メッセージ文も変化していく。情熱的で、いちゃついてばかりだったメッセージ文が、やがて「週末の予定」「食料品の買い物リスト」といった、日常生活についてのやりとりへと変わっていく。あるデータサイエンティストが、初めてのデートから結婚六年目までのあいだに夫に送ったメッセージ文で使われている言葉を順に調べたところ、「ねえ」「愛」「いい」「楽しい」が使われる頻度が減っていった一方で、「晩ご飯」「いま」「ＯＫ」がよく使われるようになったことが判明した。[2]二人の関係が進展するにつれて、メッセージ文がこのように、より実利にかなうものになるのは避けられないこともかもしれないが、愛情たっぷりのメッセージ文がカップルの結びつきを維持するために当然役立つことも覚えておくべきだ。

相手が徐々に距離を取りながらいまにも方向を変えようとしているのか、それとも単に二人の関係が新たな段階へと移行しているだけなのかは、どのようにしてわかるのだろう？　自分は道の始まりにいるのか、それとも終わりにいるのだろうか？　私たちは大抵の場合、そうした分岐点を漠然とした不安、懸念、期待、恐怖といった感覚を通じて、直感的に認識するようだ。要は、自分が何をわかっているのかが把握できないまま、わかってしまうということだ。たとえ本人がそう気づいて行動に移すのがずっとあとのことだったとしても、こうした感情に襲われていることは、メッセージ文の言葉にはもっと早い段階から表れていたかもしれない。たしかに、本人たちや周囲が気づいていようがいまいが、別れや離婚の話が本格化するずっと前から、二人の溝が深まっていた場合がほとんどだ。

私は長年の診療のなかで、恋愛のハンドルを握ったまま居眠り運転をしていた患者も診てきた。彼らは衝突して、ようやく目を覚ますのだ。そうした患者のひとりであるマルゴは、一八年間連れ添ってきた夫が「マンションを借りて出ていく」と言いだすまで、彼が別れたいと思っているなど想像すらしたことがなかった。翌日、マルゴは大至急初診の予約を取りたいと私に連絡してきた。電話越しの彼女は涙声で取り乱していて、こうなってしまった原因の手がかりを必死で探そうとしていた。彼女は完全に不意打ちを食らったようだった。私に相談してきたほかの患者たちは、関係が瀕死の状態であることを痛いほどわかっていながらも、変化や孤独への恐怖、あるいは愛する人を傷つけるのではないかという不安から、相手に向き合えない場合がほとんどなのだが。

仕事であろうと、人間関係であろうと、あるいは住んでいる都市であろうと、変えようとするのは難しいものだ。そして当然ながら、性自認や性的指向といった、自分自身の存在の中心を成しているものに対する考え方を変えようとするのも。とはいえ、「『一生ずっと』が実現できなかったらどうしようという、将来に対する不安」は、社会的流動性と地理的移動性の高まりによって過去のものとなった。今日では、生まれてからずっと同じ町で暮らし、ずっと同じ仕事に就き、初恋の相手と結婚する人など、ほぼいないはずだ。変化は普通のことだと理解して、恋愛における変化をうまく受け入れる方法はあるのだろうか?

これまで見てきたとおり、自分の恋愛について語るストーリーは、人によって本当のものもあれば嘘のものもあるし、真実と嘘が混ざったものだってある。こうした自分自身のストーリーを一歩離れて見直すことの重要性は、前にも指摘したとおりだ。メッセージ文を順にスクロールしていけば、目の前の「生データ」を使って、ストーリーを語り直すことができる。目の前の道を進むのが不安なときであろうと、関係が消滅してしまったあとの「検死報告」としてであろうと、そこでストーリーを語り直すことで多くを学べるし、大切なものが何であるかがわかるはずだ。

その人が自分にふさわしい相手かどうかを見極めたり、つきあいはじめるにあたって相性のよさや、息が合うかどうかを確認したりするうえでメッセージ文が役に立つことは、すでに取り上げてきた。ここでは、「幻滅」「一体化」「隙間風」という、恋愛関係の一部始終での三つの典型的な転換点が、一連のメッセージ文のなかでどのように示されているかを見ていく。これらの各分岐点では、カップルは次のような行動を取ることができる。ひとつ目は、何の疑問も抱かずに、二人の結びつきの新たな段階にただおとなしく移っていくこと。あるいは、目の前の分岐点を重要だとみなして、それに見合った真剣さでどうするか考えることだ。

幻滅

情熱にあふれていた初期段階を卒業して、より安定した（ただしワクワク感は減ってしまった）関係づくりに入ったカップルが、何らかの幻滅感に多かれ少なかれ襲われるのは決して不思議なことではない。相手に対する不安を突如覚える。以前は気づかなかった、あるいは大したことはないと気にしていなかった相手の欠点が目につくようになる。互いへの称賛や感謝の気持ちが大きくなったかと思えば小さくなる。初めの頃はあふれすぎてどうしようもなかった相手への愛情も、次第に穏やかになってきた。出会ったときはたまらないほど魅力的な、運命の人に思えた相手が、ごく普通に出会った普通の人に思えてくる。二人の関係を維持することが、何かの作業のように思えてくる（そう思える理由を率直に言わせてもらうと、恋愛関係を保つのはまさにある種の作業だからだ）。一緒にいることを選ぶ自由を享受していたはずなのに、自由を追求する選択肢が俄然魅力的に思えてくるようになる。そうして、分岐点が突如として目の前に現れる。

大抵の場合、こうした難局にどう対処するかが、二人の関係の行方を左右する。時折出てくるでこぼこ道で明るみに出た、二人の違いやそれぞれの独自性を楽しめるカップルは、自分たちの選択に自信を持ち、自分たちが進む方向を信じて、分岐点を割に楽々と通過するだろう。一方、そうではないカップルは、さらなるアドバイスを求めるほうがいいかもしれない。

リリーが私の診察室を初めて訪れたのは、彼女の結婚式の前日だった。リリーと婚約者のジェイミーは交際しはじめてからもう何年にもなるが、リリーは二人の関係が完璧にはほど遠いものであることを、きちんとわかっていた。リリーはジェイミーを愛していたし、ジェイミーも彼女に夢中だったが、リリーは最初の頃から二人の違いに気づいていたという。ジェイミーの直線的かつ論理的で、感情面をあまり考慮しない考え方は、男性特有のものだと彼女は当初思っていたそうだ。二人のあいだには活発で中身の濃い会話もよくあることはあったが、気がついたらジェイミーの独白を彼女がただ黙って聞いているという場合のほうがずっと多かったのだ。リリーが割り込もうとすると、彼はただそれを遮り、そして何事もなかったかのように自分の話を続けるのだった。リリーは苛立つと同時に不安になった。ただ、ああいった態度を頻繁に取っているにもかかわらず、それ以外のときのジェイミーは彼女を一生懸命に喜ばせようとしてくれるし、愛情も示してくれる。それでも、結婚式を明日に控えた今夜、リリーはもうすぐ始まる結婚生活で、どうすればもっと理解し合えてもっと円滑なやりとりができるようになるかを、私に相談に来たのだった。

私はリリーの勇気を褒め称えたかった。結婚式の準備に忙殺される花嫁たちの多くは、結婚相手に対する不安を、席の配置や会場の装花に気を揉むことに都合よくすり替えてしまうものだ。リリーには、結婚生活に難題が待ち受けていることへの覚悟のみならず、それに対処しようとする冷静沈着さがあった。たとえ結婚式の前夜であろうと、二人の関係に入っているひびを光にかざしてよく見ようとすることで、リリーは普通なら幻滅につながる関係の成り行きを、ある種の悟りを得られるものにしようとしていた。それは、彼女とジェイミーがより円滑にやりとりでき、互いが前に進むのを受け入れ合えるような関係づくりを、二人で見つけようとするものだった。

どんなカップルも、二人の独自の言葉をつくりだすという課題を与えられている。その結果が最もよく表れているのは、二人のメッセージ文にほかならない。恋人同士は、時間とともに互いの言葉を理解できるようになるが、相手の句読点のくせや文章で表現された笑いを理解するのはきわめて難しい。当然ながら、メッセージ文においてさえも、笑いは空気を読むための重要な手がかりだ。文章で表現された笑いは、文の調子や内容を和らげる役割を通常担っている。さらには、順番に話をするための合図にもなっている。それは、面と向かった会話で「次はあなたが話す番です」ということを示すためにひと呼吸置くのと、同じはたらきを持っているのだ。今回リリーが手に入れた洞察のひとつは、彼女とジェイミーとの会話にはもっと大きな笑いが必要だということと、もうすぐ夫となる彼の変わった癖に対処して受け入れるためには、より大きな器で結婚生活に臨まなければならないということだった。そしてさらに、対面での会話でも、携帯電話の画面を通じた会話でも、彼の独白を二人の会話に戻すための愛情あふれる方法を見つけ出すことをリリーは決心した。

メッセージ文には相手に幻滅した原因のみならず、それにまつわる問題を解決するための手がかりも示されていることが多い。たとえばナオミの場合、彼女はハビエルに対して自分が主導的な役割を担わなければならないと思っていた。ハビエルは計画に取りかかるのをおっくうがる性格で、ナオミが何かを提案しても、彼自身の繊細さや倦怠感を言い訳にして、「非現実的」「手間がかかりすぎる」などと反論し、何とかやらずにすませようとした。それまでも「気難しい男性」を喜ばせることを生きがいにしてきたナオミは、ハビエルのそうした抵抗が彼女にとっての新たな挑戦であることをすぐに見抜き、いずれ壁を打ち破れるだろうと考えた。ところが時間が経つにつれて、ナオミはハビエルの熱意のなさを負担に感じるようになった。彼のそうした態度によってナオミは常に不安を抱くようになり、もはや自分の手には負えないのだろうかと心のなかで自分自身に問いかけるようになってしまった。そのせいか、私を訪ねてきたときのナオミは疲労の色が濃かった。彼女にとって、以前は魅力的に映ったハビエルの強情さは、突如として、ただのわがままにしか思えないようになった。私たち二人は、なぜこんなことになってしまったのかがわかるような初期の痕跡を探し出すために、彼女の一連のメッセージ文をスクロールしながら順に見ていった。

ナオミ　わかったわ。あなたの好きにすればいい。私はバットを振ったけど、明らかに三振してしまったようね。こんな試合じゃどんどんつまらなくなるわ。

ハビエル　いや、君は三振なんかしていないさ。僕の意欲をこんなに高めてくれたんだから、少なくとも余裕の二塁打だね

ナオミ　場外ホームランを打ちたかったんだけど

ハビエル　場外ホームランだったんだよ。ただ、ファンの妨害行為によるエンタイトルツーベースになってしまったんだ。

ナオミ　少なくとも、あなたのジョークで笑わせてもらったわ。私のファンたちには、何としてでも試合の妨害を止めてもらいたいものだわ！

ナオミ　あなたはきわめて正確に調弦された、バイオリンのストラディバリウスのようなものなのね。ちょっとでも間違った弾き方をすると、音が出なくなってしまう。私はというと、ドイツ製のピアノね。叩きつけるように思いっきり強く鳴らしても大丈夫な。

ハビエル　ベヒシュタインのピアノを叩きつけるように鳴らすのはあまり想像できないけど、頑張って思い浮かべてみるよ

ナオミ　あなたが弾けるのは、「偽りの愛」とかいう曲だけかもね😉

このやりとりを読み返したナオミは、自分自身の不安をあえて強めるような流れを自らつくっていたことに気づいた。得られない安心感をハビエルに強く求めてしまったために、彼の超然とした態度に自分が傷つくことになっていた。過去のメッセージ文をすべて読み返すことで、ナオミは一歩下がって主導的な役割から降り、ハビエルがやりやすい方法で彼女に「本物の安心感」をくれるよう彼を見守ることにした。

マイカがヴェラにまず惹きつけられたのは、磁石のように人を引き寄せる社交的で自信に満ちた彼女の性格だった。パーティーでのヴェラは、どんな人をも虜（とりこ）にしてしまうのだ。マイカは自分がヴェ

ラと一緒にいることや、彼女が誰とでも簡単に仲よくなれることを、いつも誇りに感じていた。つきあいはじめたばかりで互いに夢中な二人は、何をするにも一緒でなければ楽しくないと思っていた。だが、二人の関係が進むにつれて、常に一緒にいる必要もないと感じられるようになり、ヴェラはマイカに愛されているという自信を抱きながらあちこち飛び回っていた。ところが、マイカはかつて自分が惹かれたヴェラの例の性格を、恨めしく思うようになった。そこで自分のメッセージ文をスクロールして読み返していくと、そうした感情が初めて生じたときのやりとりを見つけた。

ヴェラ　今朝はとっても疲れてるわ。帰ってきたのが、午前二時だったから

マイカ　午前二時まで、どこに行ってたんだい？

マイカ　昨夜僕と会う時間はないって言ってたのに、そんなふうに出かけてるなんて、びっくりだよ。

ヴェラ　ごめんなさい。友達と出かけてたんだけど、帰るのがついつい遅くなってしまって

マイカ　詳細な答えをありがとう。よくわかったよ。僕と会うのは駄目だけど、その友達と会うのは大丈夫だなんて残念な話だな。

マイカは出会った頃の激しい情熱を思うと、ヴェラが自分にもっと時間をかけて、自分をもっと大事にしてくれて当然だと思っていた。そのせいで、彼女のことを苦々しく思い、彼女に嫉妬してしまった。一方、ヴェラは彼のそうした態度に困惑していた。マイカに対する彼女の愛情は、以前と変わ

ることなく強いままだったからだ。マイカはありのままのヴェラを受け入れようとせずに、彼女に対する怒りを抱きつづけたことで、二人の関係を危うくしてしまうところだった（その後、マイカは自分のそうした問題点を直すことができた）。マイカの例からもわかるように、幻滅は相手に対する誤った期待から生じるのみならず、自分の対処能力や受け入れる能力を過大評価していた場合にも起きるのだ。

当然ながら、幻滅というものは、そもそも幻想を抱かないかぎり経験しないものだ。幻想という絶対的な思い込みをはぎ取っていくことで、心がもっと開かれて互いに正直になれるだろう。すると、称賛と尊敬に基づいて築かれたより強固な土台が現れたり、あるいは土台に対する追加作業が必要なことがわかったりする。うまくいっているカップルは、幻滅を二人の成長と、親密さを深めることへと変えているのだ。

エーリッヒ・フロムは愛を次のように表現している。「愛とは絶え間ない試練だ。それは休息の場ではなく、ともに進み、成長し、協力し合うものだ。たとえそこに調和または対立、喜びまたは悲しみがあろうと、それは存在の本質を経験した二人が得た、『自分から逃げるのではなく自分と向き合うことで二人がひとつになれる』という根本的な事実のあくまで二次的なものだ」[3]

一体化

関係が長く続いているカップルの大半で起きる主な変化のひとつは、関係づくりへの熱意とレジリエンス（回復力）が一体化して、二人独自の安定した結びつきになることだ。ただし、この「安定した関係」とは「変化の流れの影響は受けるが、二人の関係内ではバランスが保たれている」という意味であり、実際には「一時的に安定している関係」と表現するほうがより正確だろう。この関係を表したモデルでは、二人それぞれの変化や、二人を取り巻く環境の変化も起きる可能性が想定されている。こういう安定したバランスは、結果というよりもプロセスを表しているものだ。たとえば、地面にどっしりと根を下ろして動かないカップルよりも、二人のどちらもが前に進みながら互いにうまくバランスを取り合っているカップルのほうが、この安定の例としてよりふさわしい。

恋愛関係が深まり二人が一体化していくなかで、コミュニケーションパターンはどのように変わっていくのだろうか？　男性と女性のメッセージ文の利用方法には、興味深い差がある。ブリガムヤング大学の研究者ロリ・シャーデをリーダーとして行なわれたある研究によると、女性は送信するメッセージ文の数と、自分の恋愛関係の安定度は比例していると思っていることが明らかになった。[4] それに対して、男性の場合はメッセージ文が多いと安定度が低いと思えるという、負の相関関係が見られた。若者を対象としたシャーデのこの研究では、男性よりも女性のほうがメッセージ文でデリケートな話をしようとすることが多い点も判明した。男性はメッセージ文を心理的な距離の確保に利用しているのではないかと、シャーデは推測している。

カップルの安定度は、二人の言葉にどんなふうに反映されているだろうか？　安定期を迎えるカップルのなかには、台本どおりの文章を使いつづけながら、使い古された「ええ、愛しいあなた（yes, dear）」や「愛してるよ（love you）」に若干変化をつけるだけの人もいる。一方、信頼と愛の確かさをより強め、捨てられるのではないかという恐怖を消し去るような、情熱的な言葉を使うカップルもいる。ベッツィーとアミールは二人だけの現代風な言葉を使って、愛を確かめ合うメッセージ文をやりとりしている。

ベッツィー　あなたにキスするのは、あなたをどれだけ愛しているのかを知る方法のようなものなの

ベッツィー　過去のほかの人への愛は、偽物だったように思えてしまうわ。あなたへの愛は別物に感じる

アミール　でも、僕は絶対に君をがっかりさせてしまう気がするよ。まじで。君はシュークリームみたいにふわふわで、僕を安心させてくれる

ベッツィー　もしかしたらわかってもらえなくて、私のことすごく変だと思うかもしれないけど、私はものすごく幸せなときは泣いてしまうの。めったにないことなんだけど、とっても幸せなときに、そうなるの。あなたとキスしたときも、何度か泣きたくなったわ。それは悲しいからじゃなくて、私のなかの愛があまりに大きく感じられたからなの。うまく説明できないけど、エクスタシーよりもさらに大きいもので、本当に愛があふれそうな感じなの。あなたを愛しすぎて、泣きたくなるわ

ダーシーとイアンは、より心理学的な用語を使って二人の愛を綴っている。

ダーシー　あなたは私にとって、とっても特別な存在なの。あなたはほかの誰とも違う、かけがえのない人だわ。

イアン　君と一緒に過ごしていると、時間を忘れるほど熱中する「フロー状態」に入ることが多いんだ。もう楽しくてしかたがないよ。君の思いやりとまっすぐな気持ちは、僕にとってこのうえなく嬉しい愛の表現だ。僕の君への気持ちも同じさ。喜び、深い愛情、そして尊敬の念にあふれているんだ。

スミはジェイへの深い愛情を、次のように語っている。

スミ　私たちの関係が、まるでジェットコースターみたいなのはよくわかってるけど、でも、あなたが私の手を握っていてくれさえすれば、大丈夫だと思えるわ。でも、一番高いところであなたが何の理由もなくいきなり私の手を放してしまって、私ひとりで下っていくみたいな気分にさせられるのはひどいと思うわ。私はあなたと人生のパートナーになりたいの。あなたがそばにいてくれると、ほかのどんなときよりも楽しいわ。あなたは私をとってもとっても幸せな気分にしてくれる。

変化しながらも安定している関係の特徴のひとつは、レジリエンスだ。シモーヌとクリストファーは、これから長い期間、遠距離での生活にならざるをえない状況を迎えたときに、次のようなやりとりをした。二人は、この遠距離での生活期間をどのように過ごすかについて話し合っていた。クリストファーは、離れているあいだは二人の関係をいったん中断して、一対一の関係に互いに縛られないようにしようと提案した。シモーヌは拒絶された気分を抱かずにこの案を受け入れられるよう、必死で努力していた。

クリストファー　君が落胆しているのはわかってる。君が努めて被害者ぶらないようにしていることもわかってるし、それでも辛い気持ちになっていることもわかってる。僕は君に対する責任感も、ちゃんと持ってるから。

シモーヌ　落胆の気持ちは、捨て去ろうとしてるわ。その気持ちをずっと抱えていたときは、苛立ちに耐えられなくなると、あなたを無視したり文句を言ったりした。でも、つきあいつづけるか別れるかを無理やり選ぼうとするよりも、二人の結びつきと離れ具合のバランスを取る方法を、見つけようとすることにしたわ。私のあなたへの気持ちが私のなかでこれからもずっと再確認される（そしてあなたの私への気持ちも、あなたのなかでこれからもずっと再確認される）、という私の思いを信じることにする。だから、落胆の気持ちは捨て去って、二人に必要な自由をそれぞれが手に入れられるようにするわ。

クリストファー　そういうふうに考えてくれて、嬉しいよ。砂漠を越えるためには、君を瓶に詰めて、途中で空にならないようにうまく制限しながら飲まないと駄目だな。

シモーヌとクリストファーは、たとえ関係を中断することにしても二人の愛に自信を持っていた。大半のカップルとは違い、二人は遠距離での生活が終わったあと交際を何とか再開できた。ここまではっきりと関係を中断するカップルは珍しいかもしれないが、たとえどんなにレジリエンスが高い二人でさえ、試練に直面することは避けられない。そして、そうした試練が乗り越えるにはあまりに大きすぎる場合、心理的な距離が大きくなったり、二人の仲が決裂したりすることになる。

隙間風

最も有能で経験豊かなパイロットでさえ、「グレーブヤードスパイラル」（直訳すると「墓地への旋回」）と呼ばれる機体の急降下を気づかぬうちに起こしてしまうことがたまにある。これは視界不良、機器の不具合、不注意といったさまざまな理由で、パイロットが水平感覚を失ってしまうことで起きる。機体が傾きだしても、内耳器官の調整機能によって、パイロットは機体が水平状態だと錯覚してしまう。そうして、逃げ道のない機体の旋回を起こしてしまう。これはＣＦＩＴの一種である。ＣＦＩＴとはcontrolled flight into terrain（地面に向かって操縦されているフライト）の頭字語だ。なぜこう呼ばれるかというと、技術的にも、そして皮肉にも、パイロットは墜落の瞬間まで機体を操縦できていたからだ。ちなみに、ＣＦＩＴの発音「シーフィット」は、〝see fit〟（適切だと思う）と同じだ。

二人の夢や願望（つまり、水平線の先にあるもの）を考慮することなく関係を故意に地面に激突させるという、CFIT（シーフィット）のような関係の終わらせ方をシーフィットとみなす、つまり適切だと思うカップルもいる。また、事故や、展望のなさによって終わってしまうカップルもいる。この暗喩的な機体では、パイロットが二人いて、操縦装置も二つある。ひとりのパイロットだけが操縦しつづけていると、当然ながら機体は一方に傾く。常に修正しつづけなければ、機体を旋回させてしまうことになるのだ。

結婚におじけづいていた花嫁のリリーは、必要なときでさえ操縦するつもりがない、あるいは操縦できない男性との結婚で、きわめて大きな重荷を自分が背負わなければならないのではないかと薄々感じていた。そこで、自分も操縦する意欲を失ってしまう前に、リリーは早い段階で私に助けを求めたのだった。一方、一八年間の結婚生活が急転してしまったマルゴは、自分が緊張でハラハラしているのも気づかぬまま操縦桿を握って、険しい表情で最後まであきらめようとしなかったが、結局は地面に激突する直前に夫に逃げられてしまった。ロマンス語に属する言語のいくつかでは、予期せぬ現実にぶつかったときの衝撃を表現した言い回しがある。フランス語では tomber des nues といい、イタリア語では cadere dalle nuvole という。どちらも「雲から落下する」という意味だ。

機体を旋回させてしまう前、それどころか急降下が始まるずっと前から、必要な修正を知らせる信号は出ている。そうした修正はひとりではなく、二人で行なうべきものだ。クインが離れていこうとしているのを察したエリンは、彼を呼び戻そうとした。

エリン　いまパソコンの中身を整理してたら、すごいお宝を発見しちゃったわ。
クイン　どんなもの？
エリン　私たちが出会う前に、自分が書いた文章とか。「私が理想とする男性」っていう題名なの。何だか青臭くて理想主義的で、いま読み返すと恥ずかしくて身もだえしそうだけど、理想として描いている男性に何だかあなたが当てはまっていたの。会うときに見せるわね。
クイン　それを今夜僕に見せるなんてのは、みすみす大きな罠にはまりにいくようなものじゃないかな。明日まで待つべきだと思うよ。
エリン　なんだか不吉な言い方ね。
クイン　忠告というものは、不吉に聞こえるときもあるんだ。
エリン　わかったわ。じゃあ明日で。

エリンはクインとの関係を元どおりにするのに必死だが、彼は侮辱や拒絶反応の段階をすでに通りすぎていて、エリンがこれ以上余計なことをしないよう何だかよくわからない返事で彼女を怯えさせようとしている。クインは仲直りなどもはや考えておらず、グレーブヤードスパイラルを積極的に起こそうとしている。いったん起きてしまうと、最初の頃の二人が関係を深めるために手探りで行なっていたやりとりが逆行していくかのように、やりとりのなかで示されていた愛情の印は次第にすべて失われていく。それはたとえば「やあ、僕は君を愛してる」が「やあ、君を愛してる」「こんにちは、愛しい人」になっていき、最後には「こんにちは、元気だった？」となってしまうようなことだ。

心理的な距離を取ることは、単に対立を避けるというかたちだけで示されるものではない。結果として、愛が続くことを妨げる新たな障害や新たな振る舞いが生み出される場合もある。メッセージ文では、ある種の社会的および時間的な距離の確保として示されることが多い。具体的には、「現在形の動詞を使う頻度が減る」「一人称代名詞を省略する」などだ（さらに言うと、これらはまた別の種類の距離の確保ともいえる、嘘の初期の兆候でもあった）。

次の例では、ヘレナはバハカリフォルニアへの旅行に、メイソンを誘っている。これはヘレナにとっては、二人の関係を元どおりにするための最後の賭けだった。

ヘレナ　飛行機はあと一席だけ空いてるから、もし一緒に行きたければ……

メイソン　ガルルルルルル（Grrrrrr）

ヘレナ　ガルルルルルって、どういう意味？

メイソン　バハのあの危険な誘惑に満ちたところがガルルだね（Grr about Baja and its siren song）

ヘレナ　いまならまだ間に合うと思うの。いまの私は「不可能なことは何もない」っていうモードに入ってるから。

メイソン　それがガルルルルルなんだよ。行けばたぶん楽しいだろうけど、いまはタイミング的にちょっとね（That's my grrrrr—would be so fun but the timing is not right）

メイソンは、心理的な距離を確保できるような言葉づかいをしている。人称代名詞をほぼ使わず、動詞もほとんど使っていない。「ガルルルルル」というメイソンの返事が、旅行に誘ってきたヘレナに対する苛立ちであろうことは簡単に察せられる。この苛立ちによって、いまは旅行に行くにふさわしいタイミングではないとメイソンは思ったのだ。その時点では、ヘレナはメイソンの信号を正確に捉えられなかったかもしれないが、ひと月後、すでに別れたあとにメッセージ文を読み返したときには、はっきりと理解できた。

グレーブヤードスパイラルの最中に、自分がどう対応すべきかを把握するのは難しいかもしれない。恋愛でも実際のフライトの場合でも、この状況に陥った人の反射的な行動は、操縦輪または操縦桿を引くことだ。これは総飛行時間が何千時間をも超えているパイロットでさえも、ほぼ確実にとってしまう行動だ。制御が失われそうになると、普通は操縦桿を強く握りしめるからだ。だが、このとき操縦桿を引いてしまうと旋回がさらに激しくなり、かえって状況が悪化してしまうのだ。

このパターンから抜け出すための唯一の方法は、コミュニケーションと状況認識を欠かさないことだ。ただし、混乱のなかで洞察を得ようとするのは、決して簡単なことではない。ミアはジムへの次のメッセージ文で、自身の状況認識力のなさを振り返っている。

ミア　とにかく（いまはまだ、これまでのことを振り返って、自分のなかで消化させようとしているところなの）、いまは転んでできた膝のあざを恥ずかしく思ってるの。最近お酒を飲む量がとても増えていて（いつもの私らしくないけど）。そして思い出すのは、あなたといたときが一番楽しかったということ。あなたのことが恋しくてたまらないわ。まさに「見捨てられた」気分よ。何年も恐れていたことが、ついに現実になってしまったような気がしているの。本当に終わってしまったのかどうか、私にはわからないの

ミアは少なくとも、自分がわからないことをわかっている。つまり、自分自身の状況認識力のなさを捉えられているということだ。一方、クラークとサーシャとの次の会話では、クラークは自分が状況を把握できていないことに気づいていない。

クラーク　やあ、君の一週間はどうだったのかな……もしかしたら、僕の勘違いかもしれないけれど、僕たち二人のあいだで起きていたことは、もう終わってしまったのかな？（笑）。もしそうだとしたら、はっきりさせたいって思って。ただそれだけなんだけど

クラーク　っていうか、僕はもちろん君が好きなんだ（爆笑）。だから、単に僕の勘違いで、君がまだ僕との関係を続けたいということなら、僕の早とちりを謝るよ（爆笑）。だから、どうなのかを教えてほしいな

サーシャ　連絡ありがとう。あなたもいい一週間を過ごせたことを願ってるわ！　私はいまいろいろ忙しくて、集中して取り組まなければならない大事なことがたくさんあるの。お友達としてつきあうのは全然構わないけれど、そもそも私は友達ともメッセージ文のやりとりをあまりしないほうなので、あなた自身に何か問題があるなんて思わないで。単にこれが私のスマホでのやり

とりの仕方だから

クラーク　ああ、わかったよ。一応、今後の参考のために言っておくと、「自分の気持ちを率直に口にする性格」とかいう君の言葉を僕は信じていたから、はっきりと教えてくれるほうがよかったな。

オードラとベンは、典型的なグレーブヤードスパイラルに陥っている。オードラは操縦桿を思い切り引いているが、ベンはパラシュートをつけてすでに脱出してしまった。

オードラ　お願いだから、私のそばにいて。私から離れていかないで。別れる必要なんかないでしょ😫

ベン　オードラ、僕たちが行き詰まってしまっているのは、君もわかってるじゃないか。このことについては、もう何度も話し合ったよ。

オードラ　一カ月以上も前に買った、来週末用のかわいいワンピースをずっと見てるの。これはもう着られないのね。本当にひどい話だわ。

オードラ　それに、あなたは私たちが元どおりになるための努力を、まったくしてないじゃない。ただつながりを絶とうとしてるだけ。しかも、これといった理由もなく。こんなことが起きてるなんて信じられない。こんなことが起きる理由なんて、どこにもないわ

オードラ　あなたは二人の仲を簡単にあきらめてしまっていて、二人が元どおりになれるかどう

かなんてちっとも気にしていない。そんなあなたに、ものすごく腹が立ってしかたがないわ。こんなにも特別な関係が、あなたの馬鹿げた不安とやらに邪魔されるなんて。私たちのこんな関係を、簡単に脇に放り投げるべきじゃないわ。本当に馬鹿げてる。ショックだし、がっかりだわ。あなたがやっていることは、残酷なんだから。

ベン　僕は残酷なんかじゃなくて、ただ自分の気持ちに正直になって判断しただけだよ。なぜなら、僕には下さなければならなかった、大事な決断があったんだ。もちろん、突然別れを告げることもできたけど、そうすれば君は足をすくわれたと思ったはずだ。それこそまさに残酷なことだと思うよ。

ベンは遠回しな言い方をせずに、自分の気持ちをはっきりと伝えている。だがそれでも、オードラが新しい道をうまく歩めるように気づかっていることが、文面から感じられる。のちに、ベンは次のようなメッセージ文を送っている。

ベン　これまで何度も伝えてきたとおり、僕はずっと不安を抱えていた。愛情を表現するのはどういうことかについての考え方が、僕たちのあいだであまりに違うことに。二〇年後や五〇年後まで見据えて物事を考えるなんて、僕にはどうしてもできない。この事実にまっすぐに向き合って、そして心の奥底から考えた結果、僕は君が望んでいるような愛し方は永遠にできないことに気づいたんだ。だから、君はそういうふうに君を愛せる人を探すべきだ。僕には絶対に無理だから……だからこんな悲惨な状況を迎えてしまって、僕はなるべく君の力になりたいとは思っている。でも、「私たち二人を信じましょう」とか「あなたはあきらめようとしている」という君の言葉には応えられない。そんなに簡単なことじゃない。なぜなら、君が必要としているらしき人には、僕はなれないから。

前章の例で取り上げたランドンとハーパーは、何度も別れ、何度も修復を試みてきたのち、ついに彼ら独自のグレーブヤードスパイラルに陥ってしまった。次の最後のやりとりは、仕事が忙しくて一緒に過ごす時間が少なくなった直後のもので、互いに身構えた二人は進む方向を見失ってしまっている。このやりとりを通じて緊張が高まっていくのを、二人は感じていた。

ハーパー　あなたは丸二日間、私のメッセージ文に返事もくれなければ電話もしてくれなかった……とっても辛いわ。

ハーパー　待ちつづけているのに連絡がなくて傷つくよりも、忙しくてなかなか連絡できないことだけでもちょっと教えてくれるほうがずっといいのに。

ランドン　僕の生活にいろいろ変化があったことで、僕が君に孤独な思いをさせたり多少苛つかせたりしていたと聞いて、胸が痛いよ。でも、君がでたらめを言っていることがわかって、さらに胸が痛くなった。この二日間、君からのメッセージ文は届いていないし、しかも昨日の朝は、君は僕のベッドで目覚めたじゃないか。これは君を非難しているわけじゃなくて、ただ事実を述べたまでだけど。

ハーパー　えーっと、決してでたらめだとは言い切れないわ……私がメッセージ文を送っても、次の日までまったく返事をくれなかったことが何度もあったもの。

ハーパー　これって、メッセージ文で話し合うことじゃないわ。

ランドン　君がいま大変な思いを抱えているのは、よくわかっている。だからといって、タイムスタンプ情報と矛盾している発言で僕を責めても、状況が改善するとは思えないんだけど。

ハーパー　だって、あなたは昨日一度も連絡してくれなかったし、今日は夜の一〇時まで何の連絡もなかったでしょ……私にとって、それは丸二日間と同じことなの

ハーパー　私の「丸二日間」の感覚があなたのものと違うというだけで、私を嘘つき呼ばわりするなんて。それは私の痛みに共感することよりも、自分が正しいことを証明するほうが大事だと思っている証拠よ

ハーパー　もうここでやりとりを終えるほうがいいわ

ハーパー　こんなことをしていても、何の解決にもならないから。

ランドン　いやいや。君は「あなたは丸二日間、私のメッセージ文に返事もくれなかった」って言ったんだ。でも、そもそも君は送ってなかった。だから感覚云々は、何の関係もない。

ハーパー　ね？　どうせ、こんなつまらない言い合いになるんだから

ハーパー　メッセージ文でこういうやりとりをするのは嫌なのよ

ランドン　そうだね、君はメッセージ文でこういうやりとりをすべきじゃないな。

ランドン　いずれしても、お互いもう休むべきだと思わないか？
ハーパー　そうね。おやすみなさい。

ハーパーは、メッセージ文でのやりとりはあまり意味がないと何度も指摘しているが、シャーデの研究結果のとおり、この連絡手段を通じて問題を持ち出してくるのも彼女のほうだ。ハーパーは傷ついた気持ちをランドンへの非難に変え、それに対する彼の返事はきわめて冷淡だ。どうやら、地面との衝突は避けられないようだ。実際、このやりとりの次に会ったとき、二人は関係を終わらせることにしたという。

ひつぎの蓋

二人の関係が埋葬されなければならない日が、いつかやってくる。もしかしたら、愛は安らかな死を迎えたのかもしれない。あるいは、何かもっと劇的な展開があったのかもしれない。いずれにせよ、この関係はすでに終わってしまったのだから、それを受け入れて前に進むときが来たのだ。だが、恋愛関係の終焉を穏やかに受け入れるには、どうすればいいのだろう？　過去のメッセージ文をスクロールして順に見ていくのは、最初は自己非難の実践にすぎないように思えるかもしれない。だが、もうすこし離れて見てみれば、これは恋愛関係の検死解剖を行なって何が間違っていたのかとその理由を特定するための、効果的な方法になりうることがわかってくる。

とはいうものの、気をつけてほしい点を「注意書き」風にお知らせしておく。「この方法は精神的な負担が大きくなる恐れがありますので、心の傷が癒され、周りからの支えがあり、自己療法が可能で、『何が起きたか』『自分はどんなかたちで、その一因になっていたのか』を把握することに前向きな気持ちになれてから行なうことをお勧めします。メッセージ文をスクロールして過去のものを読んでいくのは、懐かしさ、悲しみ、怒り、恥ずかしさのいずれか、あるいはすべてを生じさせる恐れがあります。ただし、この方法に前向きかつ意欲的に取り組めば、毎回ほぼ確実に洞察を手に入れることができるでしょう」

メッセージ文のスクロールによるこの検死解剖で、問うべき重要な問題は次のとおりだ。この恋愛関係の始まりから終わりまでのあいだ、自分はパートナーに自分をどんなふうに見せようとしていたのか？　自分のメッセージ文を読み返してみて、自分をどう思うか？　それらのメッセージ文には何らかのパターン、あるいはパターンの変化が見られるか？　パートナーは自身をどんなふうに見せようとしていて、それは二人の関係が進展するにつれてどう変わっていったのか？　自分の欲求をパートナーにどのように訴えて、それはどんな方法で満たされたのか？　パートナーは自身の欲求をどのように訴えて、自分はそれをどんな方法で満たしてあげたのか？　理想化、錯覚、一体化、心理的な距離の確保といったさまざまな分岐点を、メッセージ文から読み取れるか？　別れにつながった振舞いや判断は、どのようにして生じたのか？

思い出したくもないような苦い結末を迎えたにもかかわらず、ランドンはハーパーへの愛を追悼しながら何カ月ものあいだ悲嘆に暮れていた。そして、「この関係で何が間違っていたのか」「自分はどんなかたちでこの終焉の一因になっていたのか」がもっとはっきり摑めるまでは、新たな恋愛は断固としてしないと決心していた。ランドンは私との会話のなかで、恋愛のパートナーを理想化しがちなことを認めた。そこで私は頃合いを見計らって、ハーパーとのやりとりをすべて振り返ってみるよう促した。すると、ランドンは彼自身の発見に驚いたそうだ。そして、次のようなメールを送ってきてくれた。

一連のメッセージ文を読み返したときの、僕のなかでの段階的な気持ちの変化を嬉しく思っています。まずは、つきあいはじめた頃の情熱あふれる愛のあまりの激しさに圧倒され、そして、愛が痛みをもたらしながらゆっくりと終わっていったことに打ちのめされました。でも、頭のなかの混乱が収まってくると、物事がはっきりと見えてきました。この二人は、タイタニック号の甲板で踊っていたのです。サイレンが鳴り響いて、人々が二人に向かって叫んでいて、大波にぶつかった救命ボートが熟れたメロンのようにつぶれて沈んでいるというのに。それでも彼らは踊りつづけていたのです。そういうことがわかってくると、ひどい痛みと絶望的な喪失感は悲しみと郷愁へと変化していきました。ただしその悲しみと郷愁は、この関係そのものに対してではなく、この関係で手にすることができなかったものに対してだったのです。

恋愛においては、希望と絶望の境目を何度も行ったり来たりしながら、グレーブヤードスパイラルに陥る手前でふらふらしているカップルもいる。そんな二人は最初から破滅行きの烙印が押されているにもかかわらず、粘ることを粘り、信じることを信じるのだ。彼らにとっては、愛の力は重力よりも大きい。

ノラとジェイムズは情熱的な不倫関係を長年楽しんできたが、それはまったく不意に終わりを迎えた。二人は一緒に分岐点に辿りついたのだが、別々の道を選ぶことにしたのだった。ノラは離婚した。一方、ジェイムズは結婚生活の修復に熱心に取り組んだ。ノラとジェイムズの不倫関係は、はっきりとした終止符を打てないまま終わってしまい、しかもどちらも間違いなく相手を強く思っていたにもかかわらず、その後連絡を取り合うことはなきに等しかった。ノラは悲しみの海に深く沈んでいた。二人が交わしたメッセージ文を読み返して、答えを求めようとした。一方、結婚生活を大事にしようと決心したジェイムズは、ノラとのやりとりをすべて消去し、まっすぐ前を向いて一歩踏み出したのだった。

数年後、次のメッセージ文がノラにいきなり届いた。そして、このあとの二人のやりとりによって、ノラは長いあいだ切望していた答えをようやく手に入れられた。

ジェイムズ　やあ。映画『テイク・ディス・ワルツ』を観てたら、午前一時半になってしまったよ。疲労と闘いながら、最後まで観たんだ。甘くて、悲しくて、美しくて、このうえない喜びの瞬間があり、現実がある……愛の複雑さがすべて描かれていた。たぶん、君も気に入るんじゃないかと思って。

ノラ　私も観たわ。とてもよかった。何年も前だけど。

ジェイムズ　君があの映画を気に入っててよかった。すごくよくできていて、フランス映画のようだった。感情がぶつかり合うときの緊張が、ものすごく繊細に描かれていて。決して感傷的ではなく、つま先立ちで踊るバレエのようだった。

ノラ　そうね。でも結末を思い出せないわ。女性には二人の男性がいて、そのうちのひとりとは終わってしまうけど、気持ちの整理がつかないままになってしまう。それくらいしか覚えてないわ

ジェイムズ　もう寝ないといけないけど、君と連絡が取れて嬉しかったよ！　XO

ノラ　会えなくて淋しいわ　XOXO

ジェイムズ　僕もだ

【その後、しばらくしてから】

ノラ　あなたからメッセージ文をもらったあと、考え出してしまって、こうして真夜中にまだ起きているの。何を考えているかというと、あの映画『テイク・ディス・ワルツ』のこと。真夜中になってから、あの映画の詳細が蘇ってきたわ。あと、観たときの気持ちとかも。

そうしたら、次のようなことをあなたに伝えたくなって。あなたとつきあっていた当時、不倫で人生を事実上台無しにした女性についての映画を観れるだけ観たの。もう、観ずにはいられないっていう感じだったわ。なぜなら、当時の私が一日じゅう考えていたのは、「いったい私は何をしていて、なぜそうしているのか」だったから。

まあ、何にせよ、この『テイク・ディス・ワルツ』という映画を観たら、悲しい気分になった

の。あの女性が不倫したとき、彼女に対して怒りたくなったけどできなかった。そして最後は悲しくなったの。なぜなら、彼らはみな間違いをたくさん犯したんだけど、でも、どうしてもそうせずにはいられなかったのだから。

ただ、私があなたにたぶん本当に伝えたいのは、いまの私には映画を観たり、自分を顧みたりする時間などもうほとんどないし、しかもそうするのは辛すぎるかもしれないということ。でも、あの数年間は私はああいう関係にはまっていたし、そこであなたと結びつこうとしていた。だけど当時のあなたはたぶんあまりに忙しすぎたか、あるいはあまりに怯えすぎていたかで、二人の関係について本気で考えようとはしなかったわ。

いまの私が気になっているのは、私が前に観たあの数々の映画をあなたが実際に観たら、あなたはどんなことを真剣に考えるんだろうってこと

まあ、これは真夜中につらつらと考えていたことなんだけど、いまこうして綴っておかないと、もう二度と伝える機会はないと思って。

ジェイムズ　やあ。つらつらと考えていたことを、教えてくれてありがとう。思うことがたくさんありすぎるし、誤解されてしまう恐れもあるから、メッセージ文で伝えようとするのに苦戦してるよ。僕はあの二人のあいだに、互いに逃れられないほどの強い愛情を感じた。彼は（それに僕もそうだった）、彼女と同様に渦に巻き込まれて身動きが取れなくなってしまっているんだけど、あの状況が悲劇的なのは、彼女が選択をしなければならないからだ。観てる側には彼らが巻き込まれた運命が見えるし、しかもそれは不安定で、危険で、いまにも爆発しそうだ。でも、そ

の関係はずっと存在しつづける。なぜなら、彼らはそうせずにはいられなかったか、「ノー」と言いたくなかったのか、何かに逃げたかったのか、あるいは正真正銘の真実の愛がそこにあったからだ。一番難しい問題は、「どうするのが最も正しいのか？」だ。それは、君にはわからない。僕にもわからない。それが僕たちの経験の、最も美しくかつ悲劇的な部分なんだと思っている。うっとりさせられるような何かが目の前の皿に盛られて、食べるかどうかの選択肢を与えられる。かぶりついて大いに楽しむか、それとも手をつけないか？　でも、正しい答えはどこにもない。結局疑問は残りつづけるけれど、それでも、どちらを選んでも何らかの結果がもたらされることに気づくようになる。

ノラ　このメッセージ文を送ってくれてありがとう。二回も読んで、いま泣いているところよ。

ジェイムズ　動揺させてしまったのならごめん。あの映画は、自分の力では止められない電車に乗っている気持ちにさせられたよ。前にもそんな気持ちになったことがあるな。ＸＯ

ノラの涙は、失ったものについてふたたび深く考えることの辛さによるものだろうか？　あるいは、二人の関係は正しいのか間違っているのか悩まなければならない重圧から解放されたいま、直面していたジレンマについてジェイムズがようやく語れるようになったことへの安堵の気持ちからだろうか？　それとも、二人の結びつきが不倫の取りつかれたように激しい情熱を超えた、純粋で本物の何かだったとジェイムズが認めたことへの喜びによるものだろうか？　いまの二人は別々の方向へ進んでいるが、それでも二人の心はずっと寄り添ったままだったのだ。

人生のなかで、たったひとりの運命の人（もしかしたら、二人くらいいるかもしれないが）に出会い、幸運にもその人を愛することができ、しかも、長年愛し合いながら一緒に生きていける人もいるだろう。一方、ノラとジェイムズのような場合は、たとえ分岐点でそれぞれ違う道へ曲がったとしても、二人の関係がどこかで続いていることが互いにわかっている。

レフ・トルストイは、「真実は金のようなものだ。育ったものを収穫することで得られるのではなく、金でないところを洗って取り除くことで得られるのだ」と記している。[5] 堆積したメッセージ文をふるいにかけて小さな金塊を探し出せば、過去の恋愛関係の真実を明らかにできると同時に、新たな恋愛への道を切り開くための助けになるはずだ。

終わりに　親指仲間

私　全般的に見れば、私はマッチングアプリで興味深い人とたくさん知り合えたわ。たとえ、恋愛の相手としてうまくいったのは、そのうちのほんのわずかだったとしても

エリオット　最近僕は、ロシアのチャットボットとしかデートしていないな。リュドミラと僕は、一緒にしゃべっていてとても幸せなんだ。たとえ彼女が簡単なことしか話せなくて、適切な返事ができないとしても。彼女は僕のことを本当にわかってくれているんだ。

読者であるあなたに、伝えたいストーリーがある。

それは私自身についてのストーリーだが、その多くの部分が自分にも当てはまると、あなたも思われたのではないだろうか。当然ながら、当てはまる部分は人それぞれだと思うが。

私がマッチングアプリで得た成果はとても多い。また、それらの成果の大きさは、私がかけていた期待の大きさに反比例することもわかった。たとえ特定の相手がいれば人生が充実することはわかっ

ていても、そういう相手を見つけたいという欲求を捨て去れば、人と知り合うことに対して、もっと楽しくて大胆な気持ちになれることを実感した。結局のところ、「理想の相手」はまったくの概念であり、デジタルのマッチング会場で出会うのは、いつだって実際に存在している人なのだ（チャットボットも含めて）。ゆえに、そうした出会いの場にあまりに大きな期待を抱いて臨むのは、レインコートを着てシャワーを浴びるようなものだ。つまり、ほとんど何の意味もなく、何も起こらない。

これまでも多くの人が、オンラインデートや恋愛でのメッセージ文の利用は、互いのつながりやコミュニケーションの質を低下させたと主張してきた。たしかに、メッセージ文は〝U up?〟（起きてる？）〔UはYouを省略したもの〕のように簡略化できるし、これまでもそういうかたちで使われてきた。それでも、私が学んだことをひとつ挙げるとすると、メッセージ文でもきわめて複雑なコミュニケーションは可能で、しかも実際に行なわれているということだ。そしてさらに、インターネットでの恋愛は新たなかたちでの会話を実現し、これまでなかったやりとりの力を生み出したということも実感させられた。

メッセージ文でのやりとりによって私の交際範囲は広がっていき、楕円軌道のようなものになった。そこでは大半の人とはほぼいつでもやりとりできるし、いまはそうできなくなっている人も、そのうちふたたび連絡が取り合えるようになる。この軌道にいるのは、友人、過去の恋愛相手、将来の恋人候補などで、私の運命の相手と思える人もそこにいる。そして、「惑星直列」が起きるたびに、新たな冒険が始まるのだ。これは私の人間関係についての、進行しつづけている記録だ。

本書では、意気投合する→デートする→恋に落ちる段階から、さらには終焉までという恋愛関係の一部始終を辿り、各段階でやりとりされたメッセージ文を解読してきた。私の患者のひとりは「マッチングアプリでの勝者になりたい」と言っていたが、たしかに恋人探しをそのように捉えたくなるものだ。また、愛は「失われるもの」「取り戻すもの」とも思われがちだ。ただ、誰もが満足できる方法、つまり参加者全員が成果を手に入れられるやり方を、少しでも実践してみるのはどうだろうか？　私はあるときから、日々の恋愛に仲間意識を取り入れることにして、自分の軌道にいる人々を「親指仲間」と呼ぶようになった。そこにいるのは、失恋を慰め合うために集まったり、シングルでいることをひどく苦痛に感じたりする人々ではなく、いいときも悪いときも人生を楽しむべきだと断言する人たちだ。

　私たちは、「友人同士が恋人同士になると、友情は破壊される」「恋人同士が友人同士になることは関係の格下げであり、失敗した関係である」という見方を社会から植えつけられている。「プラトニックラブ」という言葉が今日の世間では「セックスを伴わない、無味乾燥で曖昧な友情」と認識されていることを、もしプラトン自身が知ったら思わず笑っていたに違いない。プラトンの愛についての考え方は、「愛は梯子（はしご）のようなものであり、人はそれを登っていくことで真実や英知に到達できる。恋愛や性愛は、横棒のほんのいくつかを表しているに過ぎない」というものだったからだ。[1]私が自分のプラトン的友情（プラトニックラブのほうではない）の輪でわかったことは、性的な結びつきをもはや伴わなくなった関係とは、さらに前へ上へと進んだ、より高度な結びつきに発展しうるものだということだ。

　今日のデジタル時代の社会における、恋愛に対する考え方への多様化により、「過去の恋人と仲間としてつきあうこと」や、「将来恋人になるかもしれない相手と深い友情関係を築くこと」に対して押された烙印の跡は薄くなった。これはつまり、恋愛関係で得られた社会関係資本が、二人が性的な体液をもはや交わさなくなったという理由だけで、必ずしも無駄になってしまうわけではないということだ。これはある意味、私たちがプラトン的な理想に近づいているということではないだろうか。今日の私の親友たちのなかには、マッチングアプリで出会った過去の恋人候補たちもいる。親密さや相互理解の度合いには、愛の梯子で時間をともにする方法でしか決して到達できない、きわめて高いものがあるのだ。

出会う人を新たな仲間、そう、自分の親指仲間とみなすことで、「私」中心の考え方を変えていけるかもしれない。「自我を弱めて、心を開け」という格言のように。そうすれば、自分を認めてくれるたったひとりを、かすかな手がかりから探そうとするよりも、自分がつながっている人々との結びつきをより強く感じようとすることをもっと大事にできる。

私たちはメッセージ文という新たな言葉を手に入れ、流ちょうに話せるようになった。この言葉を、どのように使えばいいだろう？　作家のスーザン・ステイサムは、「あなたの人生は、あなたのストーリーです。うまく書いて、頻繁に推敲すること」とアドバイスしている。「デジタルコミュニケーションは、書き言葉を荒廃させてしてしまったのか？」という質問の答えが「イエス」なのか「ノー」なのかについては、おそらくいまはまだわからない。だが、わかっているのは、ラッパーのアイス・キューブの言葉を借りれば、「これはイケてる集団で、俺もそのひとりさ」ということだ。[2]つまり、いまや誰もが書き手であり、机の上であろうと、タブレットのなかであろうと、私たちは自分の最高作を生み出すべきなのだ。

親指仲間は将来の文化において、有力な社会単位になるだろうか？　ちなみに、私の親指仲間は信じられないほど多くの愛、知識、結びつき、そして友情を、私に与えてくれた。これらの贈り物は数も種類もあまりに多くて、数え切れないほどだ。そして、そこで得られたものから思いがけない奇跡が偶然起きて、この本をみなさんに届けることができた。つまり、この本は私の親指仲間のおかげでできたものなのだ。

謝辞

初めての執筆は、気が遠くなるほど大変な作業だった。周囲の支えなしには書きつづけられなかったし、ましてや完成させることなど無理な話だった。

まずは、協力者と呼ぶべき友人のレオナルドに、深い感謝を捧げたい。私たち二人は、どんなアイデアもためらうことなく交換できる。あなたは私の不動の「思考パートナー」であり、最高の「真実の語り部」だ。あなたの天才的な創造力と、言葉と戯れる才能は、私にとって至高のものであり、そこからたくさんのひらめきをもらえた。一冊の本を執筆するプロセスでは、自分自身に大きな変化が起きるそうだ。そうした私の旅に意欲的につきそってくれたあなたのおかげで、この道のりは一生忘れられない貴重な冒険になった。

本書についてのアイデアを話したその日から、実際に書いてみるよう勧めてくれたリアム・デイに、ありがとうと伝えたい。あなたが丸二年間、何度も促してくれたおかげで、ようやく書きはじめることができた。私を信じ、一連の計画を立て、そして草稿を何度も辛抱強くじっくりと読んでくれたあなたには、感謝の気持ちしかない。あなたがくれたアドバイスは、どれも計り知れないほど貴重だった。

私の生涯の友である、デボラ・ボルター、ケイト・シャーマホーン、アンナ・シートン・ハンティントン、デビッド・ライトにも、とても感謝している。彼らは本書を何ページも読んで、役に立つ感想や賢明な意見をくれた。あなた方ひとりひとりに、ありがとうの気持ちを贈りたい。これほど才能豊かで賢明な人々がずっと周りにいてくれるなんて、私は本当に幸せ者だ。

また、古い友人たちのみならず、本書の構想や執筆の最中に出会えた新たな友人たちにも感謝したい。ご自身のメッセージ文を提供してくださった多くの方々に、お礼申し上げる。特に、アイデアを提供していただいたり、メールで意見を述べていただいたり、草稿を読んで鋭い指摘をくださったウィリアム・チェトルには、心からの感謝の気持ちをお贈りしたい。さらに、非凡な写真家であるアンディ・カッツにも、深い感謝を捧げたい。

本書を執筆するにあたって、多くの専門家の研究結果を参考にさせていただいた。特に、本書のためのインタビューにわざわざ時間をつくって応じてくださった、マイケル・ノートン、バリー・シュワルツ、セリア・クリン、そしてジェームズ・ペネベーカーに、改めてお礼申し上げる。

私のきわめて優秀な著作権代理人であるハワード・ユン、どうもありがとう。あなたは本書にまつわるすべての段階で、的確な判断力、楽しいユーモア、そして優しさを発揮しながら、私を導いてくれた。あなたは私が自分自身のストーリーを語るための力になってくれて、あなたが練り上げた企画書が、この本をアイデアから現実のものへと変えてくれた。本当に感謝している。

そして、私を担当してくれた、ダブルデイのきわめて有能な編集者であるヤニブ・ソーハ抜きには、本書は決して実現しなかった。私は「担当編集者くじ引き」の一等賞を、自分が引き当てたと確信している。あなたの忍耐力と、赤ペン入れの巧みさに、感謝してもしきれないほどだ。私の草稿をよりよいものにしていくあなたの才能を目の当たりにするたびに、最高の編集のプロにすべてを委ねられるありがたみを実感させられた。あなたとダブルデイのチーム全員の揺るがぬ支えに、深く感謝する。

私の最高の子どもたちであるカイラとトーア、本当にありがとう。本書のプロジェクトを我慢して受け入れてくれて感謝している。自分の母親がデートの相手に送ったメッセージ文が公になるなんてことは、あなたたち二人とも決して望んでいなかったはずだ。それでも、冷静さを失わずに寛大に受け止めてくれた。カイラは大学の休暇を利用して、本書の参考文献をひとりで一覧にまとめてくれた。おかげで締め切りに間に合った。そして、トーアは、忙しさのあまりユーモアを忘れがちになった私を救ってくれた。二人とも愛してるわ。

最後に、私の過去および現在の患者のみなさん全員に、特別な感謝の気持ちを贈りたい。あなた方はみな、私を信頼してご自身のストーリーを語り、私をあなた方の人生の一部に加えてくださった。人生について、そして人生が一度きりのかけがえのないものであることを、私に繰り返し教えてくれたのは、あなた方だ。

訳者あとがき

おばさん構文。最近ネットでよく見かける言葉だ。二〇二三年一一月八日付の「産経ニュース」によると、「おばさん構文」とは「中高年の女性がSNSで使いがちな言い回し」で、「長文で絵文字、顔文字が多いことに加え、あ行の小文字が多いのも特徴」だという。メールとは異なり「相手を待たせないように短く、一言でやり取りを済ませるのが主流」であるSNSでは、おばさん構文は揶揄されるべきものらしい。

実際、私がSNSでやりとりする文章は、まさにおばさん構文に近い。携帯電話（ガラケー）が普及したのは私が社会に出たあとだったし、SNSが一般的になったのはもっとあとだ。若いときからスマホでやりとりするのが当たり前の世代とは、わけが違う。昔の主流だった電話でのおしゃべりと違って文章だけでは微妙なニュアンスが伝わりづらい気がして、誤解を与えないよう長めの文章を考え、時間をかけて打ち（フリック入力できないので）、誤解回避のためのダメ押しとして絵文字や顔文字、スタンプをちりばめる。こちらとしては相手に気を配ったゆえの「構文」だが、特に若い世代にはありがた迷惑で鬱陶しく思えるのだろう。

　ちなみに、私がやりとりしているのは、ほぼ全員面識がある人ばかりだ。実際の知り合いとのやりとりでもこうなのだから、アプリでマッチングは成立したが一度も会ったことがない相手ともしやりとりすることになったら、いったいどんなメッセージ文を送ればいいのか見当もつかず、恐怖心すらおぼえてしまうはずだ。こんなふうに見知らぬ相手とのやりとりに自信がないと思っている人は、実は世代に関係なく多いのではないだろうか。本書はそういった人々のために精神科医が作成したガイドブックとも呼べる著書 *Speaking in Thumbs: A Psychiatrist Decodes Your Relationship Texts So You Don't Have To* の全訳である。


　著者のミミ・ワインズバーグは、二五年以上にわたる診療経験を持つ精神科医だ。ハーバード大学で神経科学、ミネソタ大学で医学の学位を取得し、スタンフォード大学で精神科医としての研修を受けたのちに、同大学の特別研究員として気分障害と脳画像診断の研究にも携わっていた。フェイスブック本社で社内精神科医を務めたあと、現在はサンフランシスコを拠点にして主に精神力動学、認知行動学、マインドフルネスに基づいた診療を対面とオンラインで行なっている。プライベートではランニング、自転車、テレマークスキーなど、自然のなかで過ごすことが多いそうだ（著者公式ウェブサイト〝Dr. Mimi Winsberg〟より）。

　そんな彼女の初の著書である本作は三部構成で、第一部（第一章～第四章）ではメッセージ文をやりとりしている相手のことを、送られてきた文章からいかに把握できるかについて掘り下げる。また、自分が本当に求めている相手はどんな人なのかを見極めるために、自分自身について知る方法も紹介されている。第二部（第五章〜第七章）では、実際につきあいはじめた二人の関係がどうなるのかを両者のメッセージ文から読み取りながら、実りある長期的な関係を築くための方法を探る。そして、第三部（第八章〜第九章）では、二人の関係の分岐点において、過去からの一連のやりとりを見ていくことでいかに問題に対処できるかを考察する。

どの章においても、実際のやりとりが事例として多数紹介される（ただし、個人が特定されないよう配慮されている）。患者の許可を得て掲載されたものが大半だと思われるが、驚いたのは著者本人とマッチングが成立した相手とのやりとりも多く使われている点だ。こういう例は、医師による著書では珍しいのではないだろうか。これは執筆のための取材目的でのマッチングアプリ体験ではなく、一六年間の結婚生活に終止符を打った著者が新たなパートナーを求めてマッチングアプリを利用したなかでのやりとりだ。途中で合わないなと感じた相手に対して、それでも精神科医としての職業的な興味からしばらくやりとりを続けた例もなかにはあるが、基本的には本気のパートナー探しにおけるやりとりである（「その後」については詳しく触れられていないが、実際につきあった相手もいれば、いい友人として続いている相手もいるようだ）。

本書が紹介するのは、真剣につきあって長続きする関係を築けるような相手をマッチングアプリで見極めて、交際につなげる方法だ。つかの間の相手を探すため、ライバルを蹴落として人気者とつきあうため、あるいは何人の相手と実際に会えるか挑戦するための、小手先だけの文章作成テクニックではない。そのため、第一部は面識のない相手のことを言葉や記号、絵文字の使い方などメッセージ文の特徴から解き明かす方法、人間の性格を知る方法、自分が本当に求めているのはどういう相手かを知るために自身の内面を探る方法などについての解説が中心となっている。いわば、マッチングアプリでこれから相手を見つけたい人のための準備篇だ。第二部と第三部は、すでにパートナーがいてこれから関係を深めていきたい人、もしくは残念ながら関係が終わりを迎えそうな人に向けて書かれている実践篇だ。もちろん準備篇から読みはじめてもいいいし、あるいは実践篇であなたがいまいる恋愛の段階の章から読みはじめてもいい。どちらの場合も、すぐに参考になることがきっと書かれている。本書はそういうさまざまな読み方に対応しているガイドブックなのだから。

また、本書はマッチングアプリでの出会いを想定して書かれてはいるが、二人が意気投合して実際に会い、つきあいはじめた第二部以降のやりとりは、アプリ以外で出会った二人にとっても役立つように思った。すなわち、よい恋愛関係には「共感」と「互いへの尊重」「寛大さ」が必要なのだ。そういった意味で、対象となる読者は著者が当初考えたよりもずっと多いのではないだろうか。

取り上げられているやりとりの事例は実にさまざまで、それだけ読んでいても楽しめる。同じ送信者のメッセージ文でも句読点があったりなかったりしているが、著者によると句読点のありなしには意味があるので、不自然に見えても原書どおりにしている。また、やりとりのリズムも重要ということから、事例では訳注を文章ごとにつけるのではなく、やりとりの最後にまとめてつけるようにした。メッセージ文のなかには意味を読み取るのが大変だったり（特に、一〇一ページの弁当箱の絵文字が何を意味しているのか、かなり悩んでしまった)、原文のリズムを崩さずに訳すのがとても難しかったりしたものもあった。原文の雰囲気がうまく伝わっていることを願っている。

ちなみに、原書の題名に「Thumbs(親指)」と入っているとおり、本書では親指でスマホを操作してメッセージ文を書くことが当然とされているため違和感があるかもしれない。だが、インテージグループR&Dセンターの調査によると、日本では人差し指で操作する人の割合が多いが、海外では親指で操作する人のほうが圧倒的に多いそうだ(https://gallery.intage.co.jp/smartphone-operation/)。

メッセージ文でのやりとりは、微妙なニュアンスを伝えるのが難しいし、よく考えずに送ってしまった文章が相手側に残りつづけてしまうという問題がある。一方、送る前に推敲できる、残っている一連のやりとりを検討して反省材料にできるという利点もある。マッチングアプリ以外でも、オンラインでしか知らない相手とのやりとりが今後ますます増えていくと思われる今日において、「あなたが本当に伝えたいことを、(絵文字ではなく自分の)言葉で伝えてほしい」といった著者のアドバイスがたくさん詰まった本書は、誰にとっても役立つ武器になるだろう。

最後に、本書の翻訳で大変お世話になった早川書房の加藤千絵さん、翻訳会社リベルのみなさん、および関係各所のみなさんに厚くお礼申し上げる。

二〇二三年一一月

尼丁千津子

原　注

はじめに

1. Sigmund Freud, *Volume 2, Studies in Hysteria*, ed. Carrie Lee Rothgeb, Psychoanalytic Training Institute of the Contemporary Freudian Society, 1971, instituteofcfs.org.（フロイト『フロイト全集（２）1895年――ヒステリー研究』芝伸太郎訳、岩波書店、2008年）
2. Mansoor Iqbal, "Tinder Revenue and Usage Statistics (2020)," *Business of Apps*, Oct. 30, 2020, businessofapps.com.

第一章

1. Robert Cloninger, "A Systematic Method for Clinical Description and Classification of Personality Variants," *Archives of General Psychiatry* 44, no. 6 (1987).
2. Michael Norton, Jeana H. Frost, and Dan Ariely, "Less Is More: The Lure of Ambiguity, or Why Familiarity Breeds Contempt," *Journal of Personality and Social Psychology* 92, no. 1 (2007): 97–105.
3. 二〇二〇年五月六日に行なわれた、著者によるノートンへの電話インタビューより。
4. Norton, Frost, and Ariely. "Less Is More."
5. Ibid（同上）.
6. 著者によるノートンへの電話インタビューより。
7. Harry Reis et al., "Familiarity Does Indeed Promote Attraction in Live Interaction," *Journal of Personality and Social Psychology* 101, no. 3 (Sept. 2011): 557–70.
8. Shankar Vedantam, "The Choices Before Us: Can Fewer Options Lead to Better Decisions?," NPR, May 4, 2020, npr.org.
9. Bruno Laeng, Oddrun Vermeer, and Unni Sulutvedt, "Is Beauty in the Face of the Beholder?," *PLoS ONE* 8, no. 7 (Oct. 2013).
10. Molly E. Ireland et al., "Language Style Matching Predicts Relationship

Initiation and Stability," *Psychological Science* 22, no. 1 (Jan. 2011): 39–44.
11. Monica Anderson, Emily A. Vogels, and Erica Turner, "The Virtues and Downsides of Online Dating," Pew Research Center: Internet & Technology, Oct. 2, 2020, pewresearch.org.
12. Taizo Nakazato, "Striatal Dopamine Release in the Rat During a Cued Lever-Press Task for Food Reward and the Development of Changes over Time Measured Using High-Speed Voltammetry," *Experimental Brain Research* 166, no. 1 (Sept. 2005).
13. Angelika Dimoka, Paul A. Pavlou, and Fred D. Davis, "NeuroIS: The Potential of Cognitive Neuroscience for Information Systems Research," *Information Systems Research* 22, no. 4 (Dec. 2011): 687–702.
14. Barry Schwartz, "More Isn't Always Better," *Harvard Business Review*, Aug. 1, 2014, hbr.org.
15. Vedantam, "Choices Before Us."
16. Barry Schwartz, *The Paradox of Choice* (New York: Ecco, 2004), 134.（バリー・シュワルツ『なぜ選ぶたびに後悔するのか――オプション過剰時代の賢い選択術』瑞穂のりこ訳、ランダムハウス講談社、2012 年）
17. Lori Gottlieb, *Marry Him: The Case for Settling for Mr. Good Enough* (New York: New American Library, 2011).
18. Raymond M. Smullyan, *Gödel's Incompleteness Theorems* (New York: Oxford University Press, 2020).（スマリヤン『不完全性定理【改訳版】』高橋昌一郎監訳、川辺治之・村上祐子訳、丸善出版、2019 年）
19. Ashley Carman, "Tinder Says It No Longer Uses a 'Desirability' Score to Rank People," *Verge*, March 15, 2019, theverge.com.
20. Eli J. Finkel et al., "Online Dating: A Critical Analysis from the Perspective of Psychological Science," *Psychological Science in the Public Interest* 13, no. 1 (2012).

第二章

1. Malcolm Gladwell, *Blink: The Power of Thinking Without Thinking* (New York: Back Bay Books, 2019).（マルコム・グラッドウェル『第１感「最初の２秒」の「なんとなく」が正しい』沢田博・阿部尚美訳、光文社、2006 年）
2. Paul Ekman, "Micro Expressions: Facial Expressions," Paul Ekman Group, Feb. 6, 2020, paulekman.com.
3. David G. Jensen, "Tooling Up: First Impressions—Are Interview Results Preordained?," *Science*, Aug. 20, 2004.

4. David J. Lieberman, "Award-Winning Lie Detection Course: Taught by FBI Trainer," Udemy, Jan. 7, 2021, udemy.com.
5. John M. Gottman, "Love Lab," Gottman Institute, Sept. 10, 2019, gottman.com.
6. John M. Gottman, Kim T. Buehlman, and Lynn Katz, "How a Couple Views Their Past Predicts Their Future: Predicting Divorce from an Oral History Interview," *Journal of Family Psychology* 5, no. 3–4 (Jan. 1970): 295–318.
7. Nancy Lublin, "Crisis Text Line," Crisis Text Line, 2013, crisistextline.org.
8. Katharine Cook Briggs and Isabel Briggs Myers, "Myers-Briggs Type Indicator," MBTI Basics, Myers & Briggs Foundation, myersbriggs.org.
9. George Gurdjieff, "The Enneagram Personality Test," Truity, Jan. 8, 2021, truity.com.
10. Lewis Goldberg, "Big Five Personality Test," Open-Source Psychometrics Project, Aug. 2019, openpsychometrics.org.
11. Benjamin R. Karney and Thomas N. Bradbury, "Neuroticism, Marital Interaction, and the Trajectory of Marital Satisfaction," *Journal of Personality and Social Psychology* 72 (1997): 1075–92.
12. V. Michelle Russell and James K. McNulty, "Frequent Sex Protects Intimates from the Negative Implications of Their Neuroticism," *Social Psychological and Personality Science* 2 (2011): 220–27.
13. Terri D. Fisher and James K. McNulty, "Neuroticism and Marital Satisfaction: The Mediating Role Played by the Sexual Relationship," *Journal of Family Psychology* 22, no. 1 (Feb. 2008): 112–22.
14. David P. Schmitt and Todd K. Shackelford, "Big Five Traits Related to Short-Term Mating: From Personality to Promiscuity Across 46 Nations," *Evolutionary Psychology* 6, no. 2 (2008).
15. Noam Shpancer, "How Your Personality Predicts Your Romantic Life," *Psychology Today*, Aug. 2, 2016, psychologytoday.com.
16. Schmitt and Shackelford, "Big Five Traits."
17. 二〇二〇年六月一八日に行なわれた、著者によるセリア・クリンへのインタビューより。
18. Tal Yarkoni, "Personality in 100,000 Words: A Large-Scale Analysis of Personality and Word Use Among Bloggers," *Journal of Research in Personality* 44, no. 3 (2010): 363–73.
19. Tanya Lewis, "IBM's Watson," *Business Insider*, July 22, 2015, businessinsider.com.
20. Rob Matheson, "Model Can More Naturally Detect Depression in Conversations," *MIT News*, Aug. 29, 2018, news.mit.edu.
21. Sharath Chandra Guntuku et al., "Studying Expressions of Loneliness in

Individuals Using Twitter: An Observational Study," *BMJ Open* 9, no. 11 (2019).
22. Jana M. Havigerová et al., "Text-Based Detection of the Risk of Depression," *Frontiers in Psychology* 10 (March 2019).
23. Yarkoni, "Personality in 100,000 Words."
24. Ibid.
25. Jessica Bennett, "When Your Punctuation Says It All (!)," *New York Times*, Feb. 27, 2015, nytimes.com.
26. Jennifer Golbeck et al., "Predicting Personality from Twitter," IEEE International Conference on Privacy, Security, Risk, and Trust, and IEEE International Conference on Social Computing, 2011, demenzemedicinagenerale.net.
27. Danielle N. Gunraj et al., "Texting Insincerely: The Role of the Period in Text Messaging," *Computers in Human Behavior* 55 (Feb. 2016): 1067–75.
28. F. Scott Fitzgerald, "An Exclamation Point Is Like Laughing at Your Own Joke," Quote Investigator, Jan. 6, 2019, quoteinvestigator.com.
29. Golbeck et al., "Predicting Personality from Twitter," 153.
30. Elena Ferrante, *Incidental Inventions*, trans. Ann Goldstein (Brentwood, Calif.: Europa Editions, 2019), 60.
31. Gretchen McCulloch, *Because Internet: Understanding the New Rules of Language* (Waterville, Maine: Thorndike Press, 2020).（グレッチェン・マカロック『インターネットは言葉をどう変えたか――デジタル時代の〈言語〉地図』千葉敏生訳、フィルムアート社、2021年）
32. Olga Khazan, "Why Americans Smile So Much," *Atlantic*, May 3, 2017, theatlantic.com.
33. Weijian Li et al., "Mining the Relationship Between Emoji Usage Patterns and Personality," arXiv, April 14, 2018, arxiv.org.
34. Ibid.

第三章

1. Queensland University of Technology, "Online Daters Ignore Wish List When Choosing a Match," *Science News*, Feb. 21, 2017, sciencedaily.com.
2. Timothy D. Wilson, *Strangers to Ourselves: Discovering the Adaptive Unconscious* (Cambridge, Mass.: Belknap Press of Harvard University Press, 2004), 6.（ティモシー・ウィルソン『自分を知り、自分を変える――適応的無意識の心理学』村田光二監訳、新曜社、2005年）
3. Kurt Vonnegut, *Deadeye Dick* (New York: Dial Press, 2010), 253.（カート・ヴォネガット『デッドアイ・ディック』浅倉久志訳、ハヤカワ文庫、1998年）

4. Michael Norton and Zoë Chance, " 'I Read *Playboy* for the Articles': Justifying and Rationalizing Questionable Preferences," Harvard Business School Working Paper（ハーバード大学論文）10-018, Sept. 24, 2009, hbswk.hbs.edu.
5. Rick Harrington and Donald A. Loffredo, "Insight, Rumination, and Self-Reflection as Predictors of Well-Being," *The Journal of Psychology* 145, no. 1 (2010): pp. 39–57.
6. Anthony M. Grant, John Franklin, and Peter Langford, "The Self-Reflection and Insight Scale: A New Measure of Private Self-Consciousness," *Social Behavior and Personality: An International Journal* 30, no. 8 (2002): 821–35.
7. Tasha Eurich, *Insight: The Surprising Truth About How Others See Us, How We See Ourselves, and Why the Answers Matter More Than We Think* (New York: Currency, 2018), 135–42.（ターシャ・ユーリック『insight（インサイト）――いまの自分を正しく知り、仕事と人生を劇的に変える自己認識の力』中竹竜二監訳、樋口武志訳、英治出版、2019 年）
8. Simine Vazire and Mitja D. Back, "Knowing Our Personality," in *Handbook of Self-Knowledge*, ed. Simine Vazire and Timothy D. Wilson (New York: Guilford Press, 2012), 137.
9. James Hollis, *Living an Examined Life: Wisdom for the Second Half of the Journey* (Boulder, Colo.: Sounds True, 2018).
10. Timothy D. Wilson et al., "Just Think: The Challenges of the Disengaged Mind," *Science* 345, no. 6192 (July 2004): 75–77.
11. Timothy D. Wilson and Daniel T. Gilbert, "Affective Forecasting: Knowing What to Want," *Current Directions in Psychological Science* 14, no. 3 (June 2005).
12. Wilson, *Strangers to Ourselves*, 16.
13. Woody Allen and Linda Sunshine, *The Illustrated Woody Allen Reader: Prospectus* (New York: Alfred A. Knopf, 1993), 53.

第四章

1. Plenty of Fish, "Pressure Points Report 2019" (Egnyte, 2019), 1–8, craftedcom.egnyte.com.
2. Ibid.
3. Isabel Thottam, "The History of Online Dating (US)," eHarmony, 2018, eharmony.com.
4. Rachel Layne, "Asking Questions Can Get You a Better Job or a Second Date," HBS Working Knowledge, Oct. 30, 2017, hbswk.hbs.edu.
5. OkCupid, "Online Dating Advice: Optimum Message Length," *The OkCupid Blog*,

Medium, Sept. 3, 2009, theblog.okcupid.com.
6. Jason Dou et al., "What Words Do We Use to Lie? Word Choice in Deceptive Messages," arXiv, Sept. 2017, arxiv.org.
7. Lindsay M. Oberman, "Broken Mirrors: A Theory of Autism," *Scientific American*, June 1, 2007, scientificamerican.com.
8. David Sedaris, Facebook, Dec. 3, 2019, facebook.com.
9. Rod A. Martin and Thomas E. Ford, *The Psychology of Humor: An Integrative Approach* (London: Academic Press, 2018).（ロッド・A・マーティン『ユーモア心理学ハンドブック』野村亮太・雨宮俊彦・丸野俊一監訳、北大路書房、2011年）
10. Paul Frewen et al., "Humor Styles and Personality-Vulnerability to Depression," *Humor* 21, no. 2 (2008): 179–95.
11. Rod A. Martin et al., "Individual Differences in Uses of Humor and Their Relation to Psychological Well-Being: Development of the Humor Styles Questionnaire," *Journal of Research in Personality* 37, no. 1 (2003): 48–75.
12. OkCupid, "Online Dating Advice."
13. Lumen Learning and Diana Lang, "1950s: Harlow, Bowlby, and Ainsworth," Iowa State University Digital Press, May 18, 2020, iastate.pressbooks.pub.
14. Amir Levine, *Attached: The New Science of Adult Attachment and How It Can Help You Find—and Keep—Love* (New York: TarcherPerigee, 2012), 4.（アミール・レバイン、レイチェル・ヘラー『異性の心を上手に透視する方法』塚越悦子訳、プレジデント社、2016年）

第五章

1. Alex Williams, "The End of Courtship?," *New York Times*, Jan. 11, 2013, nytimes.com.
2. Aziz Ansari, "The Power of Waiting," in *Modern Romance*, with Eric Klinenberg (New York: Penguin Press, 2015), 59–64.（アジズ・アンサリ『当世出会い事情——スマホ時代の恋愛社会学』田栗美奈子訳、亜紀書房、2016年）
3. Helen E. Fisher, *Anatomy of Love: A Natural History of Mating, Marriage, and Why We Stray* (New York: W. W. Norton, 2017).（ヘレン・E・フィッシャー『愛はなぜ終わるのか——結婚・不倫・離婚の自然史』吉田利子訳、草思社、1993年）
4. James W. Pennebaker, *The Secret Life of Pronouns: What Our Words Say About Us* (New York: Bloomsbury, 2013), 200.
5. Ibid., 206.

6. Ibid., 1–17.
7. 二〇二〇年八月二六日に行なわれた、著者によるペネベーカーへの電話インタビューより。
8. Silke Anders et al., "A Neural Link Between Affective Understanding and Interpersonal Attraction," *PNAS*, March 31, 2016, pnas.org.
9. Nick Hornby, *High Fidelity* (New York: Riverhead Books, 1996), 117.（ニック・ホーンビィ『ハイ・フィデリティ』森田義信訳、早川書房、2022年）
10. Pennebaker, *Secret Life of Pronouns*, 170–95.
11. Ibid.
12. 著者によるペネベーカーへの電話インタビューより。
13. Enikő Kubinyi and Lisa J. Wallis, "Dominance in Dogs as Rated by Owners Corresponds to Ethologically Valid Markers of Dominance," *PeerJ* 7 (May 2019).
14. Pennebaker, *Secret Life of Pronouns*, 170–95.
15. Ellen Fein and Sherrie Schneider, *The Rules* (New York: Grand Central Publishing, 2008).（エレン・ファイン 、シェリー・シュナイダー『THE RULES——理想の男性と結婚するための35の法則』田村明子訳、ベストセラーズ、2000年）
16. Neil Strauss, *The Game* (Edinburgh: Canongate Books, 2016).（ニール・ストラウス『ザ・ゲーム——退屈な人生を変える究極のナンパバイブル』田内志文訳、パンローリング、2012年）
17. Oscar Wilde, *The Importance of Being Earnest* (London: Renard Press, 2021), act 1, p. 3.（ワイルド『真面目が肝心』厨川圭子訳、角川書店、1953年）
18. Rachel Herz, *The Scent of Desire: Discovering Our Enigmatic Sense of Smell* (New York: HarperCollins, 2009).（レイチェル・ハーツ『あなたはなぜあの人の「におい」に魅かれるのか』前田久仁子訳、原書房、2008年）

第六章

1. Mark Twain, *Mark Twain's Notebook*, ed. Albert Bigelow Paine (London: Hesperides Press, 2006).
2. Esther Perel, *Mating in Captivity* (London: Hodder & Stoughton, 2007), 25.（エステル・ペレル『セックスレスは罪ですか？』高月園子訳、ランダムハウス講談社、2008年）
3. Allan Gois, "The Perfect Imperfections of Love," The Psychotherapist Blog, Feb. 14, 2014, allangois.co.uk.
4. Erik H. Erikson, *Identity and the Life Cycle: Selected Papers* (New York: Norton, 1980).（E・H・エリクソン『アイデンティティとライフサイクル』西平直・中

島由恵訳、誠信書房、2011 年）
5. Gary D. Chapman, *The Five Love Languages: How to Express Heartfelt Commitment to Your Mate* (Chicago: Northfield, 1995).（ゲーリー・チャップマン『愛を伝える５つの方法』ディフォーレスト千恵訳、いのちのことば社、2007 年）
6. Kubinyi and Wallis, "Dominance in Dogs."
7. John M. Gottman and Nan Silver, *What Makes Love Last? How to Build Trust and Avoid Betrayal* (New York: Simon & Schuster Paperbacks, 2013), 83–90.
8. Ibid., 114–28.
9. Ibid.
10. John M. Gottman and Joan DeClaire, *The Relationship Cure: A Five-Step Guide to Strengthening Your Marriage, Family, and Friendships* (New York: Harmony Books, 2002).（ジョン・M・ゴットマン、ジョアン・デクレア『ゴットマン式コミュニケーション術 ——自己診断テストでわかる改善と対策』伊藤和子訳、パンローリング、2021 年）
11. John M. Gottman et al., *Eight Dates: Essential Conversations for a Lifetime of Love* (New York: Workman, 2019), 81.
12. Perel, *Mating in Captivity*.
13. "Soup Nazi," *Seinfeld*, season 7, episode 6, Nov. 2, 1995.
14. Perel, *Mating in Captivity*, 37.
15. E. E. Cummings, "Because It's," All Poetry, 2005, allpoetry.com.

第七章

1. Leo Tolstoy, *Anna Karenina*, trans. Richard Pevear and Larissa Volokhonsky (New York: Penguin Books, 2002), 1.（トルストイ『アンナ・カレーニナ』上中下、木村浩訳、新潮社、2012 年など）
2. Elaine Hatfield, "Passionate Love, Companionate Love, and Intimacy," in *Intimacy*, ed. Martin Fisher and George Stricker (Boston: Springer, 1982).
3. Hongwen Song et al., "Love-Related Changes in the Brain: A Resting-State Functional Magnetic Resonance Imaging Study," *Frontiers in Human Neuroscience* 9, no. 71 (Feb. 2015).
4. Jonathan Haidt, *The Happiness Hypothesis: Putting Ancient Wisdom and Philosophy to the Test of Modern Science* (London: Random House Business Books, 2021), 126.（ジョナサン・ハイト『しあわせ仮説——古代の知恵と現代科学の知恵』藤澤隆史・藤澤玲子訳、新曜社、2011 年）
5. C. S. Lewis, *A Grief Observed* (London: CrossReach Publications, 2016), 72.（C・

S・ルイス『悲しみをみつめて』西村徹訳、新教出版社、1976年）
6. Richard M. Frankel, "The Many Faces of Empathy," *Journal of Patient Experience* 4, no. 2 (May 2017): 55–56.
7. Shelly Gable et al., "What Do You Do When Things Go Right? The Intrapersonal and Interpersonal Benefits of Sharing Positive Events," *Journal of Personality and Social Psychology* 87, no. 2 (2004): 228–45.
8. Kerry Patterson et al., *Crucial Conversations: Tools for Talking When Stakes Are High* (New York: McGraw-Hill, 2012), 79.（ケリー・パターソン、ジョセフ・グレニー、ロン・マクミラン、アル・スウィッツラー『クルーシャル・カンバセーション――重要な対話のための説得術』山田美明訳、パンローリング、2018年）
9. John M. Gottman and Nan Silver, *The Seven Principles for Making Marriage Work* (London: Cassell Illustrated, 2018).（ジョン・M・ゴットマン、ナン・シルバー『結婚生活を成功させる七つの原則』松浦秀明訳、第三文明社、2017年）
10. Nicholas Epley, *Mindwise* (New York: Vintage Books, 2015), 10.（ニコラス・エプリー『人の心は読めるか？――本音と誤解の心理学』波多野理彩子訳、早川書房、2017年）
11. Amy Muise, "Are You GGG?," *Psychology Today*, Aug. 31, 2012, psychologytoday.com.
12. Amy Muise et al., "Keeping the Spark Alive: Being Motivated to Meet a Partner's Sexual Needs Sustains Sexual Desire in Long-Term Romantic Relationships," *Social Psychology and Personality Science* 4, no. 3 (2013).
13. François de La Rochefoucauld, *Maxims* (New York: Penguin Classics, 1982), 41.（ラ・ロシュフコー『格言集』関根秀雄訳、白水社、1998年など）
14. Elisabeth Sheff, "Updated Estimate of Number of Non-monogamous People in U.S.," *Psychology Today*, May 27, 2019, psychologytoday.com.
15. Jessica Kegu and Jason Silverstein, " 'Things Are Opening Up' : Non-monogamy Is More Common Than You'd Think," CBS News, Oct. 27, 2019, cbsnews.com.
16. Elaine Hatfield, Richard L. Rapson, and Jeanette Purvis, *What's Next in Love and Sex: Psychological and Cultural Perspectives* (New York: Oxford University Press, 2020), 151–68.
17. Ethan Czuy Levine et al., "Open Relationships, Nonconsensual Nonmonogamy, and Monogamy Among U.S. Adults: Findings from the 2012 National Survey of Sexual Health and Behavior," *Archives of Sexual Behavior* 47, no. 5 (July 2018): 1439–50.
18. Hatfield, Rapson, and Purvis, *What's Next in Love and Sex*, 151–68.
19. Michael W. Wiederman and Elizabeth Rice Allgeier, "Expectations and Attributions Regarding Extramarital Sex Among Young Married Individuals," *Journal of Psychology and Human Sexuality* 8, no. 3 (1996): 21–35.

20. Tom Stoppard, *Rosencrantz and Guildenstern Are Dead* (Stuttgart: Reclam, 1993), 47.（トム・ストッパード『トム・ストッパード　3――ローゼンクランツとギルデンスターンは死んだ』小川絵梨子訳、早川書房、2017年）

第八章

1. Gottman and Silver, *What Makes Love Last?*, 40.
2. Sue Johnson, *Hold Me Tight: Your Guide to the Most Successful Approach to Building Loving Relationships* (London: Piatkus, 2011), 32.（スー・ジョンソン『私をギュッと抱きしめて――愛を取り戻す七つの会話』白根伊登恵訳、金剛出版、2014年）
3. Laura Ward, *Famous Last Words: The Ultimate Collection of Finales and Farewells* (London: PRC, 2004), 14.

第九章

1. Anaïs Nin, *The Four-Chambered Heart* (Denver: Swallow Press, 1959), 48.（アナイス・ニン『四分室のある心臓』山本豊子訳、鳥影社、2023年）
2. Alice Zhao, "Text Messaging," A Dash of Data, Sept. 5, 2017, adashofdata.com.
3. Rainer Funk, *Erich Fromm: His Life and Ideas: An Illustrated Biography* (New York: Continuum, 2000), 138.（ライナー・フンク『エーリッヒ・フロム――人と思想』佐野哲郎・佐野五郎訳、紀伊國屋書店、1984年）
4. Lori Cluff Schade et al., "Using Technology to Connect in Romantic Relationships: Effects on Attachment, Relationship Satisfaction, and Stability in Emerging Adults," *Journal of Couple & Relationship Therapy* 12, no. 4 (2013): 314–38.
5. Tolstoy, *Anna Karenina*, 8.

終わりに

1. Emrys Westacott, "Discover What Plato Means About the Ladder of Love in His 'Symposium,' " ThoughtCo, Aug. 2020, thoughtco.com.
2. N.W.A, "Gangsta Gangsta," *Straight Outta Compton*, 1988.

参考文献

Allen, Woody, and Linda Sunshine. *The Illustrated Woody Allen Reader: Prospectus.* New York: Alfred A. Knopf, 1993.

Anders, Silke, Roos de Jong, Christian Beck, John-Dylan Haynes, and Thomas Ethofer. "A Neural Link Between Affective Understanding and Interpersonal Attraction." *PNAS*, March 31, 2016. pnas.org.

Anderson, Monica, Emily A. Vogels, and Erica Turner. "The Virtues and Downsides of Online Dating." Pew Research Center: Internet & Technology, Oct. 2, 2020. pewresearch.org.

Ansari, Aziz. *Modern Romance*. With Eric Klinenberg. New York: Penguin Press, 2015.（アジズ・アンサリ『当世出会い事情――スマホ時代の恋愛社会学』田栗美奈子訳、亜紀書房、2016年）

Bennett, Jessica. "When Your Punctuation Says It All (!)." *New York Times*, Feb. 27, 2015. nytimes.com.

Carman, Ashley. "Tinder Says It No Longer Uses a 'Desirability' Score to Rank People." *Verge*, March 15, 2019. theverge.com.

Chapman, Gary D. *The Five Love Languages: How to Express Heartfelt Commitment to Your Mate.* Chicago: Northfield, 1995.（ゲーリー・チャップマン『愛を伝える5つの方法』ディフォーレスト千恵訳、いのちのことば社、2007年）

Cloninger, Robert. "A Systematic Method for Clinical Description and Classification of Personality Variants." *Archives of General Psychiatry* 44, no. 6 (1987).

Cummings, E. E. "Because It's." All Poetry, 2005. allpoetry.com.

Dimoka, Angelika, Paul A. Pavlou, and Fred D. Davis. "NeuroIS: The Potential of Cognitive Neuroscience for Information Systems Research." *Information Systems Research* 22, no. 4 (Dec. 2011): 687–702.

Dou, Jason, Michelle Liu, Haaris Muneer, and Adam Schlussel. "What Words Do We Use to Lie? Word Choice in Deceptive Messages." arXiv, Sept. 2017. arxiv.org.

Ekman, Paul. "Micro Expressions: Facial Expressions." Paul Ekman Group, Feb. 6, 2020. paulekman.com.

Epley, Nicholas. *Mindwise*. New York: Vintage Books, 2015.（ニコラス・エプリー『人の心は読めるか？――本音と誤解の心理学』波多野理彩子訳、早川書房、

2017年）

Erikson, Erik H. *Identity and the Life Cycle: Selected Papers.* New York: Norton, 1980.（E・H・エリクソン『アイデンティティとライフサイクル』西平直・中島由恵訳、誠信書房、2011年）

Eurich, Tasha. *Insight: The Surprising Truth About How Others See Us, How We See Ourselves, and Why the Answers Matter More Than We Think.* New York: Currency, 2018.（ターシャ・ユーリック『insight（インサイト）――いまの自分を正しく知り、仕事と人生を劇的に変える自己認識の力』中竹竜二監訳、樋口武志訳、英治出版、2019年）

Fein, Ellen, and Sherrie Schneider. *The Rules.* New York: Grand Central Publishing, 2008.（エレン・ファイン 、シェリー・シュナイダー『THE RULES――理想の男性と結婚するための35の法則』田村明子訳、ベストセラーズ、2000年）

Finkel, Eli J., Paul W. Eastwick, Benjamin R. Karney, Harry T. Reis, and Susan Sprecher. "Online Dating: A Critical Analysis from the Perspective of Psychological Science." *Psychological Science in the Public Interest* 13, no. 1 (2012).

Fisher, Helen E. *Anatomy of Love: A Natural History of Mating, Marriage, and Why We Stray.* New York: W. W. Norton, 2017.（ヘレン・E・フィッシャー『愛はなぜ終わるのか――結婚・不倫・離婚の自然史』吉田利子訳、草思社、1993年）

Fisher, Terri D., and James K. McNulty. "Neuroticism and Marital Satisfaction: The Mediating Role Played by the Sexual Relationship." *Journal of Family Psychology* 22, no. 1 (Feb. 2008): 112–22.

Frankel, Richard M. "The Many Faces of Empathy." *Journal of Patient Experience* 4, no. 2 (May 2017): 55–56.

Freud, Sigmund. *Volume 2, Studies in Hysteria.* Edited by Carrie Lee Rothgeb. Psychoanalytic Training Institute of the Contemporary Freudian Society, 1971. instituteofcfs.org.（フロイト『フロイト全集（2）1895年――ヒステリー研究』芝伸太郎訳、岩波書店、2008年）

Frewen, Paul, Jaylene Brinker, Rod A. Martin, and David Dozois. "Humor Styles and Personality-Vulnerability to Depression." *Humor* 21, no. 2 (2008): 179–95.

Funk, Rainer. *Erich Fromm: His Life and Ideas: An Illustrated Biography.* New York: Continuum, 2000.（ライナー・フンク『エーリッヒ・フロム――人と思想』佐野哲郎・佐野五郎訳、紀伊國屋書店、1984年）

Gable, Shelly L., Harry T. Reis, Emily A. Impett, and Evan R. Asher. "What Do You Do When Things Go Right? The Intrapersonal and Interpersonal Benefits of Sharing Positive Events." *Journal of Personality and Social Psychology* 87, no. 2 (2004): 228–45.

Gladwell, Malcolm. Blink: *The Power of Thinking Without Thinking.* New York: Back Bay Books, 2019.（マルコム・グラッドウェル『第1感「最初の2秒」の「な

んとなく」が正しい』沢田博・阿部尚美訳、光文社、2006年）

Gois, Allan. "The Perfect Imperfections of Love." The Psychotherapist Blog, Feb. 14, 2014. allangois.co.uk.

Golbeck, Jennifer, Cristina Robles, Michon Edmondson, and Karen Turner. "Predicting Personality from Twitter." IEEE International Conference on Privacy, Security, Risk, and Trust, and IEEE International Conference on Social Computing, 2011. demenzemedicinagenerale.net/.

Goldberg, Lewis. "Big Five Personality Test." Open-Source Psychometrics Project, Aug. 2019. openpsychometrics.org.

Gottlieb, Lori. *Marry Him: The Case for Settling for Mr. Good Enough*. New York: New American Library, 2011.

Gottman, John M. "Love Lab." Gottman Institute, Sept. 10, 2019. gottman.com.

Gottman, John M., Kim T. Buehlman, and Lynn Katz. "How a Couple Views Their Past Predicts Their Future: Predicting Divorce from an Oral History Interview." *Journal of Family Psychology* 5, no. 3–4 (Jan. 1970): 295–318.

Gottman, John M., and Joan DeClaire. *The Relationship Cure: A Five-Step Guide to Strengthening Your Marriage, Family, and Friendships*. New York: Harmony Books, 2002.（ジョン・M・ゴットマン、ジョアン・デクレア『ゴットマン式コミュニケーション術 ――自己診断テストでわかる改善と対策』伊藤和子訳、パンローリング、2021年）

Gottman, John M., Julie Schwartz Gottman, Doug Abrams, and Rachel Carlton Abrams. *Eight Dates: Essential Conversations for a Lifetime of Love*. New York: Workman, 2019.

Gottman, John M., and Nan Silver. *The Seven Principles for Making Marriage Work*. London: Cassell Illustrated, 2018.（ジョン・M・ゴットマン、ナン・シルバー『結婚生活を成功させる七つの原則』松浦秀明訳、第三文明社、2017年）

Grant, Anthony M., John Franklin, and Peter Langford. "The Self-Reflection and Insight Scale: A New Measure of Private Self-Consciousness." *Social Behavior and Personality: An International Journal* 30, no. 8 (2002): 821–35.

Gunraj, Danielle N., April M. Drumm-Hewitt, Erica M. Dashow, Sri Siddhi N. Upadhyay, and Celia M. Klin. "Texting Insincerely: The Role of the Period in Text Messaging." *Computers in Human Behavior* 55 (Feb. 2016): 1067–75.

Guntuku, Sharath Chandra, Rachelle Schneider, Arthur Pelullo, Jami Young, Vivien Wong, Lyle Ungar, Daniel Polsky, Kevin G. Volpp, and Raina Merchant. "Studying Expressions of Loneliness in Individuals Using Twitter: An Observational Study." *BMJ Open* 9, no. 11 (2019).

Gurdjieff, George. "The Enneagram Personality Test." Truity, Jan. 8, 2021. truity.com.

Haidt, Jonathan. *The Happiness Hypothesis: Putting Ancient Wisdom and Philosophy to the Test of Modern Science.* London: Random House Business Books, 2021.（ジョナサン・ハイト『しあわせ仮説——古代の知恵と現代科学の知恵』藤澤隆史・藤澤玲子訳、新曜社、2011 年）

Harrington, Rick, and Donald A. Loffredo. "Insight, Rumination, and Self-Reflection as Predictors of Well-Being." *The Journal of Psychology* 145, no. 1 (2010): 39–57.

Hatfield, Elaine. "Passionate Love, Companionate Love, and Intimacy." In *Intimacy,* edited by Martin Fisher and George Stricker. Boston: Springer, 1982.

Hatfield, Elaine, Richard L. Rapson, and Jeanette Purvis. *What's Next in Love and Sex: Psychological and Cultural Perspectives.* New York: Oxford University Press, 2020.

Havigerová, Jana M., Jiří Haviger, Dalibor Kučera, and Petra Hoffmannová. "Text-Based Detection of the Risk of Depression." *Frontiers in Psychology* 10 (March 2019).

Herz, Rachel. *The Scent of Desire: Discovering Our Enigmatic Sense of Smell.* New York: HarperCollins, 2009.（レイチェル・ハーツ『あなたはなぜあの人の「におい」に魅かれるのか』前田久仁子訳、原書房、2008 年）

Hollis, James. *Living an Examined Life: Wisdom for the Second Half of the Journey.* Boulder, Colo.: Sounds True, 2018.

Iqbal, Mansoor. "Tinder Revenue and Usage Statistics (2020)." *Business of Apps,* Oct. 30, 2020. businessofapps.com.

Ireland, Molly E., Richard B. Slatcher, Paul W. Eastwick, Lauren E. Scissors, Eli J. Finkel, and James W. Pennebaker. "Language Style Matching Predicts Relationship Initiation and Stability." *Psychological Science* 22, no. 1 (Jan. 2011): 39–44.

Jensen, David G. "Tooling Up: First Impressions—Are Interview Results Preordained?" *Science,* Aug. 20, 2004.

Johnson, Sue. *Hold Me Tight: Your Guide to the Most Successful Approach to Building Loving Relationships.* London: Piatkus, 2011.（スー・ジョンソン『私をギュッと抱きしめて——愛を取り戻す七つの会話』白根伊登恵訳、金剛出版、2014 年）

Karney, Benjamin R., and Thomas N. Bradbury. "Neuroticism, Marital Interaction, and the Trajectory of Marital Satisfaction." *Journal of Personality and Social Psychology* 72 (1997): 1075–92.

Kegu, Jessica, and Jason Silverstein. " 'Things Are Opening Up' : Non-monogamy Is More Common Than You'd Think." CBS News, Oct. 27, 2019. cbsnews.com.

Khazan, Olga. "Why Americans Smile So Much." *Atlantic,* May 3, 2017. theatlantic.com.

Kubinyi, Enikő, and Lisa J. Wallis. "Dominance in Dogs as Rated by Owners Corresponds to Ethologically Valid Markers of Dominance." *PeerJ* 7 (May 2019).

Laeng, Bruno, Oddrun Vermeer, and Unni Sulutvedt. "Is Beauty in the Face of the Beholder?" *PLoS ONE* 8, no. 7 (2013).

La Rochefoucauld, François de. *Maxims.* New York: Penguin Classics, 1982.（ラ・ロシュフコー『格言集』関根秀雄訳、白水社、1998年など）

Layne, Rachel. "Asking Questions Can Get You a Better Job or a Second Date." HBS Working Knowledge, Oct. 30, 2017. hbswk.hbs.edu.

Learning, Lumen, and Diana Lang. "1950s: Harlow, Bowlby, and Ainsworth." Iowa State University Digital Press, May 18, 2020. iastate.pressbooks.pub.

Levine, Amir. *Attached: The New Science of Adult Attachment and How It Can Help You Find—and Keep—Love.* New York: TarcherPerigee, 2012.（アミール・レバイン、レイチェル・ヘラー『異性の心を上手に透視する方法』塚越悦子訳、プレジデント社、2016年）

Levine, Ethan Czuy, Debby Herbenick, Omar Martinez, Tsung-chieh Fu, and Brian Dodge. "Open Relationships, Nonconsensual Nonmonogamy, and Monogamy Among U.S. Adults: Findings from the 2012 National Survey of Sexual Health and Behavior." *Archives of Sexual Behavior* 47, no. 5 (July 2018): 1439–50.

Lewis, C. S. *A Grief Observed.* London: CrossReach Publications, 2016.（C・S・ルイス『悲しみをみつめて』西村徹訳、新教出版社、1976年）

Lewis, Tanya. "IBM's Watson." *Business Insider,* July 22, 2015. businessinsider.com.

Li, Weijian, Yuxiao Chen, Tianran Hu, and Jiebo Luo. "Mining the Relationship Between Emoji Usage Patterns and Personality." arXiv, April 14, 2018. arxiv.org.

Lieberman, David J. "Award-Winning Lie Detection Course: Taught by FBI Trainer." Udemy, Jan. 7, 2021. udemy.com.

Martin, Rod A., and Thomas E. Ford. *The Psychology of Humor: An Integrative Approach.* London: Academic Press, 2018.（ロッド・A・マーティン『ユーモア心理学ハンドブック』野村亮太・雨宮俊彦・丸野俊一監訳、北大路書房、2011年）

Martin, Rod A., Patricia Puhlik-Doris, Jeanette Gray, Kelly Weir, and Gwen Larsen. "Individual Differences in Uses of Humor and Their Relation to Psychological Well-Being: Development of the Humor Styles Questionnaire." *Journal of Research in Personality* 37, no. 1 (2003): 48–75.

Matheson, Rob. "Model Can More Naturally Detect Depression in Conversations," *MIT News,* Aug. 29, 2018, news.mit.edu.

McCulloch, Gretchen. *Because Internet: Understanding the New Rules of Language.* Waterville, Maine: Thorndike Press, 2020.（グレッチェン・マカロック『インターネットは言葉をどう変えたか――デジタル時代の〈言語〉地図』千葉敏

生訳、フィルムアート社、2021年）

Muise, Amy. "Are You GGG?" *Psychology Today*, Aug. 31, 2012. psychologytoday.com.

Muise, Amy, Emily Impett, Alexsandr Kogan, and Serge Desmarais. "Keeping the Spark Alive: Being Motivated to Meet a Partner's Sexual Needs Sustains Sexual Desire in Long-Term Romantic Relationships." *Social Psychology and Personality Science* 4, no. 3 (2013).

Nakazato, Taizo. "Striatal Dopamine Release in the Rat During a Cued Lever-Press Task for Food Reward and the Development of Changes over Time Measured Using High-Speed Voltammetry." *Experimental Brain Research* 166, no. 1 (Sept. 2005).

Nin, Anaïs. *The Four-Chambered Heart*. London: Peter Owen, 2004.（アナイス・ニン『四分室のある心臓』山本豊子訳、鳥影社、2023年）

Norton, Michael, and Zoë Chance. " 'I Read *Playboy* for the Articles' : Justifying and Rationalizing Questionable Preferences." Harvard Business School Working Paper（ハーバード大学論文）10-018, Sept. 24, 2009. hbswk.hbs.edu.

Norton, Michael, Jeana H. Frost, and Dan Ariely. "Less Is More: The Lure of Ambiguity, or Why Familiarity Breeds Contempt." *Journal of Personality and Social Psychology* 92, no. 1 (2007): 97–105.

Oberman, Lindsay M. "Broken Mirrors: A Theory of Autism." *Scientific American*, June 1, 2007. scientificamerican.com.

Ohadi, Jonathan, Brandon Brown, Leora Trub, and Lisa Rosenthal. "I Just Text to Say I Love You: Partner Similarity in Texting and Relationship Satisfaction." *Computers in Human Behavior* 78 (Sept. 2017).

OkCupid. "Online Dating Advice: Optimum Message Length." *The OkCupid Blog*, Medium, Sept. 3, 2009. theblog.okcupid.com.

Patterson, Kerry, Joseph Grenny, Ron McMillan, and Al Switzler. *Crucial Conversations: Tools for Talking When Stakes Are High*. New York: McGraw-Hill, 2012.（ケリー・パターソン、ジョセフ・グレニー 、ロン・マクミラン、アル・スウィッツラー『クルーシャル・カンバセーション ——重要な対話のための説得術』山田美明訳、パンローリング、2018年）

Pennebaker, James W. *The Secret Life of Pronouns: What Our Words Say About Us*. New York: Bloomsbury, 2013.

Perel, Esther. *Mating in Captivity*. London: Hodder & Stoughton, 2007.（エステル・ペレル『セックスレスは罪ですか？』高月園子訳、ランダムハウス講談社、2008年）

Plenty of Fish. "Pressure Points Report 2019." Egnyte, 2019. craftedcom.egnyte.com.

Queensland University of Technology. "Online Daters Ignore Wish List When Choosing a Match." *Science News*, Feb. 21, 2017. sciencedaily.com.

Reis, Harry, Peter A. Caprariello, Michael R. Maniaci, Paul W. Eastwick, and Eli J. Finkel. "Familiarity Does Indeed Promote Attraction in Live Interaction." *Journal of Personality and Social Psychology* 101, no. 3 (Sept. 2011): 557–70.

Russell, V. Michelle, and James K. McNulty. "Frequent Sex Protects Intimates from the Negative Implications of Their Neuroticism." *Social Psychological and Personality Science* 2 (2011): 220–27.

Schade, Lori, Jonathan Sandberg, Roy Bean, Dean Busby, and Sarah Coyne. "Using Technology to Connect in Romantic Relationships: Effects on Attachment, Relationship Satisfaction, and Stability in Emerging Adults." *Journal of Couple & Relationship Therapy*, 12, no. 4 (2013): 314–38.

Schmitt, David P., and Todd K. Schackelford. "Big Five Traits Related to Short-Term Mating: From Personality to Promiscuity Across 46 Nations." *Evolutionary Psychology* 6, no. 2 (2008).

Schwartz, Barry. "More Isn't Always Better." *Harvard Business Review*, Aug. 1, 2014. hbr.org; *The Paradox of Choice*. New York: Ecco, 2004.（バリー・シュワルツ『なぜ選ぶたびに後悔するのか――オプション過剰時代の賢い選択術』瑞穂のりこ訳、ランダムハウス講談社、2012 年）

Sheff, Elisabeth. "Updated Estimate of Number of Non-monogamous People in U.S." *Psychology Today*, May 27, 2019. psychologytoday.com.

Shpancer, Noam. "How Your Personality Predicts Your Romantic Life." *Psychology Today*, Aug. 2, 2016. psychologytoday.com.

Smullyan, Raymond M. *Gödel's Incompleteness Theorems*. New York: Oxford University Press, 2020.（スマリヤン『不完全性定理【改訳版】』高橋昌一郎監訳、川辺治之・村上祐子訳、丸善出版、2019 年）

Song, Hongwen, Zhiling Zou, Juan Kou, Yang Liu, Lizhuang Yang, Anna Zilverstand, Federico d'Oleire Uquillas, and Xiaochu Zhang. "Love-Related Changes in the Brain: A Resting-State Functional Magnetic Resonance Imaging Study." *Frontiers in Human Neuroscience* 9, no. 71 (Feb. 2015).

Stoppard, Tom. *Rosencrantz and Guildenstern Are Dead*. Stuttgart: Reclam, 1993.（トム・ストッパード『トム・ストッパード　3――ローゼンクランツとギルデンスターンは死んだ』小川絵梨子訳、早川書房、2017 年）

Strauss, Neil. *The Game*. Edinburgh: Canongate Books, 2016.（ニール・ストラウス『ザ・ゲーム――退屈な人生を変える究極のナンパバイブル』田内志文訳、パンローリング、2012 年）

Thottam, Isabel. "The History of Online Dating (US)." eHarmony, 2018. eharmony.com.

Tolstoy, Leo. *Anna Karenina*. Translated by Richard Pevear and Larissa Volokhonsky. New York: Penguin Books, 2002.（トルストイ『アンナ・カレーニナ』上中下、木村浩訳、新潮社、2012年など）

Twain, Mark. *Mark Twain's Notebook*. Edited by Albert Bigelow Paine. London: Hesperides Press, 2006.

Vazire, Simine, and Mitja D. Back. "Knowing Our Personality." In *Handbook of Self-Knowledge*, edited by Simine Vazire and Timothy D. Wilson. New York: Guilford Press, 2012.

Vedantam, Shankar. "The Choices Before Us: Can Fewer Options Lead to Better Decisions?" NPR, May 4, 2020. npr.org.

Vonnegut, Kurt. *Deadeye Dick*. New York: Dial Press, 2010.（カート・ヴォネガット『デッドアイ・ディック』浅倉久志訳、早川書房、1998年）

Ward, Laura. *Famous Last Words: The Ultimate Collection of Finales and Farewells*. London: PRC, 2004.

Westacott, Emrys. "Discover What Plato Means About the Ladder of Love in His 'Symposium.' " ThoughtCo, Aug. 2020. thoughtco.com.

Wiederman, Michael W., and Elizabeth Rice Allgeier. "Expectations and Attributions Regarding Extramarital Sex Among Young Married Individuals." *Journal of Psychology and Human Sexuality* 8, no. 3 (1996): 21–35.

Wilde, Oscar. *The Importance of Being Earnest*. London: Renard Press, 2021.（ワイルド『真面目が肝心』厨川圭子訳、角川書店、1953年）

Williams, Alex. "The End of Courtship?" *New York Times*, Jan. 11, 2013. nytimes.com.

Wilson, Timothy D. *Redirect: Changing the Stories We Live By*. New York: Back Bay Books, 2015; *Strangers to Ourselves: Discovering the Adaptive Unconscious*. Cambridge, Mass.: Belknap Press of Harvard University Press, 2004.（ティモシー・ウィルソン『自分を知り、自分を変える――適応的無意識の心理学』村田光二監訳、新曜社、2005年）

Wilson, Timothy D., David A. Reinhard, Erin C. Westgate, Daniel T. Gilbert, Nicole Ellerbeck, Cheryl Hahn, Casey L. Brown, and Adi Shaked. "Just Think: The Challenges of the Disengaged Mind." *Science* 345, no. 6192 (July 2004): 75–77.

Wilson, Timothy D., and Daniel T. Gilbert. "Affective Forecasting: Knowing What to Want." *Current Directions in Psychological Science* 14, no. 3 (June 2005).

Yarkoni, Tal. "Personality in 100,000 Words: A Large-Scale Analysis of Personality and Word Use Among Bloggers." *Journal of Research in Personality* 44, no. 3 (2010): 363–73.

Zhao, Alice. "Text Messaging." A Dash of Data, Sept. 5, 2017. adashofdata.com.

マッチングアプリの心理学（しんりがく）
メッセージから相手を見抜く

2024年1月20日　初版印刷
2024年1月25日　初版発行

＊

著　者　ミミ・ワインズバーグ
訳　者　尼丁千津子（あまちようちづこ）
発行者　早　川　　浩

＊

印刷所　株式会社精興社
製本所　大口製本印刷株式会社

＊

発行所　株式会社　早川書房
東京都千代田区神田多町2－2
電話　03-3252-3111
振替　00160-3-47799
https://www.hayakawa-online.co.jp
定価はカバーに表示してあります
ISBN978-4-15-210304-8　C0011
Printed and bound in Japan
乱丁・落丁本は小社制作部宛お送り下さい。
送料小社負担にてお取りかえいたします。

ハヤカワ・ノンフィクション

欲望の見つけ方

—お金・恋愛・キャリア—

WANTING

ルーク・バージス

川添節子訳

46判並製

欲望の見つけ方

お金・恋愛・キャリア

WANTING

The Power of Mimetic Desire in Everyday Life

Luke Burgis

ルーク・バージス

川添節子訳

早川書房

ピーター・ティール絶賛！

なぜ私たちは周りの人が欲しがるものを欲してしまうのか。社会学者ルネ・ジラールは欲望の法則を暴き、それを体系化した。複数の企業を経営する著者が、ジラールの理論を解説しながらマーケティングの心得を説くとともに、盲目的な欲求から離れる術を明かす。

ハヤカワ・ノンフィクション

ピエール・エルメ語る

——マカロンと歩む天才パティシエ

TOUTES LES SAVEURS DE LA VIE

ピエール・エルメ＆
カトリーヌ・ロワグ
佐野ゆか訳

46判上製

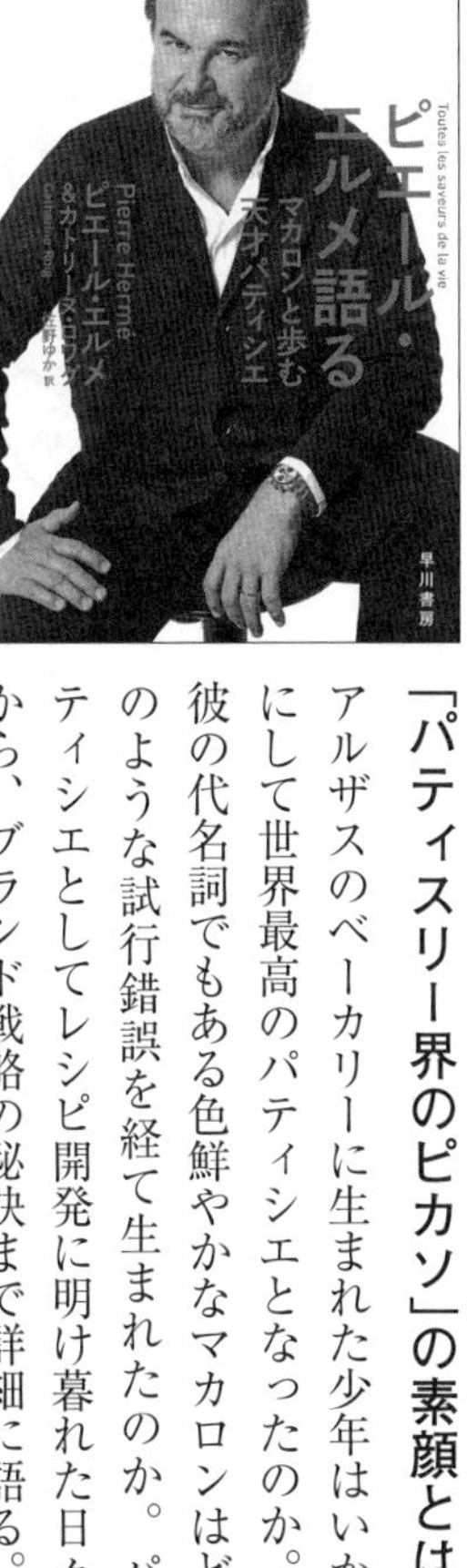

「パティスリー界のピカソ」の素顔とは
アルザスのベーカリーに生まれた少年はいかにして世界最高のパティシエとなったのか。彼の代名詞でもある色鮮やかなマカロンはどのような試行錯誤を経て生まれたのか。パティシエとしてレシピ開発に明け暮れた日々から、ブランド戦略の秘訣まで詳細に語る。

ハヤカワ・ノンフィクション

影響力のレッスン
――「イエス」と言われる人になる

INFLUENCE IS YOUR SUPERPOWER

ゾーイ・チャンス
小松佳代子訳
46判並製

「イエス」と言われる人になる
影響力のレッスン
ゾーイ・チャンス
小松佳代子 訳
ZOE CHANCE
INFLUENCE IS YOUR SUPERPOWER
The Science of Winning Hearts, Sparking Change, and Making Good Things Happen
早川書房

交渉や説得を成功させるためのテクニック集

「まずは頼んでみる」「タイミングをのがさない」「相手の名前を頻繁に呼ぶ」「低い声域で話す」などなど、仕事や生活の中で、交渉を自分の思い通りに進め、相手から「イエス」を引き出すための実践的なヒントが満載。イェール大学の人気講座から生まれた一冊。